金融标准化系列丛书-3

《中国金融集成电路（IC）卡规范》
解读

◎ 主编　李东荣

INTERPRETATIONS OF
CHINA FINANCIAL INTEGRATED CIRCUIT
CARD SPECIFICATIONS

中国金融出版社

责任编辑：吕　楠
责任校对：孙　蕊
责任印制：陈晓川

图书在版编目（CIP）数据

《中国金融集成电路（IC）卡规范》解读（《Zhongguo Jinrong Jicheng Dianlu（IC）ka Guifan》Jiedu）/李东荣主编 . —北京：中国金融出版社，2012.9

（金融标准化系列丛书-3）
ISBN 978-7-5049-6504-2

Ⅰ. ①中…　Ⅱ. ①李…　Ⅲ. ①信用卡—集成电路—规范—研究—中国
Ⅳ. ①F832.2-65

中国版本图书馆 CIP 数据核字（2012）第 161151 号

出版
发行　**中国金融出版社**

社址　北京市丰台区益泽路 2 号
市场开发部　（010）63266347，63805472，63439533（传真）
网 上 书 店　http：//www.chinafph.com
　　　　　　（010）63286832，63365686（传真）
读者服务部　（010）66070833，62568380
邮编　100071
经销　新华书店
印刷　保利达印务有限公司
尺寸　169 毫米×239 毫米
印张　16.25
字数　275 千
版次　2012 年 9 月第 1 版
印次　2012 年 9 月第 1 次印刷
定价　49.00 元
ISBN 978-7-5049-6504-2/F.6064
如出现印装错误本社负责调换　联系电话（010）63263947

一、主编

李东荣

二、编委

王永红　贺　林　李　丹　于　玫　罗　凯　李文辉

李晓枫　杨　竑　罗　锐　陆书春　徐光贤　谢翀达

三、统稿

姜云兵　潘润红

四、编写人员

杜　宁　徐晋耀　邬向阳　李春欢　王红剑　李兴锋

史大鹏　谭培强　钟志坚　刘志刚　张永峰　仲　祺

施海平　李一凡　张雯华　陈则栋　刘力慷　余　沁

序　言

　　标准化是为在一定范围内获得最佳秩序，对现实问题或潜在问题制定共同使用和重复使用的条款的活动。在现代经济发展过程中，标准化成为一国提升企业核心竞争力、争取发展话语权的重要途径。世界主要发达国家已逐渐将标准化提高到了国家发展战略的高度，成立专门从事标准化工作的组织，开展标准化工作，将发展中的成功经验，通过标准化的形式固化下来。

　　党中央、国务院历来高度重视标准化工作，并将标准化提高到了国家发展战略的高度，多次就标准化工作作出重要指示。金融作为现代服务业的重要组成部分、现代经济的"血液"，已成为衡量某个国家或地区综合竞争力和现代化标准的重要标志，对于标准化的要求显得更为迫切、更为重要。改革开放以来，我国金融标准化经过近二十年的发展，已逐步成为保证金融业规范化经营、提高整体核心竞争力的重要基础性条件。作为国家的中央银行，中国人民银行承担着制定和执行货币政策、维护金融稳定、提供金融服务的重要职责。随着金融改革的逐步深入，经济市场化程度的不断加深，金融标准化的地位和作用日益提高。在各相关单位的大力支持、积极参与下，中国人民银行和全国金融标准化技术委员会以立足现状、适度前瞻、突出重点、务实可行为原则，在金融领域内稳步推进标准化工作，陆续制定和发布了多项涉及银行、保险、证券、银行卡、征信业务等内容的国家标准和行业标准。同时，根据信息系统建设标准先行的指导原则，推出了一系列标准规范。

　　为使广大业内工作者和社会各界多渠道、多层次地了解中国金融标准化成果、标准化相关政策法规、国际标准化发展趋势等方面的内容，中国人民银行决定出版"金融标准化系列丛书"。经过精心的准备和各方面的共同努力，这套丛书现在可以陆续和大家见面，该丛书的出版必将有力地推动我国金融标准化的发展，为大家提供有益的参考。希望可以借此推动社会各界更好地了解金融标准化，并希望金融标准化在全社会的关心支持下，在全行业人员的共同努力下，得以更好、更快的发展，为金融业持续、健康、创新发展奠定基础。

中国人民银行副行长

全国金融标准化技术委员会主任委员

二〇一二年九月

前　言

　　随着国际间经济交流的日益频繁，中国正加速融入国际经济体系，银行卡标准规范的国际接轨也成为中国银行卡标准升级和演进的必由之路。银行卡芯片化是全球银行卡产业发展的重要趋势，对全球银行卡产业产生着重大影响。为适应国际支付环境的变化，人民银行结合 EMV96 和 ISO7816 等标准及国内银行需要，于 1997 年颁布《中国金融集成电路（IC）卡规范》（1.0 版），并在1999 年启动了金融 IC 卡电子钱包应用试点，开银行 IC 卡应用之先河，促进我国银行业支付卡的兴起和芯片化的进程。

　　随着国际银行卡 EVM 迁移进展的加快和我国对外开放交流的快速发展，人民银行高度重视并及时跟踪、研究国际芯片化在全球的应用和最新的动态，于2003 年牵头组织对《中国金融集成电路（IC）卡规范》（1.0 版）进行了修订、补充、完善，于 2005 年 3 月正式颁布实施《中国金融集成电路（IC）卡规范》（2.0 版）（业界称该规范为 PBOC2.0 规范）。为满足小额、快速支付市场的迫切需求，人民银行于 2007 年再次组织对《中国金融集成电路（IC）卡规范》进行增补，并于 2010 年 4 月正式颁布。PBOC2.0 规范是国内金融 IC 卡产业的基础性规范，可以满足我国银行卡应对国际 IC 卡迁移的需要，满足国内银行卡高度安全和多项应用的实际需求，为我国金融 IC 卡应用和其他行业在 PBOC1.0 试点基础上进一步结合和发展奠定了重要基础。

　　人民银行先后部署指导了 PBOC2.0 标准的金融 IC 卡基础设施建设逐步完成，并于 2011 年 6 月选择部分试点城市开展金融 IC 卡在公共服务领域中应用工作，同时启动我国银行 IC 卡迁移。PBOC2.0 标准在整个 IC 卡迁移过程中起着奠基石的重要作用，它是整个银行卡产业得以联网通用和健康发展的基础。

金融 IC 卡标准的推行，有利于提高我国银行卡的整体风险防控能力，有利于增强银行卡在公共服务领域的拓展能力，有利于带动相关产业的升级，有利于促进金融创新、提升金融服务水平，将使我国银行卡产业的整体水平走在世界的前列。

为增进各关注方对 PBOC2.0 标准的了解，我们组织编写了本书。本书首先对金融 IC 卡标准进行了概要介绍，随后详细地解析了 PBOC2.0 标准的内容体系，并介绍了金融 IC 卡应用工程的实施要点、近年来在公共服务领域的应用以及成功案例。希望本书能加深读者对 PBOC2.0 标准的理解，对银行 IC 卡迁移和应用工作有所帮助。

2012 年 5 月

导　　读

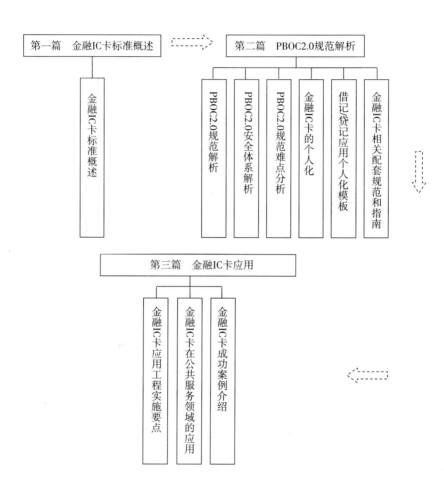

第一篇　金融IC卡标准概述

金融IC卡标准概述

第二篇　PBOC2.0规范解析

PBOC2.0规范解析

PBOC2.0安全体系解析

PBOC2.0规范难点分析

金融IC卡的个人化

借记贷记应用个人化模板

金融IC卡相关配套规范和指南

第三篇　金融IC卡应用

金融IC卡应用工程实施要点

金融IC卡在公共服务领域的应用

金融IC卡成功案例介绍

目　录

第一篇

金融 IC 卡标准概述

1 金融 IC 卡标准概述

1.1 银行磁条卡向 IC 卡迁移的趋势

磁条卡只需要简单的盗录和制卡设备，就可以复制出大量"克隆卡"，造假非常容易，造假成本也非常低。与此相反，IC 卡具有大容量的数据存储能力，可以采取多种复杂的加密技术，其防伪造能力较强，难以解密和复制。

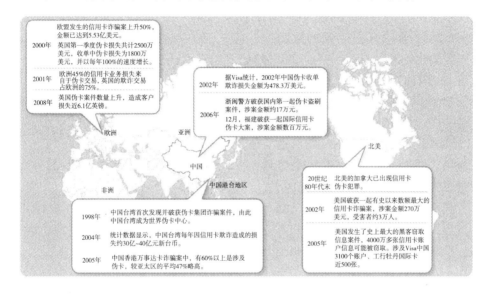

图 1-1　国际银行卡欺诈案例

虽然银行卡组织一直在不遗余力地进行创新，提高磁条卡的防伪能力，但磁条技术的改进空间比较有限，不像 IC 卡可以随着芯片技术的发展而不断提高安全性能。因此，从卡基支付的介质来看，IC 卡具有磁条卡无法比拟的安全性能。

银行卡由磁条介质向 IC 卡介质的迁移是由多种因素决定的，也是大势所趋。目前全球已经实施或计划实施银行卡芯片化迁移的国家和地区超过了 30 个，发行符合 EMV 标准的金融卡超过 10 亿张，布放符合 EMV 标准的终端超过 1500 万台，全球 36% 的卡片和 65% 的终端均已采用 EMV 标准。

截至目前，全球五大银行卡国际组织，包括 Visa、MasterCard、JCB、中国银联、美国运通都已经先后开始实施了 EMV 迁移。全球多个国家和地区也都已经开始实施了 EMV 迁移，其中欧洲完成率最高，很多西欧国家已基本完成了 EMV 迁移；亚太地区也有很多国家或地区，特别是我国周边的大部分国家或地区，其 EMV 迁移的完成率也较高。同时，拉美地区和加拿大正在实施 EMV 迁移，美国也在近期公布了 EMV 迁移时间表；但也有部分地区，集中在亚太、非洲、拉美等尚未开始实施 EMV 迁移。

银行卡芯片化已经并且还将持续对全球银行卡产业产生重大影响，成为国际银行卡产业发展的重要趋势。随着国际间经济交流的增加，中国正加速融入国际经济体系，银行卡标准规范的国际接轨和参与已成为中国银行卡产业发展的必由之路。

1.2 金融 IC 卡标准的重要性和意义

1.2.1 金融 IC 卡标准的重要性

我国的金融 IC 卡采用 PBOC2.0 标准，PBOC2.0 标准在整个 IC 卡迁移过程中起着奠基石的重要作用，它是整个银行卡产业得以联网通用和健康发展的基础。

起源于 1993 年的"金卡工程"提出了大力发展电子货币的口号，人民银行于 1997 年颁布了《中国金融集成电路（IC）卡规范》（1.0 版）（以下简称 PBOC1.0 规范），并在 1999 年启动了金融 IC 卡电子钱包应用试点，开 IC 卡银行应用之先河，成为我国 IC 卡标准的模板、业界应用 IC 卡的标杆和旗帜，切实促进了我国行业支付卡的兴起和芯片化的进程。

随着国际形势的不断发展，结合我国实际情况，人民银行提出了"先标准、后试点，先收单、后发卡，先外卡、后内卡"的金融 IC 卡发展指导方针，其中将标准制定放了第一位，可见标准在整个产业中的重要性。

在人民银行的部署指导下，实施 PBOC 标准金融 IC 卡的基础设施建设逐步完成：银行卡转接清算组织完成转接清算及收单服务系统的升级改造，兼容支持了 PBOC 标准的 IC 卡应用；借记/贷记根 CA 系统上线运行，构建了 PBOC 标准 IC 卡的安全体系；银行卡检测中心具备了为卡片、终端提供完备检测验证服务的能力；各商业银行也纷纷完成发卡、收单的系统改造；相应的 IC 卡跨行业务规则、入网测试流程、标识应用等陆续完善。这些基础设施的建成不仅为我国自主标准的银行 IC 卡发展创造了可实施的条件，提高了我国银行业抵御伪卡风险欺诈的能力，同时也为银行卡的多应用、跨行业发展奠定了基础。这一切都围绕着 PBOC2.0 标准展开，PBOC2.0 标准的制定为 IC 卡迁移打下了坚实的基础。

1.2.2 金融 IC 卡标准的意义

1. 有利于提高我国银行卡的整体风险防控能力。

自 1985 年 6 月中国银行珠江市分行在国内发行第一张银行卡以来，我国的银行卡业务突飞猛进。目前，银行卡累计发卡规模超过 23 亿张，渗透率突破了 30%，成为与百姓生活密切相关的金融产品。然而，伴随着银行卡的快速发展，在为人民群众带来便利的同时，银行卡的安全问题也受到越来越多的关注，针对银行卡的违法犯罪活动也日渐升级。

与国际银行卡市场以信用卡为主不同，我国是借记卡占主导的国家，市场份额在 90% 以上。由于借记卡里存储的都是持卡人自己的钱，全社会的犯罪容忍度低。国家及相关企业既要耗费大量的成本用来维护磁条卡的安全支付，又要承担巨大的社会舆情压力。可见，银行卡风险案件的频发，在给银行和持卡人带来损失的同时也会对一个国家的信誉和形象造成负面影响。

卡片储存介质的因素是引起银行卡案件高发不可忽视的重要一环。磁条卡由于物理特性的限制，其使用存在着较多技术缺陷。如容易被磁化、无安全保护、信息易读取和伪造等。犯罪分子可以很轻易地通过读卡设备盗取磁条上的信息，再通过复制伪卡来盗取持卡人的资金。近年来我国防范、打击伪卡犯罪形势较为严峻，磁条卡伪卡欺诈损失持续上升。2007 年，全国公安机关共立银行卡犯罪案件 2946 起，涉案金额近亿元；2008 年立案 5718 起，同比增长 94.1%，涉案金额 2.3 亿元；2009 年立案 10762 起，同比增长 88.2%，涉案金额 5 亿元，同比增长 117.4%……由此可见，当前银行卡犯罪无论是发案数量，还是涉案金额正呈现猖獗发展态势，严重危害了银行卡业务的发展，对经济社会发展和人民群众生活的危害越来越大。据统计，伪卡犯罪已经位居各类银行卡违法犯罪之首，且呈现有组织、有计划、集团化、隐蔽化的特点。

为切实维护广大群众切身利益，规范银行卡市场秩序，更好地发挥银行卡刺激消费、扩大内需、促进经济增长的作用，同时也为有效地防范银行卡欺诈，提高银行卡安全支付水平势在必行。为金融 IC 卡制定标准提高了银行卡的技术含量，从技术上构筑一道坚实的壁垒，从较大程度上预防了银行卡犯罪。

另一方面，在 EMV 迁移浪潮席卷了全球主要电子支付市场的同时，国际银行卡组织推行了银行卡"风险转移规则"，即伪卡损失责任将按照是否符合 EMV 标准来划分。也就是说，如果交易中的一方符合 EMV 标准，而另一方不符合，将由不符合 EMV 标准的一方承担全部责任。目前在亚太地区，我国周边的大部分国家或地区已经完成了 EMV 迁移计划，这对我国形成很大的压力。伪卡欺诈对我国已成包围态势：一方面，国际犯罪团伙的目标转向银行卡技术相对薄弱的国家和地区，使得银行卡伪卡欺诈风险从国外大量转移到国内；另一方面，EMV"风险转移规则"对我国商业银行影响很大。为适应国际支付环境的变化，加快国内的 IC 卡迁移进程已是当务之急，推行具有高安全性的金融 IC 卡势在必行，而推行金融 IC 卡标准是推行国内金融 IC 卡迁移的前提和基础。

2. 有利于增强银行卡在公共服务领域的拓展能力。

随着国家对智能卡行业的重视和智能卡行业的迅速发展与逐步成熟，IC 卡广泛应用于公共服务领域。截至 2009 年 12 月底，国内各类 IC 卡的累计发卡量已将近 70 亿张，广泛应用于社会保障、公安、税务、交通、建设、教育、加油及公用事业等领域。目前，各大行业基本都建立了自己的一整套体系为各类卡的方便使用提供保障。不难发现，各行业 IC 卡发展至今逐渐体现出两方面特点：一是公共服务领域的不同行业各自完备的同时，也形成了互相独立、相对封闭的局面；二是各领域的 IC 卡应用都难免会和支付相关联，如校园卡、医保卡等。基于以上，一种能打破各行业壁垒、联网通用的、具有支付功能的、满足公共服务各领域要求的 IC 卡的需求越来越被提上日程。

金融 IC 卡具有的强大的计算能力，信息存储量大，安全性高，可以实现一卡多用，这些都使得在行业应用领域使用金融 IC 卡成为可能，再加上银行长期以来的支付结算、跨行、联网通用、受理全覆盖的业务和市场特征等，使得金融 IC 卡成为应用于公共服务领域的最佳载体。众多社会公共服务的开展需要一个随身的介质和载体，以实现身份标识、信息记录、支付等应用，卡片是最合理的载体形式，而银行卡作为发行最为广泛、日常使用最频繁的卡片之一，具备成为公共服务载体的条件。银行卡本身就是一项覆盖面广泛，与日常生活息息相关的公共服务。经过多年的发展，其在组织机构、网络环境、配套设施等方面日益成熟，已成为百姓日常生活不可缺少的一部分，是公共服务载体的最佳选择。

推行金融 IC 卡规范，可以确保我国金融 IC 卡不仅在金融行业实现联网通用，而且也为其在公共服务领域实现联网通用打下基础。不仅如此，推行金融 IC 卡规范还可以满足公众日常与公共服务领域相关的各种支付需求，并同时保证安全性。除此之外，推行金融 IC 卡规范还可以适应市场发展对 IC 卡小额支付和非接触应用的要求并满足各种行业应用特征的相关需求。

由上可知，统一、完善的金融 IC 卡标准可以大大增强银行卡在公共服务领域拓展的能力，扩展银行卡支付的深度和广度，也是银行卡应用向公共服务领域进行拓展的基础，从而保障我国公众社会经济活动的有序和安全。

3. 有利于带动相关产业的升级。

推行金融 IC 卡标准可以促进我国城市信息化建设与金融信息化建设的结合。在国家信息化工作的推动和世界各国城市信息化的影响下，近年来，全国各大城市积极推进信息化建设，借助信息化建设提高管理水平，促进产业结构调整，并实现城市的全面、协调、可持续发展。通过推行金融 IC 卡及其相关标准，使金融信息化与城市信息化、行业信息化的对接成为可能，提高了社会运营和管理效率，促进了相关各方面的发展。

推行金融 IC 卡标准，可以真正实现"一卡多用"。这一方面显著节省了发卡及流通结算的成本，另一方面避免了各行业重复建设和各自为政，特别是可以通过标准将金融应用、各行业应用等统一起来，使得金融机构发行的卡片有可能实现在各行业、各地区的联网通用。这大大节省了社会资源，避免了重复建设，降低了整个产业的成本，对建设节约型和创新型社会具有重要的现实意义。

通过推行金融 IC 卡标准，可以加快银行卡芯片化的进程，并为金融 IC 卡支付与互联网支付、移动支付等创新型应用的整合打下基础。这无疑将带动银行卡及相关各产业的整体升级，大大促进相关各行业的发展，包括金融、电信、集成电路、软件开发、系统集成、卡片及相关设备的生产制造、高科技原材料、相关服务行业等。这些产业中的企业均属于具有高成长性、高科技含量的企业，它们是国家明确优先支持的对象，支持这些产业或企业正是符合我国政府调整产业结构、提升产业创新能力的整体战略目标。

4. 有利于促进金融创新，提升金融服务水平。

金融 IC 卡具备良好的扩展性，可与互联网、物联网、手机支付等进行有机的结合，推动金融 IC 卡标准可以为金融创新提供广阔的空间，大幅度提高金融服务水平。

随着近几年国内电子商务的加速发展，网上支付呈爆发式增长，市场规模快速扩大。从 2004 年底至 2009 年底，国内互联网用户规模由 1.1 亿户上升至 3.84 亿户。中国的互联网用户规模已经跃居全球第一；同时，国内的互联网普及率达到 28.9%，超过了全球平均水平。互联网的深入普及为网上支付的发展奠定了良好的用户基础。随着国内电子商务应用深度和广度的不断提高，网上支付市场的发展速度进一步加快。2004 年至 2009 年期间，网上支付交易额由 72 亿元增至 5766 亿元，年平均增幅高达 142%。同时，网上支付用户规模由 1830 万户增至 9000 万户。网上支付的便利性、自由性受到广大消费者的青睐，在网上支付发展过程中，安全问题一直是影响其发展的一个重要因素。采用 IC 卡进行客户身份认证可以提高网上交易的安全性和服务质量，因此，网上支付和金融 IC 卡之间的双向互动有利于两个市场的共同发展。

手机支付与 IC 卡应用的结合主要体现在两方面，一是用于小额支付电子现金应用，二是主要针对大额交易的借记/贷记应用。两种应用都可以通过手机来实现，支付方式可以采用远场支付，也可以采用近场支付。手机不仅具备强大的计算能力，而且可以随时随地进行无线通信，不仅如此，还可以通过手机的显示屏和键盘实现与用户的交互。移动支付可以将线上支付和线下支付有机地结合起来，并可以利用手机的相关硬件功能为客户提供各种新颖、便捷的增值服务，这些都大大提高了金融服务的水平。

利用金融 IC 卡、互联网、物联网、手机及各种移动设备等，可以为客户提供多种多样的、整合式的、一站式的支付服务，并且可以利用各种相关的先进技术，为客户提供各种创新的增值服务，在保证安全性的同时大大提升金融服务的水平。要实现以上这些安全、便捷、先进、创新的服务，金融 IC 卡是基础和核心，也是各金融机构实现金融创新的重要平台，而推行金融 IC 卡相关标准则是推广和拓展金融 IC 卡应用的基础。

1.3 EMV 标准的发展

1.3.1 国际 IC 卡标准的演化

国际 IC 卡标准演化进程从 1987 开始，国际标准化组织（ISO）和国际电工委员会（IEC）陆续起草、修订、表决和发布了《识别卡—带触点集成电路卡标准》（简称 ISO/IEC 7816）、《识别卡—无触点集成电路卡标准》（简称 ISO/IEC 14443）等国际 IC 卡标准文件，开 IC 卡技术标准化之先河，带动了 IC 卡产业全球化和跨界发展。

在金融 IC 卡领域，接触式 IC 卡遵循的是 ISO/IEC 7816 国际标准，非接触式 IC 卡的国际标准为 ISO/IEC 14443 和 ISO/IEC 7816 中对非接触式 IC 卡也适用的部分标准，ISO/IEC 10373 是有关识别卡（包括磁卡、光卡、IC 卡）测试的国际标准。在我国，金融 IC 卡应符合 JR/T 0025 中国金融集成电路（IC）卡规范，即 PBOC2.0 规范的要求。

1. 接触式 IC 卡的标准介绍。

ISO/IEC 7816 国际标准的标题是"识别卡—集成电路卡"，标准中包含如下部分：

- ISO/IEC 7816 - 1：接触式卡的物理特性。
- ISO/IEC 7816 - 2：触点尺寸和位置。
- ISO/IEC 7816 - 3：异步卡的电接和传输协议。
- ISO/IEC 7816 - 4：组织、安全和用于交换的命令。
- ISO/IEC 7816 - 5：应用提供者的注册。
- ISO/IEC 7816 - 6：用于交换的数据元。
- ISO/IEC 7816 - 7：结构化卡查询命令语言。
- ISO/IEC 7816 - 8：安全操作命令。
- ISO/IEC 7816 - 9：卡管理命令。
- SO/IEC 7816 - 10：同步卡的电接口和复位应答。

- ISO/IEC 7816 – 11：个人验证的生物方法。
- ISO/IEC 7816 – 12：USB 的电气特性和操作过程。
- ISO/IEC 7816 – 13：在多应用环境中用于应用管理的命令。
- ISO/IEC 7816 – 15：密码信息应用。

其中，金融 IC 卡用到了上述标准中的一部分，具体的在本文其他部分有详细介绍。

2. 非接触式 IC 卡的标准介绍。

金融 IC 卡领域中使用的非接触式 IC 卡，属于 PICC（proximity IC card，接近式 IC 卡）范畴，其遵循的国际标准就是 ISO/IEC 14443 标准。与接触式 IC 卡相比，非接触式 IC 卡需要解决下述三个问题：

（1）IC 卡如何取得工作电压。

（2）读写器与 IC 卡之间如何交换信息。

（3）多张卡同时进入读写器发射的能量区域（即发生冲突）时如何处理。

ISO/IEC 14443 标准正是从上述方面，对非接触式 IC 卡的特性进行了要求。该标准的标题是"识别卡—非接触式集成电路卡—接近式卡"，该标准共分为 4 个部分：

- ISO/IEC 14443 – 1：物理特性。
- ISO/IEC 14443 – 2：射频能量和信号接口。
- ISO/IEC 14443 – 3：初始化和防冲突。
- ISO/IEC 14443 – 4：传输协议。

同时，ISO/IEC 7816 中的如下部分还适用与非接触式卡片：

- ISO/IEC 7816 – 4：组织、安全和用于交换的命令。
- ISO/IEC 7816 – 5：应用提供者的注册。
- ISO/IEC 7816 – 6：用于交换的数据元。
- ISO/IEC 7816 – 7：结构化卡查询命令语言。
- ISO/IEC 7816 – 8：安全操作命令。
- ISO/IEC 7816 – 9：卡管理命令。
- ISO/IEC 7816 – 11：个人验证的生物方法。
- ISO/IEC 7816 – 13：在多应用环境中用于应用管理的命令。
- ISO/IEC 7816 – 15：密码信息应用。

1993 年开始，基于 IC 卡的 EMV 标准不断演化和完善，已成为全球银行卡从磁条卡向智能 IC 卡转移的公认统一标准。EMV 标准是由国际三大银行卡组织——Europay、MasterCard 和 Visa 共同发起制定的基于 IC 卡的金融支付标准，目前正式发布的重大版本有 EMV96 和 EMV2000（4.0 版）。其目的是在金融 IC

卡支付系统中建立卡片和终端接口的统一标准，使得在此体系下所有的卡片和终端能够互通互用，并且该技术的采用将大大提高银行卡支付的安全性，减少欺诈行为。

3. EMV 标准发展历程。

EMV96 版。EMV96 作为第一个发布的 EMV 标准（即 EMV3.1.1 版）于1996 年颁布，提出采用 IC 卡技术规范贷记卡/借记卡应用的框架，确定了全球 EMV 系统的基本应用特点，其对金融 IC 卡影响深远。在 EMV96 的 level1 底层接口基础上，国际卡组织和部分公司同时也制定了私有的电子钱包应用标准，如 Visa 国际组织推出了跨地区电子钱包应用品牌 Visa Cash、MasterCard 国际组织开发了万事达卡电子钱包应用品牌 Mondex 和比利时 Proton 公司推出的 Proton 电子钱包应用。我国于 1997 年，由人民银行牵头制定的金融 IC 卡标准采用电子钱包和电子存折应用，即 PBOC1.0 标准。

EMV2000（4.0 版）。1999 年，Europay、MasterCard 和 Visa 共同成立了 EM-VCo 组织，用来管理、维护和完善 EMV 智能（芯片）卡的规格标准。2000 年12 月，EMVCo 组织在 EMV96 基础上推出 EMV4.0 版（即 EMV2000），将 IC 卡脱机交易认证升级为非对称算法，并发布了《与应用无关的 IC 卡与终端接口需求》、《安全与密钥管理》、《应用规范》和《持卡人、收银员和收单行接口需求》四个组成文件。各银行卡国际组织也纷纷在 EMV2000 的 Level1 和 Level2 基础上，根据各自风险控制等具体要求制定出自己的标准，如万事达卡的 Master-Card M/Chip、维萨卡的 Visa VIS、JCB 卡的 JCB J/Smart 和美国运通卡的 AMEX AEIPS。

EMV2000（4.1 版）。2004 年 6 月，EMVCo 发布了 EMV4.1 版，其中包括 EMV2000 版规范的全部更新内容和全部核心定义。特别增加了通用核心定义（Common Core Definition – CCD）部分，定义卡片与发卡行之间一套完成 EMV 交易的卡应用数据元素、功能和应用执行选项等，以增强 EMV 卡的全球互操作性和不同卡品牌互通性。2005 年 3 月，人民银行颁布《中国金融金融集成电路（IC）卡规范》，即 PBOC2.0 标准。PBOC2.0 标准建立在 EMV4.1 版上，完全兼容 EMV4.1 版相关规定，同时参考了 Visa 的 Visa VIS 标准、MasterCard 的 M/CHIP 标准制定而成。

EMV2000（4.2 版）。2008 年 6 月，EMVCo 发布了 EMV4.2 版标准。EMV4.2 版更新了 EMV4.1 版应用和规范最新升级内容，还陆续发布通用支付应用规范（Common Payment Application Specification – CPA）、EMV 卡个人化规范（EMVCard Personalisation Specification – CPS）和 EMV 非接触式通讯协议规范（EMV Contactless Communication Protocol Specification）、手机支付白皮书和相关

测试规范等辅助规范文件。

1.3.2　EMVCo 组织及运作机制

EMVCo 组织作为 EMV 标准制定者和维护者，在 EMV 标准发展中起到举足轻重作用。EMVCo 最初于 1999 年由 Europay、MasterCard 和 Visa 共同发起成立，旨在制定、维护 EMV 系列标准。Europay 和 MasterCard 于 2002 年合并，JCB 于 2004 年通过购买股份的方式加入 EMVCo，美国运通也以同样的方式于 2009 年加入。目前 EMVCo 由 MasterCard、Visa、JCB 和 AEX 四大成员组成。

EMVCo 的主要职能是颁布和维护 EMV 系列规范，目前最新的版本是 EMV4.3。其系列规范除了包括传统的接触式借记/贷记支付应用外，还包括近年来非常热门的非接触式支付和手机支付。由于 EMV 标准是框架性的技术标准，各大信用卡公司均以 EMV 标准为基础，分别制定了各自的技术标准，并加以实施，例如 Visa 的 Visa VIS、MasterCard 的 MCHIP 以及 JCB 的 J/SMART。EMVCo 的另一项重要职能是组织统一认证并管理全球的 EMV 测试实验室，并为通过实验室测试的卡片和终端厂商颁发证书，确保投入市场的卡片和终端的兼容性。设在北京的银行卡检测中心正是其授权的全球 12 家检测和认证实验室之一。

EMVCo 组织主要依靠顾问董事会和 8 个工作小组来维持日常运作。EMVCo 的管理层是顾问董事会（Board of Advisors），下设执行委员会（Executive Committee）和经理委员会（Board of Managers）。经理委员会受执行委员会领导。日常事务由秘书处承担。经理委员会下设卡片和终端工作组、安全工作组、测试认证工作组、互操作工作组、卡片认证工作组、安全评估工作组、非接触式工作组、移动支付工作组 8 个工作小组。8 个工作组的人员都来自四大成员（Visa、MasterCard、JCB 和 AMEX）的代表，采用松散的工作方式，即日常工作在各自单位开展，对相关议题需要讨论时才集中工作。

1.3.3　国际 IC 卡发展最新情况

全球已经实施 EMV 迁移的国家和地区主要集中在欧洲和亚太地区，中东、中非、拉美及北美等地区的 EMV 迁移也在陆续进行。国际金融 IC 卡推进进度十分迅速。根据 EMVCo 发布的数据显示，截至 2010 年 9 月 1 日，全球活跃的 EMV 卡超过 10 亿张，EMV 终端 1540 万台。全球 36% 的卡片和 65% 的终端均已采用 EMV 标准。目前在亚太地区，我国周边的大部分国家和地区已经完成了 EMV 迁移计划。

1. EMV 迁移在欧洲的进展情况。

20 世纪 90 年代末开始，欧洲已全面启动 EMV 迁移计划，因为没有明确 EMV 迁移的最终期限，欧洲各国的迁移进度不一致。其中进展最快的是英国，2006 年 10 月完成了 EMV 迁移。陆续完成 EMV 迁移的还有法国和卢森堡。整体而言，欧洲各国 EMV 迁移进展情况相当不错，特别是单一欧元支付地区（SE-PA）加快了迁移的进度。SEPA 计划督促欧洲各国于 2010 年 12 月 31 日前完成 ATM 机具和磁条卡的 EMV 迁移。

（1）EMV 迁移在英国的进展情况。

英国银行卡欺诈损失占整个欧洲的 75％，防范欺诈风险是英国进行 EMV 迁移的主要动因，并借此维护公众对卡基支付的信心，开发新的银行卡产品和服务平台。迁移策略采取由计划到区域性试点，再到全面推广，收单和发卡同步改造，实行市场化运作。在迁移过程中合理分配迁移成本：对于大型零售商，银行在刷卡扣率上给予 10 个基点的优惠；中型零售商承担自行布放的交易终端的迁移成本；由银行提供终端的大部分小型零售商的升级成本则由银行承担。英国于 2006 年底已完成 EMV 迁移。

（2）EMV 迁移在法国的进展情况。

为了防范银行卡欺诈风险，拓展多应用增值服务，应对国际卡组织的风险转移政策，法国银行卡组织 Cartes Bancaires 组织实施了 EMV 迁移，改造了后台系统，制定了独立的业务规范、技术标准、仲裁规则和交换费率，采用渐进迁移策略，兼容原有应用，积极引导和鼓励银行、商户、技术销售和服务商的共同参与、加强合作，最大限度地降低迁移成本，于 2006 年底成功完成 EMV 整体迁移。

（3）EMV 迁移在欧洲其他国家的进展情况。

欧洲各国因条件差异较大，EMV 迁移步伐不一致，而且，各国在实施迁移时的侧重点也不同。比如，丹麦 90％的银行卡和 95％的 ATM 都已符合 EMV 规范，但是 POS 终端符合 EMV 规范的却不足 5％；比利时则有 100％的 ATM、70％的 POS 终端符合 EMV 规范，而银行卡只有 30％符合 EMV 规范；在芬兰，95％以上的 ATM 符合 EMV 规范，只有 2％的 POS 终端符合 EMV 规范。

2. EMV 迁移在亚太地区的进展情况。

亚太地区有 14 个以上的国家和地区启动了 EMV 迁移计划，中国台湾、马来西亚、日本、韩国已基本完成了 EMV 迁移，中国香港、新加坡、新西兰、菲律宾等其他国家和地区也在进行试点或有计划有步骤实施。亚太地区 EMV 卡在过去两年的增长率超过 70％，受理 EMV 卡的 POS 终端在同期的增长率为150％。中国台湾、马来西亚等在实施了 EMV 迁移后，其银行卡欺诈案件比率下降了 90％以上。随着银行防范交易欺诈压力的日益增大以及银行间差异化竞争的日益激烈，还有更多的国家和地区正在准备实施 EMV 迁移。

3. EMV 迁移在拉美和北美地区的进展情况。

拉美和北美的部分国家正在实施 EMV 迁移计划。2006 年 1 月风险转移政策在拉美生效，拉美最大的国家巴西一直在积极组织实施。目前巴西国家银行 120 万张万事达信用卡有 50 万张已经迁移，380 万张 Visa 卡有 30 万张已经迁移。2010 年 Visa 的"风险转移政策"已在北美的加拿大生效，加拿大已全国范围启动推行 EMV 迁移，目前发行 EMV 卡片超过 5480 万张，占加拿大银行卡总量 43.6%。美国已经于 2011 年制定发布了明确、统一的迁移计划。美国市场拥有 10 亿张国际银行卡，市场潜力巨大。为了抢占小额卡基支付市场，各发卡行已在公布迁移计划前纷纷发行符合 EMV 标准的非接触式金融 IC 卡（截至 2010 年 3 月，万事达卡组织累计发行非接触式 EMV 卡 7500 万张和受理商户 23 万户），美国正在掀起一场非接触式 EMV 卡浪潮，这将会加快美国 EMV 迁移速度。

在 EMV 迁移浪潮席卷了全球主要电子支付市场的同时，国际银行卡组织推行了银行卡"风险转移规则"，即伪卡损失责任将按照是否符合 EMV 标准来划分，也就是说，如果交易中的一方符合 EMV 标准，而另一方不符合，将由不符合 EMV 标准的一方承担全部责任。国际卡组织决定，从 2005 年起，不再对欧洲地区因利用磁条卡犯罪所造成的损失承担相应责任。规则在亚太地区生效的时间为 2006 年，全球范围内统一使用 IC 卡的时限为 2008 年。目前完成 EMV 迁移的国家已有 30 多个。

1.4 国内金融 IC 卡标准的发展

2000 年前，IC 卡在金融领域以电子钱包等小额支付应用为主，主要的标准包括 Visa 的 Visa Cash、万事达的 Mondex、EMV 的 EMV96 等。在 EMV96 和 ISO 7816 的基础上，结合国内银行需要，人民银行于 1997 年颁布《中国金融集成电路（IC）卡规范》（1.0 版），业内也称为 PBOC1.0 规范。PBOC1.0 规范包含了卡片规范和应用规范两部分。第一部分是对卡片本身技术指标的定义，第二部分是对与应用相关的交易流程的描述。

从应用角度区分，PBOC1.0 规范主要定义了电子钱包（Electronic Purse）/电子存折（Electronic Deposit）应用和磁条卡功能（Easy Entry）应用。其中电子钱包/电子存折采用对称密钥算法，通过全国统一的三级密钥管理体系，解决了脱机情况下跨行、跨地区的支付问题。PBOC1.0 通过建立统一的技术标准规范，进一步加强了银行与行业、企业间的沟通合作，推动在技术创新、业务创新、制度创新和商业模式创新等层面探索金融 IC 卡在跨行业应用的新措施和新办法，并在 PBOC1.0 试点及其后续的行业合作中，逐步显示出金融 IC 卡的潜力。

PBOC1.0 规范的正式发布对金融 IC 卡产业有着非常重要的意义。对处于起步阶段的金融 IC 卡产业，电子钱包/电子存折应用为当时跨行、跨地区的脱机支付问题，提供了解决方案，标志着我国金融业在 IC 卡方面开始有了自己统一的规范，并为今后建立一个全国统一的 IC 卡交易系统，为实现芯片卡基的电子货币提供了必要的基础。可以说 PBOC1.0 的颁布是我国 IC 卡事业发展的一个里程碑。

2000 年前后，为了防止日益增长的卡片欺诈和金融支付应用面临的各种挑战，国际卡组织调整了 IC 卡发展重点，开始在各国大力推广借记/贷记卡的 IC 卡化，即 EMV 迁移。随着国际银行卡 EVM 迁移进展的加快和我国对外开放交流的快速发展，人民银行高度重视并及时跟踪、研究国际芯片化在全球的应用和最新的动态。在 2003 年，人民银行牵头组织中国银联和有关商业银行对《中国金融集成电路（IC）卡规范》（1.0 版）进行了修订，补充完善了电子钱包/电子存折的应用功能并增加了电子钱包扩展应用指南、借记/贷记卡应用功能、个人化应用指南和非接触式 IC 卡通信接口标准，于 2005 年 3 月正式颁布实施（业界称该规范为 PBOC2.0 规范）。

PBOC2.0 新增的标准借记/贷记产品实现了银行卡的借记/贷记功能，是一种全新的、高安全的支付手段，可以完全取代磁条卡，并可结合智能卡片的特点开展多应用，如网银、交警、社保等。在技术安全方面，PBOC2.0 规范定义的借记/贷记应用，提供了脱机数据认证和联机数据认证双重安全机制。其中脱机数据认证通过非对称密码算法实现，终端只需下载根 CA 的公钥即可实现对卡片的认证，实现方便；联机数据认证通过对称密码算法实现，完成卡片和发卡行的双向认证，确保联机交易的安全。双重的保护机制可有效防止伪卡欺诈的发生，并有效解决了电子钱包/电子存折应用存在的密钥传输、更新的困难，以及终端 PSAM 卡存在的安全管理隐患等缺陷。

PBOC2.0 规范是国内金融 IC 卡产业的基础性规范，可以满足我国银行卡应对国际 IC 卡迁移的需要，满足国内银行卡高安全和多应用的实际需求，为我国金融 IC 卡应用和其他行业在 PBOC1.0 试点基础上进一步结合发展奠定了重要基础。

2007 年，为了满足小额、快速支付市场的迫切需求，人民银行再次组织针对《中国金融集成电路（IC）卡规范》进行增补，主要增加基于借记/贷记标准的小额支付（电子现金）和非接触式执行规范等方面内容。新增补的内容，完善和丰富了 PBOC2.0 产品，涵盖了国际上主流金融 IC 卡应用，为发卡银行提供更为全面的银行卡业务品种，使银行卡的受理范围能拓展到公交、出租、地铁、高速、超市、加油、报刊、便利店、电影院等快速支付领域。该部分增补规范于 2010 年 4 月正式颁布。

为支持配合 PBOC2.0 标准规范的制订和推广，促进国内 IC 卡迁移进程，中国银联作为工作组的成员，积极参与规范的增补，先后制定了多个与 PBOC2.0

配套的企业规范，其中《根 CA 管理规则和技术规范》，为所有遵循 PBOC2.0 标准的金融 IC 卡借记/贷记应用提供公钥认证服务；《中国金融集成电路（IC）卡借记贷记应用个人化模板》，提供一套能作为商业银行 IC 卡个人化指导的参考模板，帮助银行为卡片参数选择正确的值，以确保卡片个人化后能与终端之间协同工作；制定了《PBOC2.0 借贷记应用发卡行、收单行实施指南》，为发卡行、收单行实施 PBOC 迁移计划提供一个整体引导，集中描述发卡行、收单行应该完成的策略、业务、风险管理和技术方面的工作内容。

PBOC2.0 规范与银联配套的企业规范功能齐全、内涵丰富，为我国的银行卡健康发展提供了很好的指导作用，大大提高了我国银行卡的国际竞争力，也为与其他行业合作提供了良好的基础架构。

1.5 PBOC2.0 的结构和组成

中国金融集成电路（IC）卡规范（2010 版）包括以下 13 个部分：

第 1 部分：电子钱包/电子存折卡片规范。

第 2 部分：电子钱包/电子存折应用规范。

第 3 部分：与借记/贷记应用无关的 IC 卡与终端接口需求。

第 4 部分：借记/贷记应用规范。

第 5 部分：借记/贷记卡片规范。

第 6 部分：借记/贷记终端规范。

第 7 部分：借记/贷记安全规范。

第 8 部分：与应用无关的非接触式规范。

第 9 部分：电子钱包扩展应用指南。

第 10 部分：借记/贷记应用个人化指南。

第 11 部分：非接触式接口通信协议执行规范。

第 12 部分：非接触式 IC 卡支付规范。

第 13 部分：基于借记/贷记应用的小额支付规范。

第 1 部分和第 2 部分定义的电子钱包/电子存折应用是在 PBOC2.0 规范基础上，经过细节修订完善而成，两部分内容一起构成了电子钱包/电子存折应用规范；第 3 部分至第 7 部分构成了借记/贷记应用，该部分是参照 EMV4.1 标准，并参考了 Visa 的 VIS 标准、MasterCard 的 M/CHIP 标准制定而成；第 8 部分根据 ISO 14443 标准制定而成的非接触式接口规范，该部分定义了与应用无关的非接触式接口，可与电子钱包/电子存折或借记/贷记应用相结合，形成具有非接触式接口的电子钱包/电子存折或借记/贷记应用产品；第 9 部分是结合相关行业特殊需求制定而成，定义了基于电子钱包应用的复合应用消费、灰锁消费等功能，是对标准电子钱包应用的扩充，以满足相关行业的特殊支付需求；第 10 部分是参照《EMV 通用个人化规范》制定而成，定义了借记/贷记应用个人化的过程以及数据格式和分组，统一了个人化过程；第 11 部分是在第 8 部分的基础上制定的，详细规定了非接触式设备和非接触式卡片之间无线通信协议的有关要求；第 12 部分与第 8 部分及第 11 部分一起构成非接触式应用，该部分主要定义了基于非接触式接口的金融支付应用；第 13 部分与第 4 部分至第 7 部分一起构成基于借记/贷记的小额支付应用，主要定义了与小额支付有关的内容，即小额支付的技术实现与所支持的交易类型等。

PBOC 规范的构成以及与其他标准的关系见图 1-2。

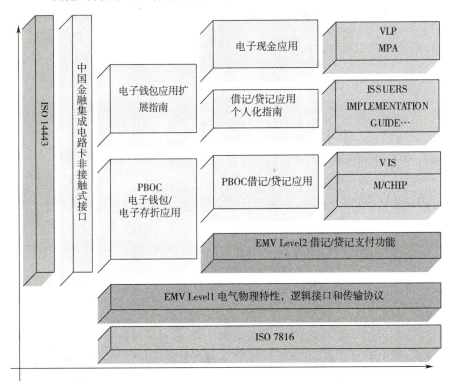

图 1-2 PBOC 规范和国际 IC 卡规范的关系

从国际标准的发展情况来看，EMV 标准是框架性的技术标准，各大银行卡组织均以 EMV 标准为基础，分别制定了各自的技术标准，并加以实施。例如 Visa 的 VIS、MasterCard 的 MCHIP 以及 JCB 的 J/SMART。《中国金融集成电路（IC）卡规范》也基于 EMV 的架构，定义了 PBOC 借记/贷记应用。基于芯片卡的规范体系如图 1-3 所示。

在非接触式和小额支付等功能方面，PBOC 和 Visa/MasterCard 的支持情况如

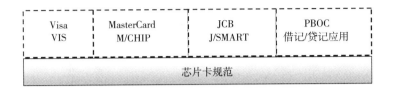

图 1 − 3 芯片卡规范体系

表 1 − 1 所示。

表 1 − 1   PBOC 和 Visa/MasterCard 的支持情况

	借记/贷记应用	非接触式应用	小额支付应用
PBOC	借记/贷记应用	非接触式 IC 卡应用	电子现金应用
Visa	VSDC	PAYWAVE	VLP
MasterCard	M/CHIP	PAYPASS	MPA

第二篇

PBOC2.0 规范解析

2 PBOC2.0 规范解析

2.1 与应用无关的接触式接口规范

PBOC2.0 规范的第 3 部分《与应用无关的 IC 卡与终端接口规范》定义包括卡片的机电接口、卡片操作过程、字符的物理传输、复位应答、传输协议、文件、命令及应用选择机制。主要包括：

机电接口：包括低电压 IC 卡移植、IC 卡和终端的电气及机械特性。

√ 卡片操作过程：包括从卡片插入接口设备、完成交易处理直至卡片拔出的操作过程的所有步骤。

√ 字符的物理传输：在卡片操作过程中，定义了数据通过 I/O 在终端和 IC 卡之间以异步半双工方式进行双向传输的方式。终端向 IC 卡提供一个用做数据交换的时序控制时钟信号。

√ 复位应答：定义了卡片和终端之间建立通信的握手机制。

√ 传输协议：在异步半双工传输协议中，终端为实现传输控制和特殊控制而发出的命令的结构及其处理过程。包括两种协议：字符传输协议（T = 0）和块传输协议（T = 1）。

√ 文件：包括对 IC 卡文件的定义、文件的结构以及对文件的引用。

√ 命令：包括对为应用协议数据单元（APDU）结构的定义以及对 SELECT 和 READ RECORD 命令的定义。

√ 应用选择机制：定义了应用选择的方法、过程以及所使用的命令和数据元。

PBOC2.0 规范的第 3 部分《与应用无关的 IC 卡与终端接口规范》定义的 IC 卡特性是遵从 GB/T 16649 系列标准及 ISO 7816 – 1/2/3/4 标准，并依据实际需要与技术发展，作了一些细小变动。

2.1.1 文件和命令

2.1.1.1 文件

文件作为一种信息的数据逻辑结构存放在 IC 卡的存储器（EEPROM 或 Flash）上。

➤ 文件类型。

在 PBOC2.0 规范的第 3 部分《与应用无关的 IC 卡与终端接口规范》定义的

文件类型包括以下两种：

1. 应用定义文件（ADF）。

2. 应用基本文件（AEF）。

➢ 文件结构。

从终端的角度来看，IC 卡上的文件是一种树形结构：

1. 树的每一个分支是一个应用定义文件（ADF）或一个目录定义文件（DDF）。

2. 一个 ADF 是一个或者多个应用基本文件（AEF）的入口点。

3. 一个 ADF 及其相关的数据文件处于树的同一分支上。

4. 一个 DDF 是其他 ADF 或者 DDF 的入口点。

2.1.1.2 命令

（一）命令 APDU（C‐APDU）

C‐APDU 包含一个必备的连续四字节的命令头，用 CLA、INS、P1 和 P2 表示，同时包括一个可变长度的条件体。

命令头定义如下：

➢ CLA：指令类型；除"FF"外可赋任何值。

➢ INS：指令类型的指令码。只有在低半字节为"0"，且高半字节既不是"6"也不是"9"时，INS 才有效。

➢ P1、P2：完成 INS 的参数字节。

（二）响应 APDU（R‐APDU）

R‐APDU 是一串字节，这一串字节由一个条件体以及必备的两字节状态字 SW1、SW2 组成。

条件体是一串数据字节，其最大长度在 C‐APDU 中的 Le 中定义。

必备的状态字表明 IC 卡在处理完命令后的状态。

2.1.2 卡片操作过程

规范中定义了正常卡片操作过程的操作步骤和 IC 卡插入与触点激活时序。

正常卡片操作过程是指执行一个正常交易的操作过程。

操作步骤如下：

1. 将 IC 卡插入接口设备，导通并激活触点。

2. 将 IC 卡复位，同时在终端和 IC 卡之间建立通信联系。

3. 进行交易处理。

4. 释放触点并从接口设备中取出 IC 卡。

2.1.3 复位应答

规范中定义的复位应答（ATR）基本含义是终端发出复位信号以后，IC 卡以一串字节作为应答。这些传输到终端的字节规定了卡片和终端之间即将建立的通信的特性。

2.1.4 传输协议

规范中定义了两种协议：字符传输协议（T = 0）和块传输协议（T = 1）。两种协议根据物理层、数据链路层、传输层和应用层进行了传输协议的定义。

应用协议由 TAL（终端应用层）和 TTL（终端传输层）之间一组有序的数据交换组成，规范中定义了应用协议。应用层交换的每一步由命令——响应对组成，其中 TAL 通过 TTL 给 IC 卡发送命令，IC 卡处理该命令后通过 TTL 返回一个响应给 TAL。每一个特定的命令都与一个特定的响应相匹配。一个 APDU 就是一个命令报文或一个响应报文。

命令报文和响应报文都可以包含数据，传输协议通过 TTL 来管理四种命令情况的情况：

➢ 情况 1：无命令数据，无响应数据。
➢ 情况 2：无命令数据，有响应数据。
➢ 情况 3：有命令数据，无响应数据。
➢ 情况 4：有命令数据，有响应数据。

2.2 与应用无关的非接触式接口规范

PBOC2.0 规范的第 8 部分和第 11 部分对非接触卡片和读卡器之间的通信接口和通信协议作了定义，主要包括：

• 物理特性：包括对卡片提出一般特性、尺寸要求以及对紫外线、X – 射线、动态弯曲应力、动态扭曲应力等要求。

• 射频功率与信号接口：包括初始化、功率传送以及 TYPE A/B 通信信号接口。

• 初始化和防冲突：定义了 TYPE A/B 的初始化和防冲突机制。

• 传输协议：定义了 TYPE A/B 的协议激活，半双工块传输协议。

• 数据元和命令：定义了关闭和激活非接触式通道的命令和所使用的数据元。

第 8 部分《中国金融集成电路（IC）卡规范第 8 部分：与应用无关的非接触式规范》中，对卡片与读写器之间的物理通信进行了定义。它是一个框架性协议，相关定义具有一定的弹性和可变空间。相关厂商在产品开发时，有可能采用不同的技术参数，而导致不同厂商的产品之间，得不到完全的兼容，不利于非接触式应用在全国的推广。为此，人民银行在第 8 部分的基础上增加了第 11 部分《中国金融集成电路（IC）卡规范第 11 部分：非接触式 IC 卡通讯规范》，作为统一的卡片与读写器之间的标准，实现了一个终端可以受理不同厂商的卡片。

第 11 部分《中国金融集成电路（IC）卡规范第 11 部分：非接触式 IC 卡通讯规范》详细定义了卡片与终端之间的数据通信的接口标准，便于厂商依据此标准进行产品开发，以解决不同厂商产品之间的不兼容问题，并为国内非接触式卡片和国际上的读写器、国内非接触式读写器与国际上的卡片之间的兼容通用打下了硬件基础。

2.2.1　物理特性

非接触 IC 卡的物理特性主要包括卡片物理尺寸的大小以及在紫外线、X－射线、弯曲、扭曲等外力条件下，卡片的受影响程度。

该部分规范要求非接触 IC 卡在紫外线、X－射线、交变磁场电场、弯曲、扭曲等一定外力作用的条件下，卡片必须能够正常工作。例如卡的任何一面暴露于 70keV 到 140keV 的中等能量 X－射线（每年 0.1Gy 的累积剂量）后，应不引起该卡的失效。

2.2.2　工作原理

在 PCD 和 PICC 之间的初始对话通过下列连续操作进行：

➢ PCD 产生 RF 工作场，激活 PICC。

➢ PICC 静待来自 PCD 的命令。

➢ PCD 传输命令。

➢ PICC 传输响应。

2.2.2.1　能量获取（电感耦合）

电感耦合是目前使用得最广泛的技术，它可以传送电能，也可以传送数据。

对于某些应用（如出入控制），通常只要能读卡内数据就足够了，因而可以使用简单的技术。由于消耗的电能很低（几十微瓦），这些卡的有效距离被限制在大约 1 米的范围内。

如果还必须写入数据，那么功耗将超过 100 微瓦。在写入模式下，其有效距离被限制在大约 10 厘米内。非接触式 CPU 卡的功耗甚至高达 100 毫瓦。

所有采用电感耦合的卡，其工作原理都是相同的，与其作用范围和功耗无关。

电能传送基于耦合变压器原理，在终端里用线圈产生强大的高频磁场以便传送能量。最常用的频率是 125KHz 和 13.56NHz。

如果非接触卡被放到终端附近，终端设备的磁场的一部分会穿过卡的线圈，在卡的线圈里感应电压，这个电压被整流后用来对芯片供电。

在卡里感应的电压正比于信号频率、线圈匝数和线圈围绕的面积。这意味着增加信号频率可以降低线圈匝数。

读写器 PCD 产生耦合到 PICC 的 RF 电磁场，用来传送能量和通信（经过调制和解调）。PICC 获得能量后将其转换成直流电压。

RF 工作场频率（fc）应为 13.56MHz ± 7kHz。

RF 工作场的强度为 1.5A/m（rms）到 7.5A/m（rms）。

2.2.2.2　数据传输（负载调制）

终端到卡：可以使用已知的数字调制技术，通常使用振幅监控 ASK，频移监控 FSK 和相移监控 PSK。ASK 和 PSK 常被使用，因为它们特别容易解调。

卡到终端：使用幅度调制，用数据信号来产生对卡里的负载进行数字调节（负责调制）。

2.2.3　初始化和防冲突

当多张卡同时处于能量区域时，PCD 和 PICC 通过初始化和防冲突选择其中一张卡进行通信。

利用空间的差异，力图使终端设备的作用范围受到限制，以致在给定的时刻只有单独一张卡可以进行访问，也可进行卡扫描。

利用时间的差异，采取措施使得各个卡与不同的时间对应，从而可以识别它们并由终端单独寻址。

2.3　电子钱包/电子存折应用规范

2.3.1　标准电子钱包/电子存折应用规范

电子钱包/电子存折应用包含 PBOC 规范的第 1、第 2 部分。定义了可用于脱机小额支付的金融 IC 卡电子钱包和电子存折应用。

其中电子钱包支持的交易种类包括：

脱机功能：消费、余额查询、查询交易明细。联机功能：圈存。

电子存折所支持的交易种类包括：

脱机功能：消费、取现、查询余额、查询交易明细。联机功能：圈存、圈提、修改透支限额。

1. 圈存交易。

持卡人将其在银行后台主账户上的资金划转到电子存折或电子钱包中。圈存交易必须在金融终端上联机进行。在用户卡与发卡行进行双向安全认证后，发卡行对后台主账户的金额进行扣除，用户卡对其余额进行增加。

2. 消费交易。

在脱机环境下，通过终端中的 PSAM 卡与用户卡的双向安全认证后，扣除用户卡中的金额的过程。电子钱包无须输入 PIN，电子存折必须提交 PIN。交易完成后，在卡片内部文件中记录交易明细。结算时将交易信息（包含交易凭证 TAC）上送给发卡行，进行账务处理。

3. 圈提交易。

通过圈提交易，持卡人可以把电子存折中的部分或全部资金划回到其在银行的后台主账户上。这种交易必须在金融终端上联机进行并要求提交个人识别码（PIN）。只有电子存折应用支持圈提交易。

4. 余额查询。

终端可以向卡片发送余额查询指令，卡片将电子钱包/电子存折的可用余额返回给终端，终端将余额显示给持卡人。电子存折需要提交 PIN，电子钱包则不需要。

5. 明细查询。

持卡人可以通过终端或其他读卡设备读取 IC 卡中的交易明细记录。此交易一般采用脱机方式处理。交易时需提交 PIN。交易明细文件为循环记录文件，且至少应包含 10 条记录。

2.3.1.1 文件结构

数据文件中的数据元以记录方式或二进制的方式存储，文件结构及引用方式由文件的用途决定。除目录文件外，数据文件的内容和布局在应用规范中说明，也可由发卡方定义。

1. 应用数据文件（ADF）。

应用数据文件是一个只包含其文件控制信息（FCI）中纯数据对象的文件，通过应用选择实现对其逻辑结构的访问。它的树形结构能够将数据文件与应用连接起来。同时应用数据文件之间采用"防火墙"隔离，以防止跨过应用进行非法访问，确保应用之间的独立性。

2. 应用基本文件（AEF）。

应用基本文件包含有一个或多个原始基本编码规则，包括电子钱包和电子存折应用的公共应用基本数据文件即 21 号文件。文件大小为 30 个字节，其中包括 8 字节的发卡方标识，1 字节应用类型标识，1 字节发卡方应用版本，10 字节应用序列号，4 字节应用启用日期，4 字节应用有效日期，2 字节发卡方自定义 FCI 数据。持卡人基本文件即 22 号文件。文件大小为 55 个字节，其中包括 1 字节卡类型标识，1 字节本行职工标识，20 字节持卡人姓名，32 字节持卡人证件号码，1 字节持卡人证件类型。IC 卡交易明细文件即 24 号文件。文件大小为 23 个字节，其中包括 2 字节 ED 或 EP 联机或脱机交易序号，3 字节透支限额，4 字节交易金额，1 字节交易类型标识，6 字节终端机编号，4 字节交易日期，3 字节交易时间。

2.3.1.2 交易指令

电子钱包/电子存折应用卡片规范定义了以下指令集:

- 应用锁定（APPLICATION BLOCK）。
- 应用解锁（APPLICATION UNBLOCK）。
- 卡片锁定（CARD BLOCK）。
- 外部认证（EXTERNAL AUTHENTICATION）。
- 取响应（GET RESPONSE）。
- 产生随机数（GET CHALLENGE）。
- 内部认证（INTERNAL AUTHENTICATION）。
- 个人识别码修改/解锁（PIN CHANGE/UNBLOCK）。
- 读二进制（READ BINARY）。
- 读记录（READ RECORD。）
- 选择（SELECT）。
- 修改二进制（UPDATE BINARY）。
- 修改记录（UPDATE RECORD）。
- 校验（VERIFY）。

电子钱包/电子存折应用规范定义了以下指令集:

- 圈存（CREDIT FOR LOAD）。
- 圈提（DEBIT FOR UNLOAD）。
- 消费/取现（DEBIT FOR PURCHASE/CASH WITHDRAW）。
- 修改透支限额（UPDATE OVERDRAW LIMIT）。
- 圈存初始化（INITIALIZE FOR LOAD）。
- 圈提初始化（INITIALIZE FOR UNLOAD）。
- 消费初始化（INITIALIZE FOR PURCHASE）。
- 取现初始化（INITIALIZE FOR CASH WITHDRAW）。
- 修改初始化（INITIALIZE FOR UPDATE）。
- 读余额（GET BALANCE）。
- 取交易认证（GET TRANSACTION PROVE）。
- 修改个人识别码（CHANGE PIN）。
- 重装个人识别码（RELOAD PIN）。

（一）命令格式

命令应用协议数据单元即 C‐APDU，格式如表 2‐1 所示。

表 2 - 1 **C - APDU 格式**

CLA	INS	P1	P2	Lc	Data	Le
←必备头→			←条件体→			

其中，CLA 为命令类别，INS 为指令字节，P1 为指令参数 1，P2 为指令参数 2，Lc 为命令数据域中存在的字节数，Data 为命令发送的数据，Le 为响应数据域中期望的最大数据字节数。

响应应用协议数据单元即 R - APDU，格式如表 2 - 2 所示。

表 2 - 2 **R - APDU 格式**

Data	SW1	SW2
条件体	←必备尾→	

其中，Data 为响应中接收的数据位串，SW1 为命令处理状态 1，SW2 为命令处理限定。

（二）交易指令

1. APPLICATION BLOCK（应用锁定）。

APPLICATION BLOCK 命令使当前选择的应用失效，它分为临时锁定和永久锁定两种。

当 APPLICATION BLOCK 命令成功地完成应用临时锁定后，用 SELECT 命令选择已临时锁定的应用，将回送状态字"6283"即选择文件无效。同时回送 FCI，对于 T = 0 卡片，需要用 GET RESPONSE 指令取回。

当 APPLICATION BLOCK 命令成功完成应用永久锁定后，此后执行所有命令，卡片将回送状态字"9303"即应用永久锁定。

2. APPLICATION UNBLOCK（应用解锁）。

APPLICATION UNBLOCK 命令用于恢复当前应用。当 APPLICATION UN-BLOCK 命令成功地完成后，由 APPLICATION BLOCK 命令产生的对应用命令响应的限制将被取消。

3. CARD BLOCK（卡片锁定）。

CARD BLOCK 命令使卡中所有应用永久失效。当 CARD BLOCK 命令成功地完成后，所有后续的命令都将回送状态字"6A81"即不支持此功能，且不执行任何其他操作。

4. EXTERNAL AUTHENTICATION（外部认证）。

EXTERNAL AUTHENTICATION 命令要求 IC 卡中的应用验证密码。

5. GET RESPONSE（取响应）。

该指令只用于 T = 0 协议卡片。

当 APDU 不能用现有协议传输时，GET RESPONSE 命令提供了一种从卡片向接口设备传送 APDU（或 APDU 的一部分）的传输方法。

6. GET CHALLENGE（产生随机数）。

GET CHALLENGE 命令请求一个用于安全相关过程（如安全报文）的随机数。该随机数只能用于下一条指令，无论下一条指令是否使用了该随机数，该随机数都将立即失效。

7. INTERNAL AUTHENTICATION（内部认证）。

INTERNAL AUTHENTICATION 命令提供了利用接口设备发来的随机数和自身存储的相关密钥进行数据认证的功能。

8. PIN UNBLOCK（个人识别码修改/解锁）。

PIN UNBLOCK 命令为发卡方提供了解锁个人识别码的功能，PIN UNBLOCK 命令成功完成后将重置个人识别码尝试计数器的值。

9. READ BINARY（读二进制）。

READ BINARY 命令用于读取二进制文件的内容。

10. READ RECORD（读记录）。

READ BINARY 命令用于读取记录文件的内容。

11. SELECT（选择）。

SELECT 命令通过文件名或 AID 来选择 IC 卡中的 PSE、DDF 或 ADF，命令执行成功后，PSE、DDF 或 ADF 的路径被设定，从 IC 卡的响应报文应由回送 FCI 组成。

12. UPDATE RECORD（修改记录）。

UPDATE RECORD 命令通过给定数据来修改记录文件数据。

13. VERIFY（校验）。

VERIFY 命令用于校验命令数据域中的个人识别码的正确性。如 PIN 文件位于某一应用下，当此应用被锁定时，禁止校验 PIN；如 PIN 文件位于 MF 下，当应用被锁定后可以执行校验 PIN 命令。

14. CHANGE PIN（修改个人识别码）。

CHANGE PIN（修改个人识别码）允许持卡人将当前 PIN 修改为新的 PIN，命令成功完成后，PIN 尝试计数器复位至 PIN 尝试次数的上限且原个人识别码置为新的个人识别码。

15. CREDIT FOR LOAD（圈存）。

通过圈存交易，持卡人可将其在银行相应账户上的资金划入电子存折或电子钱包中。命令报文数据域包括 4 字节交易日期，3 字节交易时间，4 字节 MAC。

16. DEBIT FOR PURCHASE/CASH WITHDRAW（消费/取现）。

DEBIT FOR PURCHASE/CASH WITHDRAW（消费/取现）命令用于消费/取现交易，命令报文数据域包括4字节终端交易序号，4字节交易日期，3字节交易时间，4字节MAC。

17. DEBIT FOR UNLOAD（圈提）。

DEBIT FOR UNLOAD（圈提）命令用于圈提交易，命令报文数据域包括4字节交易日期，3字节交易时间，4字节MAC。

18. GET BALANCE（读余额）。

GET BALANCE（查询余额）命令用于读取电子存折或电子钱包余额，实现查询余额交易，读取电子存折余额需验证个人识别码（PIN）。

19. GET TRANSACTION PROVE（取交易认证）。

GET TRANSACTION PROVE（取交易认证）命令提供了一种在交易处理过程中拔出并重插卡后卡片的恢复机制，如果卡片正在处理时被突然拔出，终端应提醒持卡人重新插入卡片。之后终端将检查发卡方标识和应用序列号以确认插入的卡片和前面拔出的卡片是否是同一张卡。如果是同一张卡，终端发出GET TRANSACTION PROVE（取交易认证）命令。假如MAC和TAC返回，终端即完成交易处理。

20. INITIALIZE FOR CASH WITHDRAW（取现初始化）。

INITIALIZE FOR CASH WITHDRAW（取现初始化）命令用于初始化取现交易，命令报文数据域包括1字节密钥索引号，4字节交易金额，6字节终端机编号。

21. INITIALIZE FOR LOAD（圈存初始化）。

INITIALIZE FOR LOAD（圈存初始化）命令用于初始化圈存交易，命令报文数据域包括1字节密钥索引号，4字节交易金额，6字节终端机编号。

22. INITIALIZE FOR PURCHASE（消费初始化）。

INITIALIZE FOR PURCHASE（消费初始化）命令用于初始化消费交易，命令报文数据域包括1字节密钥索引号，4字节交易金额，6字节终端机编号。

23. INITIALIZE FOR UNLOAD（圈提初始化）。

INITIALIZE FOR UNLOAD（圈提初始化）命令用于初始化圈提交易，命令报文数据域包括1字节密钥索引号，4字节交易金额，6字节终端机编号。

24. INITIALIZE FOR UPDATE（修改初始化）。

INITIALIZE FOR UPDATE（修改初始化）命令用于初始化修改透支限额交易，命令报文数据域包括1字节密钥索引号，6字节终端机编号。

25. RELOAD PIN（重装个人识别码）。

RELOAD PIN（重装个人识别码）命令用于发卡方重新给持卡人产生一个新的 PIN，可以与原 PIN 相同。RELOAD PIN（重装个人识别码）只能在拥有或能访问到重装 PIN 子密钥（DRPK）的发卡方终端上执行。在成功执行 RELOAD PIN（重装个人识别码）命令后，IC 卡将 PIN 尝试计数器复位且 IC 卡的原 PIN 必须设置为新的 PIN 值。命令报文数据域包括 2 字节到 6 字节重装的 PIN 值，4 字节 MAC。

26. UPDATE OVERDRAW LIMIT（修改透支限额）。

UPDATE OVERDRAW LIMIT（修改透支限额）命令用于修改透支限额交易。令报文数据域包括 3 字节新透支限额，4 字节交易日期，3 字节交易时间，4 字节 MAC。

（三）应用维护指令

1. 卡片锁定。

终端发出卡片锁定（CARD BLOCK）命令来锁定卡片。

命令的成功执行使得 IC 卡中的所有应用无效。在这种情况下，进行应用选择将会回送状态字"6A81"（功能不被支持）。

2. 应用锁定。

终端发出应用锁定（APPLICATION BLOCK）命令来锁定应用。

此命令的用法由发卡方自行决定。

在本部分所述的应用中，命令的成功执行导致 IC 卡中的电子存折/电子钱包应用无效。在这种状态下：

——选择此应用时，对 SELECT 命令 IC 卡回送状态字"6283"（选择文件无效）和文件控制信息（FCI），在 T = 0 协议时，卡片 FCI 需用取响应（GET RESPONSE）命令取回。

——在应用被选择后，除以下情况外，IC 卡对其他命令只回送状态字"6985"（使用的条件不满足）：

a. 当用 SELECT 命令选择此应用或其他应用时。

b. 产生随机数（GET CHALLANGE）命令。

c. 应用锁定（APPLICATION BLOCK）命令。

d. 卡片锁定（CARD BOLCK）命令。

e. 应用解锁（APPLICATION UNBLOCK）命令。

如果在命令参数 P2 中指明永久性锁定此应用，IC 卡将设置一个内部标志以表明不允许执行应用解锁（APPLICATION UNBLOCK）命令。

此命令的执行并不改变电子存折联机交易序号和电子钱包联机交易序号的值。

3. 应用解锁。

终端发出应用解锁（APPLICATION UNBLOCK）命令来对应用解锁。

如果对某应用连续三次解锁失败，则 IC 卡将永久锁定此应用并回送状态字"9303"（应用永久锁定）。

如果在应用解锁（APPLICATION UNBLOCK）命令中使用了永久锁定的选项，IC 卡将回送状态字"9303"（应用永久锁定）且不再对应用解锁。

应用解锁（APPLICATION UNBLOCK）命令的成功执行使应用重新恢复成有效状态。在此之后，该应用对所有命令的响应就像应用锁定和应用解锁没有执行过一样。

此命令的执行并不改变电子存折联机交易序号和电子钱包联机交易序号的值。

4. PIN 解锁。

终端发出 PIN 解锁（PIN UNBLOCK）命令对 PIN 解锁。

在命令报文中，P2 取"00"值。使用 DPUK 对 PIN 数据加密。

如果 PIN 连续三次解锁失败，则 IC 卡将永久锁定此应用并回送状态字"9303"（应用永久锁定）。

5. 二进制形式修改。

终端发出修改二进制（UPDATE BINARY）指令，如果三次执行此命令均告失败，则 IC 卡将永久锁定此应用并回送状态字"9303"（应用永久锁定）。

6. 更改 PIN。

更改 PIN 功能不需要 MAC，它可以在任意支持该命令的终端上执行。

当 IC 卡接到此命令时，将进行以下操作：

——检查 PIN 尝试计数器。如果为 0，表明 PIN 已锁定，此命令不能执行。在这种情况下，IC 卡回送状态字"6983"（认证方式锁定）。

——如果 PIN 没有锁定，则命令中的"当前 PIN"会和 IC 卡上存放的 PIN 比较。

如果二者相同，IC 卡将进行以下操作：

a. 将 IC 卡上的 PIN 改为命令中的新 PIN。

b. 将 PIN 尝试计数器置为 PIN 重试的最大次数。

——如果卡上的 PIN 和命令中的"当前 PIN"并不相同，IC 卡将进行以下操作：

a. 将 PIN 尝试计数器减 1。

b. 回送状态字"63Cx"，这里 x 是 PIN 尝试计数器的新值。如达到零，则卡片自动锁定 PIN。

7. 重装 PIN。

终端发出重装个人识别码（RELOAD PIN）命令来重装 PIN。

当此命令失败三次之后，应用被永久锁定。

2.3.1.3　交易状态

在应用执行过程中，卡片总是处于以下状态之一。在一种状态下，只有某些命令能够被执行。标准电子钱包卡片具有的状态如下：

- 空闲状态。
- 圈存状态。
- 消费/取现状态。
- 圈提状态。
- 修改状态。

应用选择完成后，卡片首先进入空闲状态。当卡片从终端接收到一条命令时，它必须首先检查当前状态是否允许执行该命令。在命令执行成功后，卡片将进入另一个状态（或同一个）。如果命令执行不成功，则卡片进入空闲状态。

表 2-3 说明了命令执行成功后的状态变化。第一行表示命令发出时卡片的当前状态，第一列表示发出的命令，整张表给出的是在当前状态下某个命令执行成功后的状态。

阴影部分表示在卡片处于相应状态时发出此命令是无效的。在这种情况下，卡片不执行该命令，并向终端回送 "6901" 状态字，同时卡片的状态变为空闲。

表 2-3　　　　　　　　　命令执行成功原状态变化

命令	空闲	圈存	消费/取现	圈提	修改
CREDIT FOR LOAD	N/A	空闲	N/A	N/A	N/A
DEBIT FOR PURCHASE/CASH WITHDRAW	N/A	N/A	空闲	N/A	N/A
DEBIT FOR UNLOAD	N/A	N/A	N/A	空闲	N/A
GET BALANCE	空闲	圈存	消费/取现	圈提	修改
GET TRANSACTION PROVE	空闲	圈存	消费/取现	圈提	修改
INITIALIZE FOR LOAD	圈存	圈存	圈存	圈存	圈存
INITIALIZE FOR PURCHASE	消费/取现	消费/取现	消费/取现	消费/取现	消费/取现
INITIALIZE FOR WITHDRAW	消费/取现	消费/取现	消费/取现	消费/取现	消费/取现
INITIALIZE FOR UNLOAD	圈提	圈提	圈提	圈提	圈提
INITIALIZE FOR UPDATE	修改	修改	修改	修改	修改
UPDATE OVERDRAW LIMIT	N/A	N/A	N/A	N/A	空闲

2.3.1.4　交易密钥

（一）多应用管理

为了独立地管理一张卡上不同应用间的安全问题，每一个应用应该放在一个单独的 ADF 中。亦即在应用之间应该设计一道 "防火墙" 以防止跨过应用进行非法访问。另外，每一个应用也不应该与个人化要求和卡中共存的其他应用规则发生冲突。

（二）密钥的独立性

用于一种特定功能（如扣款）的加密/解密密钥不能被任何其他功能所使用，包括保存在 IC 卡中的密钥和用来产生、派生、传输这些密钥的密钥。

密钥和个人识别码的存放。

IC 卡应该能够保证用于 RSA 算法的非对称私有密钥或用于 DES 算法的对称加密密钥在没有授权的情况下，不会被泄露出来。

如果使用个人识别码，则应保证其在 IC 卡中的安全存放，且在任何情况下都不会被泄露。

（三）安全报文传送

安全报文传送的目的是保证数据的可靠性、完整性和对发送方的认证。数据完整性和对发送方的认证通过使用 MAC 来实现。数据的可靠性通过对数据域的加密来得到保证。

（四）ED/EP 应用的密钥关系

以下描述的所有密钥均为双倍长 DEA 密钥（128 比特长）。为确保密钥的安全，密钥的产生和存放都应由一个专用的安全模块来处理。表 2 - 4、表 2 - 5 概述了支持 ED 和 EP 应用的主机与 IC 卡、POS 设备之间的密钥关系。

表 2 - 4　　　IC 卡中存储的共用于电子存折和电子钱包应用的密钥

密钥	发卡方	IC 卡	POS（PSAM）
用于消费/取现交易的密钥	消费主密钥（MPK）	消费子密钥（DPK），由 MPK 用应用序列号推导获得	消费主密钥（MPK）
用于圈存交易的密钥	圈存主密钥（MLK）	圈存子密钥（DLK），由 MLK 用应用序列号推导获得	N/A
消费/取现交易中用于产生 TAC 的密钥	TAC 主密钥（MTK）	TAC 子密钥（DTK），由 MTK 用应用序列号推导获得	N/A
用于解锁 PIN 的密钥	PIN 解锁主密钥（MPUK）	PIN 解锁子密钥（DPUK），由 MPUK 用应用序列号推导获得	由发卡方考虑决定
用于重装 PIN 的密钥	PIN 重装主密钥（MRPK）	PIN 重装子密钥（DRPK），由 MRPK 用应用序列号推导获得	N/A
用于应用维护功能的密钥	应用主控密钥（MAMK）	应用主控子密钥（DAMK），由 MAMK 用应用序列号推导获得	N/A

表 2-5　　　　　　　　　　IC 卡中用于电子存折应用的密钥

密钥	发卡方	IC 卡	POS（PSAM）
用于圈提交易的密钥	圈提主密钥（MULK）	圈提子密钥（DULK），由 MULK 用应用序列号推导获得	N/A
用于修改透支限额交易的密钥	修改主密钥（MUK）	子修改（透支限额）密钥（DUK），由 MUK 用应用序列号推导获得	N/A

2.3.2　电子钱包扩展应用指南

PBOC 第 9 部分定义了电子钱包应用扩展指南，目的是为金融电子钱包应用提供指导，是对电子钱包应用的补充和扩展。电子钱包扩展应用主要包括电子钱包复合应用和灰锁应用。

传统的电子钱包适用于消费金额事先已经明确的前提下，但是有些情况下，消费金额事先是不能确定的，需要在消费动作结束时根据消费的过程信息计算消费金额。针对这类应用场景的需求，电子钱包扩展应用设计了支持复合应用文件与电子钱包余额同步更新机制的电子钱包复合应用，可以适用于需要分段、分时计费的场合，典型的应用场景包括地铁、高速公路、停车咪表等。复合应用的文件内容可以根据不同的场景进行定义。

电子钱包扩展应用规范的灰锁机制适合自助消费的场合，比如加油应用等。在消费开始时终端先将卡片置灰（锁定），在消费结束后再对卡片扣款并解锁。同时针对消费过程中拔卡和异常掉电等情况，设计了在当前交易终端上的补扣交易和非当期交易终端上的联机解扣交易，确保已经消费金额能准确地扣除。

电子钱包复合应用新增的交易种类包括：

脱机功能：复合应用消费。

电子钱包灰锁应用新增的交易种类包括：

脱机功能：灰锁消费、补充交易；联机功能：联机补扣交易。

2.4　借记/贷记应用规范

2.4.1　标准借记/贷记内容

借记/贷记应用包含规范的第 3、第 4、第 5、第 6、第 7 部分，是根据 EMV4.1，参考了 Visa 的 VIS 标准、MasterCard 的 M/CHIP 标准制定而成。定义了银行卡的借记/贷记应用，是一种全新的、高安全性的支付手段，可以完全取代磁条卡。

1. 第 4 部分借记/贷记应用规范。

应用规范描述了卡片和终端之间处理的技术概述，提出了基于智能卡借记/贷记应用的最低要求。应用规范适用于商业银行、供应商、开发商等对借记/贷记应用有总体了解需求的用户。

2. 第 5 部分借记/贷记卡片规范。

借记/贷记卡片规范从卡片的角度描述了借记/贷记交易流程，包括卡片内部的处理细节、卡片所使用的数据元、卡片所支持的指令集等。适用于发卡银行、收单银行、卡片生产企业和个人化服务提供商等。

3. 第 6 部分借记/贷记终端规范。

借记/贷记终端规范从终端的角度描述了借记/贷记交易流程，包括终端的基本硬件需求、终端内部的处理细节、终端所使用的数据元、终端所支持的指令集等。适用于发卡银行、收单银行、终端生产企业、收单服务专业化提供商。

4. 第 7 部分借记/贷记安全规范。

安全规范描述了借记/贷记应用安全功能方面的要求以及为实现这些安全功能所涉及的安全机制和获准使用的加密算法。

2.4.2　交易流程概述

借记/贷记应用的交易流程图如图 2 - 1 所示。

1. 应用选择。

应用选择确定了终端和卡片所支持的应用，并对两者所支持的应用进行匹配，产生如下结果：

- 没有应用匹配：交易终止。
- 有一个应用匹配：该应用即被选择。
- 多个应用匹配：有持卡人根据提示选择或按优先级来选择。

所使用的命令：SELECT 、READ RECORD。

每一个卡组织的应用都有一个应用标识符（AID），它由 RID（Registered Application Provider Identifier）和 PIX（Proprietary Application Identifier extension）组成。

AID 的举例：

银联　　　　　A0 00 00 03 33

Visa　　　　　A0 00 00 00 03

MasterCard　A0 00 00 00 04

2. 应用初始化。

在应用初始化处理中，终端向卡片发送 GPO（GET PROCESSING OPTIONS）命令，表示交易处理开始。当发此命令时，终端向卡提供处理选项数据对象列表（PDOL）请求的数据元。PDOL 是卡片在应用选择时提供给终端的标签和数据元长度的列表，处理选项数据对象列表（PDOL）是可选数据元。

卡片在 GPO 命令的响应中提供了应用文件定位器（Application File

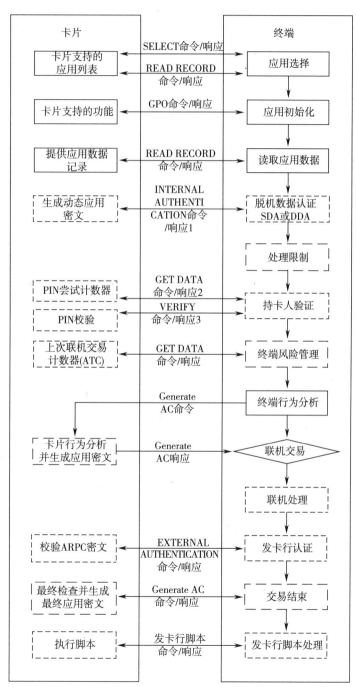

图 2-1 借记/贷记应用的交易流程图

Locator – AFL）和应用交互特征（Application Interchange Profile – AIP）。AFL 是终端需要从卡片读取的文件和记录的列表。AIP 是处理交易时卡片所执行功能的列表，比如卡片支持 SDA 还是 DDA，是否支持发卡行认证等功能。

3. 读应用数据。

终端使用读记录命令（READ RECORD）读出交易处理中使用的卡片数据，卡片在应用初始化的响应中提供的 AFL 标记了这些数据所在的文件与记录号，终端应该存储读出的所有可以识别的数据对象，不论是必备还是可选数据，以备将来交易使用。这些数据还包括了在脱机数据认证中所使用到的卡片数据。

4. 脱机数据认证。

脱机数据认证是终端对卡片进行真伪识别的重要步骤。PBOC 定了两种认证方式：静态数据认证和动态数据认证。

静态数据认证（SDA）验证卡片在个人化以后重要的应用数据是否被非法修改。终端使用卡片上的发卡行公钥验证卡片静态数据，同时卡片上还包括发卡行公钥证书以及数字签名，数字签名中包括一个用发卡行私钥加密重要应用数据得到的哈希值。如果用实际数据产生的哈希值与从卡片中恢复出的哈希值相匹配，则证实了卡片数据并未被修改。

动态数据认证（DDA）主要是用于防止伪造卡片。动态数据认证有标准动态数据认证（DDA）和复合动态数据认证（DDA/AC – CDA）两种。终端要求卡片提供由 IC 卡私钥加密动态交易数据生成的密文，动态交易数据是由终端和卡片为当前交易产生的唯一数据。终端用从卡片数据中获取的 IC 卡公钥来解密动态签名。还原的数据与原始数据匹配来验证卡片的真伪。复合动态数据认证/应用密文生成把动态签名生成与卡片的应用密文生成相结合，确保卡片行为分析时返回的应用密文来自于有效卡。

SDA 只能确保卡片中的重要数据没有被非法篡改，但不能防止伪卡，而 DDA 能有效防止伪卡，因此在推广 IC 卡时发卡行应选择安全级别高的 DDA 卡片。特别是小额支付交易采用脱机交易的方式，就必须采用 DDA 的方式发行卡片。

5. 处理限制。

终端通过处理限制来检查应用交易是否允许继续。检查内容包括应用生效期、应用失效期、应用版本号以及其他发卡行定义的限制控制条件。发卡行可以使用应用用途控制来限定卡用于国内还是国际，或能否用于现金、购物或服务。

6. 持卡人认证。

终端必须具备持卡人身份验证功能。持卡人身份验证用来确认持卡人的合法性，以防止丢失或被盗卡片的使用。终端通过检查卡片的持卡人验证方法列表（CVM List）确定使用何种验证方法。有以下几种方法：

——脱机明文 PIN 验证；

——联机 PIN 验证；

——签名；

——CVM 失败；

——无须 CVM；

——签名与脱机明文 PIN 验证组合；

——身份证件验证。

7. 终端风险管理。

终端必须具备风险管理功能，但其中的检查项是可以选择的。终端通过终端和卡片提供的数据可以进行最低限额（Floor Limit）检查、交易频度检查、新卡检查、终端异常文件检查、商户强制交易联机、随机选择联机交易等方式完成风险管理。

8. 终端行为分析。

终端必须具备终端行为分析功能。终端行为分析根据脱机数据认证、处理限制、持卡人验证、终端风险管理的结果以及终端和卡片中设置的风险管理参数决定如何继续交易（脱机批准、脱机拒绝和联机授权）。再由卡返回给终端的发卡行行为代码（IAC）域设立卡片规则，在终端行为代码（TAC）设立终端规则。决定交易处理之后，终端向卡片请求应用密文。不同的应用密文对应不同的交易处理：以交易证书（TC）为批准，授权请求密文（ARQC）为联机请求，应用认证密文（AAC）为拒绝。

9. 卡片行为分析。

IC 卡可以执行发卡行定义的风险管理算法以防止发卡行被欺诈。当卡片收到终端的应用密文请求时，卡片就执行卡风险管理检查，来决定是否要改变终端设定的交易处理，检查可能包括先前未完成的联机交易、上一笔交易发卡行认证失败或脱机数据认证失败、达到了交易笔数或金额的限制等。IC 卡可以决定以下方式继续交易：

——同意脱机完成；

——联机授权；

——拒绝交易。

完成检查后，卡片使用应用数据及一个存储在卡上的应用密文子密钥生成应用密文。它再将这个密文返回到终端。对于脱机批准的交易，TC 以及生成 TC 的数据通过清算消息传送给发卡行，以备未来发生持卡人争议或退单时使用。当持卡人对交易有争议时，TC 可以作为交易的证据还可验证商户或收单行（是否）未改动交易数据。

10. 联机处理。

如果卡片或终端决定交易需要进行联机授权，同时终端具备联机能力，终端将卡片产生的 ARQC 报文送至发卡行进行联机授权。此报文包括 ARQC 密文，用来生成 ARQC 的数据以及表示脱机处理结果的指示器。在联机处理中，发卡行在联机卡片认证方法（CAM）过程中验证 ARQC 来认证卡片。发卡行可以在它的授权决定中考虑这些 CAM 结果和脱机处理结果。

传送回终端的授权响应信息可以包括发卡行生成的授权响应密文（ARPC）（由 ARQC、授权响应码和卡片应用密文过程密钥产生）。此响应也可以包括发卡行脚本，对卡片进行发卡后更新。

如果授权响应包含 ARPC 而且卡片支持发卡行认证，卡片通过确认 ARPC 而执行发卡行认证，来校验响应是否是来自真实的发卡行（或其代理）。要在卡片里重新设置某些相关的安全参数必须成功地得到发卡行认证。这阻止了犯罪者通过模拟联机处理来剽窃卡片的安全特性，以及通过欺诈性地批准交易来重设卡片的计数器和指示器。如果发卡行认证失败，随后的卡片交易将发送联机授权，直到发卡行认证成功。如果发卡行认证失败，发卡行有权设置卡片拒绝交易。

11. 发卡行脚本处理。

如果发卡行在授权响应报文中包含了脚本，虽然终端可能对脚本不能理解，但终端仍需要将这些脚本命令发送给 IC 卡。在使用这些更新之前，卡片执行安全检查以确保脚本来自有效的发卡行，且在传输中未有变动。这些命令对当前交易并不产生影响，主要会影响卡片的后续功能，如卡片应用解锁、卡片锁定、修改 PIN 等。

12. 交易结束。

除非交易在前几个步骤因处理异常被终止，否则终端必须执行此功能用来结束交易。

卡和终端执行最后处理来完成交易。一个经发卡行认可的交易可能根据卡片中的发卡行认证结果和发卡行写入的参数而被拒绝。卡片使用交易处理、发卡行校验结果以及发卡行写入的规则来决定是否重设基于芯片卡计数器和指示器。卡片生成 TC 来认可交易，生成 AAC 来拒绝交易。

如果终端在授权消息之后传送清算信息，则 TC 应包括在该清算信息里。对于发卡行批准而卡片拒绝的交易，终端必须发起冲正。

2.4.3　交易流程说明

2.4.3.1　应用选择

1. 应用选择作用及实现方式。

应用选择处理决定了选择哪一个卡片和终端都支持的应用来完成交易。这一处理过程可分为两个步骤：

步骤1：终端建立终端和卡片都支持的应用列表；

步骤2：从列表中确定一个应用来处理交易。

面对一张 JR/T 0025 借记/贷记卡片，终端要决定哪些是卡片和终端都支持的应用。终端显示所有两方都支持的应用，由持卡人选择哪一个应用用于支付。如果这些应用不能在终端显示出来，终端选择由发卡行在卡片个人化时指定的优先级最高的应用。其中通过发送 SELECT 命令，来实现响应的操作。表 2 - 6 为 SELECT 参数列表。

表 2 - 6　　　　　　　　　　　选择（SELECT）命令报文

代码	值
CLA	"00"
INS	"A4"
P1	引用控制参数
P2	选择选项
Lc	"05" – "10"
Data	文件名
Le	"00"

表 2 - 7 定义了选择（SELECT）命令报文的引用控制参数。

表 2 - 7　　　　　　　　选择（SELECT）命令引用控制参数

b8	b7	b6	b5	b4	b3	b2	b1	含义
0	0	0	0	0				
					1			通过名称选择
						0	0	

表 2 - 8 定义了选择（SELECT）命令报文的选择选项 P2。

表 2 - 8　　　　　　　　　选择（SELECT）命令的可选参数

b8	b7	b6	b5	b4	b3	b2	b1	含义
						0	0	第 1 个有或仅有一个
						1	0	下一个

2. 应用选择的方式及方法。

按照选择方式分类，可分为目录选择方式和 AID 列表选择方式。在建立候选应用列表时，终端使用两种方法建立卡片和终端都支持的应用列表。目录选择方式对于终端是必备要求，对于卡片是可选的。终端应优先选择此方式。终端从卡片中读取支付系统环境文件。此文件列出卡片支持的所有支付应用。终端将卡片列表和终端列表中都有的应用加入候选列表中。AID 列表选择方式是卡片和终端都必备要求的。终端为每一个终端支持的应用发送一个选择（SELECT）命令给卡片。如果卡片响应指出卡片支持此应用，终端加此应用到候选列表。

对于目录选择方式，从卡片角度来看，目录选择方式处理包括下列步骤：

步骤 1：卡片接收一个来自终端的选择（SELECT）命令，请求选择 PSE（文件名 "1PAY. SYS. DDF01"）。

➤ 如果卡片锁定或者选择（SELECT）命令不支持，卡片响应 SW1 SW2 = "6A81"。

➤ 如果卡片中没有 PSE，卡片响应选择（SELECT）命令指出文件不存在（SW1 SW2 = "6A82"）。

➤ 如果 PSE 锁定，卡片响应 "6283"。

➤ 如果 PSE 找到，卡片响应 "9000" 返回 PSE 的 FCI。

步骤 2：如果 PSE 找到，卡片接收终端发出的表明短文件标识和记录号的读记录（READ RECORD）命令，卡片对每一个读记录（READ RECORD）命令响应请求的记录内容和返回状态字 SW1 SW2 = "9000"。当请求的记录不存在，卡片返回 SW1 SW2 = "6A83"。

步骤 3：终端处理记录中的每一个入口。如果入口表明一个 DDF 终端发一个有此 DDF 名字的选择（SELECT）命令，卡片响应 DDF 的 FCI。FCI 包括一个目录文件的 SFI。

终端读取属于此 DDF 的目录文件中的所有记录，卡片对每个读记录（READ RECORD）命令返回请求的记录和状态字 "9000"。当请求的记录不存在，卡片响应 "6A83"，终端返回步骤 2 继续读 PSE 下的目录文件。

终端执行的步骤：

步骤 1：从支付系统目录读记录 1。

步骤 2：检查 ADF 入口 1 或 2 中的 AID 是否和终端 AID 匹配。如果匹配，加入候选列表。

步骤 3：从支付系统目录读记录 2。

步骤 4：选择记录 2 中入口 1 指出的 DDF 目录。

步骤 5：读 DDF 目录文件中的记录 1。

步骤 6：检查记录 1 中 ADF 入口 1 或 2 中的 AID 是否和终端 AID 匹配。如果匹配，加入候选列表。

步骤 7：当卡片响应目录中没有其他记录时，返回前一个目录的处理入口和记录。

步骤 8：检查支付系统目录文件中记录 2 内入口 2 是否和终端 AID 匹配。如果匹配，加入候选列表。

步骤 9：当卡片响应支付系统目录中没有其他记录，建立候选列表结束。

AID 列表选择方式：

从卡片的角度来看，AID 列表选择方式包括下列步骤：

步骤 1：卡片收到终端发来选择（SELECT）命令，命令包括终端支持的应用列表中的 AID。检查卡片中是否存在匹配 AID 的应用（如果卡片 AID 长度可以长于终端 AID，仍然认为匹配）。

AID 匹配的例子在表 2 - 9 中显示。

表 2 - 9　　　　　　　　　　　　　AID 匹配示例

终端 AID	终端应用	卡片 AID	卡片应用
A0000003330101	JR/T 0025 借记/贷记	A000000333010101	JR/T 0025 借记
A0000003330101	JR/T 0025 借记/贷记	A000000333010102	JR/T 0025 贷记

➢ 如果 AID 匹配，卡片响应选择（SELECT）命令指明卡片支持此应用（SW1 SW2 = "9000"）。

➢ 如果卡片找不到匹配的 AID，卡片响应状态字 SW1 SW2 = "6A82" 指明应用没找到。

➢ 如果卡片锁定或不支持选择（SELECT）命令，卡片响应状态字 SW1 SW2 = "6A81" 指明交易应被中止。

步骤 2：如果匹配的卡片 AID 长度比终端 AID 长，卡片在选择（SELECT）命令响应信息中返回完整的 AID 给终端。

➢ 卡片接收终端发来的第 2 个选择（SELECT）命令，参数 P2 设置为 "02" 表明卡片要选择有同样 AID 的下一个应用。

➢ 卡片选择下一个应用并在选择（SELECT）命令响应中提供这一应用给终端。

➢ 当卡片不再有应用有此 AID，卡片响应 "6A82" 表明所有匹配的应用都已经选择。

确定和选择应用：

如果候选列表中至少有一个双方都支持的应用，终端和持卡人决定选择哪个应用。终端发一个选择（SELECT）命令给卡片指出此应用确认用来处理交易。如果卡片决定此应用可以处理交易，响应"9000"。如果应用锁定，卡片响应"6283"。

2.4.3.2 应用初始化

对于应用初始化是整个借贷记应用流程中必须存在的一个步骤，下面从卡片、终端以及非接触方式三个方面分别介绍应用初始化的过程和相关数据要求：

1. 借记/贷记卡片规范中对于应用初始化的要求。

在应用初始化处理中，终端通过发送获取处理选项（GPO）命令通知卡片交易处理开始。在命令中，终端提供给卡片在处理选项数据对象列表（PDOL）中请求的数据元。PDOL（一个数据元标签和长度的列表）是在应用选择处理中由卡片返回给终端的可选数据项。

卡片对 GPO 命令的响应信息包括 AIP 和 AFL。

AIP 列出了交易在处理过程中执行的功能；

AFL 列出交易需要读出的数据存放的短文件标识符、记录号、记录个数以及脱机数据认证需要的静态签名数据的存放位置。

（1）卡片数据。

应用初始化处理使用的卡片数据在表 2 - 10 中列出。

表 2 - 10 应用初始化——卡片数据

数据元	描述
应用文件定位器（AFL）	说明终端做交易处理要读出的卡片数据存放的文件位置和记录范围。对每个要读出的文件，AFL 包括下列信息： 字节 1——短文件标识符（一个文件的数字标签）。 字节 2——第 1 个要读出的记录号。 字节 3——最后一个要读出的记录号。 字节 4——存放用于脱机数据认证的数据的连续记录个数，字节 2 指出的是第 1 条要读的记录号。
应用交互特征（AIP）	一个列表，说明此应用中卡片支持指定功能的能力（SDA、标准 DDA、CDA、终端风险管理、持卡人验证和发卡行认证）。 AIP 在个人化时应被写入卡中用来指明支持终端风险管理和持卡人验证。
应用交易计数器（ATC）	应用个人化后，卡片应用交易计数器启动。
卡片验证结果（CVR）	JR/T 0025 专用数据，表明从卡片角度来看本次和前次交易的脱机处理结果。数据存放在卡片中，作为发卡行应用数据的一部分联机输送。
密文信息数据（CID）	指明卡片返回的密文类型和终端需要进行的后续处理行为。在应用初始化处理时被初始为全 0。
处理选项数据对象列表（PDOL）	在应用初始化步骤，卡片在处理 GPO 命令时需要由终端提供的数据元的标识和长度列表。

（2）终端数据。

在应用初始化处理中使用的终端数据在表 2 – 11 中列出。

表 2 –11　　　　　　　　　　　应用初始化——终端数据

数据元	描述
PDOL 中定义的其他数据	PDOL 中指定的来自终端的其他数据，例如交易日志记录里需要的终端数据

（3）应用初始化命令——获取处理选项（Get Processing Options，GPO）。

终端使用获取处理选项（GPO）命令通知卡片交易开始。

命令中包含卡片在 PDOL 中列出的终端数据元的值部分，PDOL 是卡片在应用选择阶段返回的可选数据。

卡片响应数据内容为 AIP 和 AFL。

AIP 列出了交易在处理过程中执行的功能；

AFL 列出交易需要的数据存放的短文件标识符、记录号、记录个数以及脱机数据认证需要的静态签名数据的存放位置。

（4）GPO 命令编码介绍如下：

定义和范围：

获取处理选项（GPO）命令用来启动 IC 卡内的交易。

IC 卡的响应报文中包含应用交互特征（AIP）和应用文件定位器（AFL）。

命令报文：

获取处理选项（GPO）命令报文根据表 2 – 12 编码。

表 2 –12　　　　　　　　　获取处理选项（GPO）命令报文

编码	值
CLA	"80"
INS	"A8"
P1 P2	"00"
Lc	"00"
数据域	PDOL 相关数据（如果存在）或 8300
Le	"00"

命令报文的数据域：

命令报文的数据域根据 IC 卡提供的处理选项数据对象列表（PDOL）编码。PDOL 通过标签"83"标记。当 IC 卡没有提供数据对象列表时，这个模板的长度域设置为"0"。否则，这个模板的数据长度域的值等于传输给 IC 卡的数据对象的值域的总长度。

响应报文的数据域：

响应报文的数据域包含一个 BER – TLV 编码数据对象。

这个数据对象需要按照下列格式编码：

响应报文中的数据对象是一个标签为"80"的基本数据对象。数据域由如下表所示的应用交互特征（AIP）和应用文件定位器（AFL）的值域连接而成，各数据对象之间没有分隔符（见表 2 – 13）。

表 2 –13　　　　　　　　　　GPO 响应报文数据域格式

"80"	长度	应用交互特征	AFL

应用交互特征定义了可以被 IC 卡中的应用支持的功能。

AFL 包括一个不含有分隔符的由文件与记录组成的列表。

响应报文返回的处理状态：

"9000"编码表示命令成功执行。

（5）应用初始化的处理流程。

卡片收到终端发送的获取处理选项（GPO）命令后，卡片：

步骤 1：如果卡片支持自定义限制检查并且处理选项命令中包括 PDOL 中指定的终端数据，卡片执行自定义的限制检查。如果限制检查不通过，卡片响应"使用条件不满足"（SW1 SW2 ="6985"）提示终端将当前应用从候选列表中删除并返回应用选择步骤选择另一个应用。

步骤 2：决定要读取的文件记录，文件位置，建立 AFL。针对交易的不同情况可以返回不同 AFL 和 AIP。

步骤 3：如果自定义限制检查通过，卡片：

ATC 加 1，如果此时 ATC 达到 65535，则卡片应永久锁定应用；

密文信息数据（CID）置零；

卡片验证结果（CVR）置零（长度指示位除外）；

卡片返回 AIP 和 AFL。

图 2 –2 显示了应用初始化处理流程。

2. 借记/贷记终端规范中对于应用初始化的要求：

终端发送到卡的 GPO 命令包括 PDOL 指定的所有终端数据元。如果卡片支持 PDOL，则应用选择时 PDOL 会被包含在 SELECT 响应里。如果卡片不允许执行所选择的应用，终端就退出当前应用处理，并返回应用选择过程再选择另一个应用。

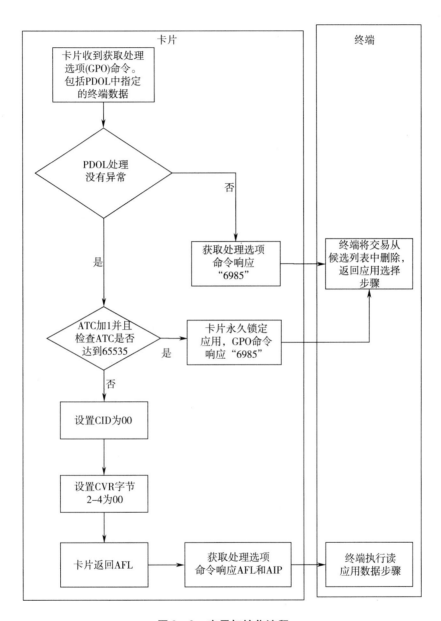

图 2 - 2　应用初始化流程

（1）卡片数据。

表 2 – 14 卡片数据

数据元	描述
应用文件定位器（AFL）	包含终端将要读取用来交易处理的卡片数据文件的 SFI 和记录范围。每个要读取的文件在 AFL 中对应四个字节，含义如下： 字节 1：短文件标识符。 字节 2：文件中要读取的第 1 个记录的记录号。 字节 3：文件中要读取的最后一个记录的记录号。 字节 4：从第 1 个记录开始的用于脱机数据认证的连续记录数。
应用交互特征（AIP）	指示卡片对借贷记功能的支持能力，包括静态数据认证（SDA）、动态数据认证（DDA）、复合动态数据认证（CDA）、持卡人验证、终端风险管理和发卡行认证等。
文件控制信息（FCI）	FCI 是卡片有关应用的信息，包含在 SELECT 命令的响应中。
处理选项数据对象列表（PDOL）	PDOL 是卡片向终端请求的终端数据的标签和长度列表。它包含在终端使用 SELECT 命令得到的 FCI 中。终端通过获取处理选项（GPO）命令提供 PDOL 所列的数据。

（2）终端数据。

终端根据 PDOL 所定义的内容提供相应的终端数据给卡片。

（3）命令。

终端通过获取处理选项（GPO）命令通知卡片交易开始。命令数据为 PDOL 指定的终端数据。卡片在命令响应中按格式 1 返回 AIP 和 AFL。

（4）处理流程。

终端读取所选应用的 SELECT 命令返回的包含在 FCI 中的 PDOL。

终端处理 PDOL，根据 PDOL 的处理规则填入终端数据。

终端向卡片发送 GPO（获取处理选项）命令，将处理 PDOL 得到的终端数据作为命令数据以 TLV 格式（标签"83"）送给卡片。如果 PDOL 不存在，则命令数据域为"8300"。

如果卡片返回成功（SW1 SW2 = "9000"），终端读取 AIP 和 AFL，然后进行后面的读应用数据处理。

如果卡片返回"6985"，表明卡片不支持该应用，终端应从本次交易的应用候选列表中删除该应用，返回到应用选择过程重新选择应用。

应用初始化流程如图 2 – 3 所示。

初始化流程（终端）

2.4.3.3 脱机数据认证相关

1. 脱机数据认证的分类。

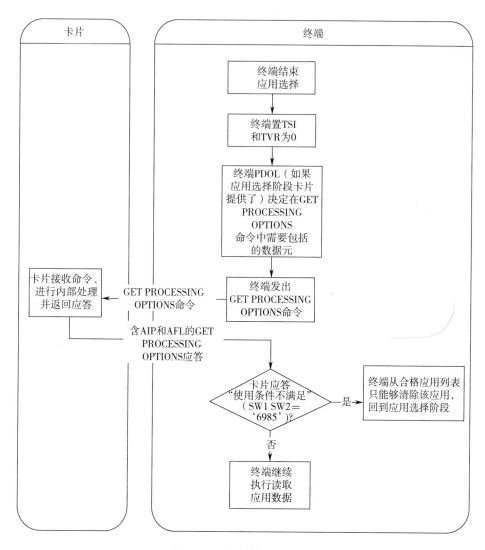

图 2 - 3　应用的初始化流程

　　脱机数据认证是终端使用公钥技术认证卡片中的数据的操作，脱机数据认证有两种类型：静态脱机数据认证（SDA）和动态数据认证（DDA）。SDA 是终端认证卡片中静态（不变）数据。SDA 可以确保卡片在个人化之后，发卡行选定的数据不会被篡改。DDA 包括标准 DDA 和复合 DDA/应用密文生成（CDA）两种认证方式。在 DDA 的处理过程中，终端认证卡片中静态数据和卡片用交易唯一数据生成的密文。DDA 可以确保卡片在个人化之后，发卡行选定的数据不会被篡改；DDA 还可以防止伪卡（复制）。在非接触式 IC 卡支付中为了实现可以在 1 秒内完成 DDA 数据认证，qPBOC 定义了 fDDA 认证，将 DDA 数据认证置于卡片与终端数据交互之后，从而加快 qPBOC 交易的完成。

2. 静态脱机数据认证 SDA 的过程。

在静态脱机数据认证 SDA 过程中，卡片不需要终端数据，终端使用公钥认证技术和验证发卡行公钥，进行验证卡片 SDA。概括步骤可分为如下描述：

步骤 1：检索 CA 公钥。

终端使用卡片中的 PKI 和 RID 确定使用哪一个 CA 公钥。

步骤 2：恢复发卡行公钥。

终端使用 CA 公钥验证卡片中的发卡行证书并恢复证书中的发卡行公钥。

步骤 3：验证签名的静态应用数据。

a. 恢复哈希结果；

b. 计算哈希值；

c. 比较哈希结果。

如果所有的 SDA 步骤都成功，SDA 通过。

3. 标准 DDA 认证的过程。

在标准 DDA 处理过程中，终端发送内部认证（INTERNAL AUTHENTICATE）命令。命令包括了 DDOL 或缺省 DDOL 中指明的终端动态数据。

为了确保内部认证（INTERNAL AUTHENTICATE）命令返回数据在 256 字节限制内，签名的动态应用数据加上可选的 TLV 格式编码的长度应该限制在 JR/T 0025.7 中定义的范围内。

当卡片收到内部认证（INTERNAL AUTHENTICATE）命令，使用 IC 卡私钥生成签名的动态应用数据。在内部认证（INTERNAL AUTHENTICATE）命令的返回中包含此动态签名。以表 2 - 15 所列命令编码格式进行发送数据。

表 2 - 15　　内部认证（INTERNAL AUTHENTICATE）命令报文

编码	值
CLA	"00"
INS	"88"
P1	"00"
P2	"00"
Lc	认证相关数据长度
数据域	认证相关数据
Le	"00"

在内部认证（INTERNAL AUTHENTICATE）命令中的算法引用（P1）域值为 "00"，这表示该值无意义。

命令报文的数据域包括该应用专有的与认证有关的数据。它是根据 JR/T

0025.7 中定义的动态数据认证数据对象列表（DDOL）规则来编码的。

为了确保内部认证（INTERNAL AUTHENTICATE）命令返回数据在 256 字节限制内，签名的动态应用数据加上可选的 TLV 格式编码的长度应该限制在 JR/T 0025.7 中定义的范围内。

响应报文的数据域包括一个标签为"80"的 BER - TLV 编码数据对象。数据域中包括签名动态应用数据。签名动态应用数据按照 JR/T 0025.7 中的规则定义。

标准 DDA 的处理有以下步骤：

步骤 1：检索 CA 公钥。

终端使用卡片中的 PKI 和 RID 确定使用哪一个 CA 公钥。

步骤 2：恢复发卡行公钥。

终端使用 CA 公钥验证卡片中的发卡行证书并恢复证书中的发卡行公钥。

步骤 3：恢复 IC 卡公钥。

终端使用发卡行公钥验证卡片中的 IC 卡公钥证书并恢复证书中的 IC 卡公钥和静态数据哈希结果。IC 卡公钥证书确保 IC 卡公钥的合法性。终端用卡片中的实际数据元重新计算哈希值检查是否和恢复的哈希值匹配。

步骤 4：生成动态签名（仅用于标准 DDA）。

终端发送内部认证命令请求一个动态签名。命令中包括了 DDOL 中指定的数据。

收到内部认证命令后，卡片：

a. 设置 CVR 中脱机动态数据认证执行位为"1"；

b. 连接内部认证命令中的终端数据和在 IC 卡动态数据中指定的卡片数据，见 JR/T 0025.7 部分 5.3.5；

c. 用上一步连接的数据做哈希；

d. 将哈希包括在签名的动态应用数据中；

e. 使用 IC 卡私钥给签名的动态应用数据做签名；

f. 在内部认证命令的响应信息中返回签名的动态应用数据。

步骤 5：动态签名验证（仅用于标准 DDA）。

终端执行下列步骤验证动态签名：

使用 IC 卡公钥解密动态签名恢复数据元哈希值；

使用动态数据元重新计算哈希值；

比较两个哈希值是否匹配。

如果所有上述步骤成功，标准 DDA 通过。

4. 标准 DDA 认证的过程。

CDA 处理包括下列步骤：

终端在读取应用数据后终端行为分析之前，执行标准 DDA 中步骤 1 到步骤 3。

CDA 剩下的卡片步骤是生成一个包括应用密文的动态签名。这一步在卡片收到生成应用密文命令时执行。只有当交易符合 CDA 的执行条件，而且应用密文类型是 TC 或 ARQC 时发生。

CDA 剩下的终端步骤是验证卡片生成动态签名。这一步在联机处理过程中执行。如果验证失败，交易拒绝。

5. fDDA 的认证。

fDDA 既是快速 DDA（Fast DDA），符合 JR/T 0025 定义的一种快速 DDA。用于 qPBOC 交易，允许读写器发出 READ RECORD 命令从卡片获取动态数据认证（DDA）相关的数据，在卡片离开感应区后执行 DDA 计算。在非接触支付环境中，快速交易速度（1 秒或者更低）是业务上的需要。DDA 作为一种可选方法，用于脱机预防伪卡。在这种方法中，终端在 SELECT 的返回域中包含 9F38（PDOL），卡片通过这个数据向终端请求不可预知的随机数。终端将 PDOL 中请求的数据，放入 GPO 命令的数据域，向卡片发送不可预知数等。表 2 - 16 为 GPO 命令格式。

表 2 - 16   GPO 命令

编码	值
CLA	"80"
INS	"A8"
P1	"00"；其他值预留
P2	"00"；其他值预留
Lc	变长
数据域	处理选项数据对象列表（PDOL）相关数据
Le	"00"

对于脱机交易，卡片通过 GPO 的随机数和 ATC 生成动态签名，并将动态签名通过 GPO 的响应返回。之后如果终端决定进行 fDDA，从 GPO 数据中读取标签 "94"，决定通过读取哪个文件，从而得到用于 fDDA 数据认证的数据。最后进行 fDDA 数据认证，来判别是否为伪卡。

6. fDDA 与 DDA 的区别。

在 qPBOC 交易中，使用 fDDA 进行脱机数据认证。在 GPO 阶段返回动态签名数据，而完整的 PBOC 交易中，使用外部认证（EXTERNAL AUTHENTICATE）返回动态签名数据。

2.4.3.4   卡片的风险管理和行为分析

借记/贷记交易的流程包括应用选择、应用初始化、读记录、脱机数据认证、风险管理和行为分析、内部认证与外部认证、持卡人认证、生成应用密文、发卡行脚本处理、结束交易等内容。

在借记/记贷记交易过程中，终端会通过读取记录命令得到发卡行写在卡中的相关数据（即个人化数据），这些数据包括 IAC、CDOL1 等，以帮助终端作出行为分析从而决定当笔交易是交易拒绝、交易接受或联机上送。同时卡片也执行卡片的行为分析过程。所谓卡片的行为分析就是卡根据发卡行设置在卡片内部的各种个人化数据参数来决定执行哪些频度检查和风险管理，最终确定是否同意终端作出的交易拒绝、交易接受或联机上送的决定。

卡片行为分析结束后，卡片返回一个结果给终端。可能是拒绝，可能请求联机，也可能脱机交易接受。

表 2 - 17 总结了所有卡片风险管理检查，并标明这些检查是否强制或可选，同时描述了检查的结果。

表 2 - 17　　　　　　　　　　　　**卡片风险管理检查**

风险管理检查	执行条件	结果（如果条件满足）
联机授权没有完成（上次交易）	有条件——如果支持发卡行脚本命令或发卡行认证则执行	请求联机处理，设置 CVR 指示位
上次交易发卡行认证失败（或上次交易发卡行认证强制但是没有执行）	有条件——如果支持发卡行认证则执行	设置 CVR 指示位 检查 ADA 如果指明则请求联机处理
上次交易 SDA 失败	有条件——如果支持 SDA 则执行	设置 CVR 指示位
上次交易 DDA 失败	有条件——如果支持 DDA 则执行	设置 CVR 指示位
上次联机交易发卡行脚本处理	有条件——如果支持二次发卡（post - issuance）则执行	在 CVR 中保存脚本命令的个数 如果脚本处理失败（使用卡片内的发卡行脚本失败指示位），设置 CVR 指示位 ADA 中的设置决定交易是否联机处理
连续脱机交易下限频度检查	可选	如果限制数超过，请求联机处理 设置 CVR 中指示位
连续国际脱机交易（基于货币）频度检查	可选	如果限制数超过，请求联机处理 设置 CVR 中指示位

风险管理检查	执行条件	结果（如果条件满足）
连续国际脱机交易（基于国家）频度检查	可选	如果限制数超过，请求联机处理 设置 CVR 中指示位
使用指定货币的累计脱机交易金额频度检查	可选	如果限制数超过，请求联机处理 设置 CVR 中指示位
累计脱机交易金额（双货币）频度检查	可选	如果限制数超过，请求联机处理 设置 CVR 中指示位 如果使用的货币是第二货币，需要先进行货币转换
新卡检查	可选	如果以前没有请求过联机本次可以申请联机 设置 CVR 中指示位
脱机 PIN 验证没有执行（PIN 尝试限制数超过）	可选	设置 CVR 中如果本次交易脱机 PIN 验证没有执行而且 PIN 尝试限制数在之前已经超过指示位 ADA 中设置这种情况下交易拒绝或请求联机

如果发卡行选择执行任意一个可选的卡片风险管理检查，发卡行需要确保执行检查的数据在卡片个人化时被写入卡中，同时确保在 CDOL1 中列出了需要的终端数据的标签和长度。

如果指定的终端数据无效（即在 GENERATE AC 命令中，数据部分用零占位）卡片将跳过去处理下一个卡片风险管理检查。如果卡片中没有应用缺省行为（ADA），卡片认为该值缺省全零。

1. 下面具体介绍卡片第一次风险管理流程（即在第一个 GENERATE AC 命令时进行）：

卡片执行每一个卡片风险管理检查确定预设的情况是否发生，看是否有情况满足，然后执行下一个。如果有检查不被支持，卡片继续执行下一个检查。

联机授权没有完成检查

如果卡支持发卡行认证或发卡行脚本命令，需要执行此检查。检查在上次交易中，在卡片请求一个联机授权之后，终端接收到联机响应进行处理之前或无法联机的终端处理之前，卡片是否离开了终端设备。卡片中的联机授权指示位在上次交易请求联机授权的时候置"1"。

如果指示位设置了，卡片将请求联机处理，直到交易联机并且下面中的一个条件满足：

发卡行认证成功；

发卡行认证可选并且没执行；

不支持发卡行认证。

注意：这些指示位在结束阶段根据发卡行认证的状态和卡片参数被重新设置。

如果联机授权指示位设为"1"，卡片：

设置卡片请求联机指示位置"1"。

设置 CVR 中"上次联机交易没完成"位为"1"。

上次交易发卡行认证失败（或强制未执行）检查

如果卡片支持发卡行认证，则必须执行此检查。如果上次交易发卡行认证失败或强制但是没有执行，卡片请求联机处理。

如果发卡行认证失败指示位设为"1"，卡片：

设置 CVR 中"上次联机交易发卡行认证失败"位为"1"。

如果应用缺省行为（ADA）中"发卡行认证失败，下次交易联机上送"位为"1"，设置卡片请求联机指示位置"1"。

上次交易静态数据认证（SDA）失败检查

如果支持 SDA，此检查强制执行。检查上次脱机拒绝的交易中 SDA 是否失败。

如果 SDA 失败指示位为"1"，卡片设置 CVR 中"上次交易 SDA 失败而且交易拒绝"位为"1"。

上次交易动态数据认证（DDA）失败检查

如果支持 DDA，此检查强制执行。检查上次脱机拒绝的交易中 DDA 是否失败。

如果 DDA 失败指示位为"1"，卡片设置 CVR 中"上次交易 DDA 失败而且交易拒绝"位为"1"。

上次联机交易发卡行脚本处理检查

如果支持发卡行脚本处理，此检查强制执行。使用上次联机交易处理的发卡行脚本命令计数器和脚本处理失败指示位数据元。

卡片设置 CVR 中第 4 字节的第 8～5 位为发卡行脚本命令计数器的值。

如果发卡行脚本失败指示位为"1"，卡片设置 CVR 中"上次交易发卡行脚本处理失败"位为"1"。

如果发卡行脚本失败指示位为"1"，且 ADA 中"如果上次交易发卡行脚本失败，交易联机上送"位是"1"，设置卡片请求联机指示位为"1"。

连续脱机交易下限频度检查

此检查可选。如果连续脱机交易次数超过此下限，卡片请求联机授权。

如果上次联机 ATC 寄存器和 PBOC 专有数据：连续脱机交易下限（标签"9F58"）存在，卡片可以执行此检查。

如果 ATC 和上次联机 ATC 寄存器的差值大于连续脱机交易下限，卡片：

设置 CVR 中"频度检查超过"位为"1"。

设置卡片请求联机指示位为"1"。在卡片风险管理结束时，卡片返回联机请求。

连续国际脱机交易（基于货币）限制数频度检查。

此检查可选。如果连续脱机交易计数器（国际—货币）超过连续脱机交易限制数（国际—货币），卡片请求联机授权。此检查定义的国际脱机交易是终端发送的交易货币代码和卡片中的应用货币代码不同的交易。

如果数据应用货币代码、连续脱机交易计数器（国际—货币）、连续脱机交易限制次数（国际—货币）存在，卡片执行此检查。

卡片比较交易货币代码和应用货币代码，如果不等，而且连续脱机交易计数器（国际—货币）加 1 的值大于连续脱机交易限制次数（国际—货币），卡片：

设置 CVR 中"频度检查超过"位为"1"。

设置卡片请求联机指示位为"1"。

连续国际脱机交易（基于国家）限制数频度检查。

此检查可选。如果连续脱机交易计数器（国际—国家）超过连续脱机交易限制数（国际—国家），卡片请求联机授权。此检查定义的国际脱机交易是终端送进的终端国家代码和卡片中的发卡行国家代码不同的交易。

如果数据发卡行国家代码、连续脱机交易计数器（国际—国家）、连续脱机交易限制次数（国际—国家）存在，卡片执行此检查。

如果下面两个条件都满足：

终端国家代码和发卡行国家代码不同。

连续脱机交易计数器（国际—国家）加 1 的值大于连续脱机交易限制次数（国际—国家）。

卡片则：

设置 CVR 中"频度检查超过"位为"1"。

设置卡片请求联机指示位为"1"。

使用指定货币的脱机交易累计金额频度检查

此检查可选。如果使用应用指定货币的累计脱机交易金额超过累计脱机交易金额限制，卡片请求联机授权。

如果数据应用货币代码、累计脱机交易金额、累计脱机交易金额限制存在，卡片执行此检查。

如果下面两个条件都满足：

交易货币代码等于应用货币代码。

累计脱机交易金额加本次授权金额大于累计脱机交易金额限制。

卡片则：

设置 CVR 中"频度检查超过"位为"1"。

设置卡片请求联机指示位为"1"。

交易累计金额（双货币）频度检查

此检查可选。如果使用应用指定货币和第二应用货币并接受脱机的累计脱机交易金额超过累计脱机交易金额限制（双货币），卡片请求联机授权。

如果数据应用货币代码、第二应用货币代码、货币转换因子、累计脱机交易金额（双货币）、累计脱机交易金额限制（双货币）存在，卡片执行此检查。

如果交易货币代码等于应用货币代码，累计脱机交易金额（双货币）加本次授权金额和累计脱机交易金额限制（双货币）进行比较。

如果交易货币代码等于第二应用货币代码，使用货币转换因子将授权金额转换为近似的应用货币代码金额。累计脱机交易金额（双货币）加这个近似的授权金额和累计脱机交易金额限制（双货币）进行比较。

如果比较的结果大于了限制数，卡片则：

——设置 CVR 中"频度检查超过"位为"1"。

——设置卡片请求联机指示位为"1"。

新卡检查。

此检查可选。如果卡片是新卡，交易请求联机。新卡是指从来没有联机接受过的卡片。

如果数据上次联机 ATC 寄存器、应用缺省行为存在，卡片执行此检查。

如果上次联机 ATC 寄存器值为零，卡片则：

设置 CVR 中"新卡"位为"1"。

如果 ADA 中"如果新卡，交易联机"位为"1"，设置卡片请求联机指示位为"1"。

注意：如果卡片要求发卡行认证强制执行，除非发卡行认证成功，否则上次联机 ATC 寄存器值一直为零。

脱机 PIN 验证没有执行（PIN 尝试限制数超过）检查

当卡片支持脱机 PIN 验证，此检查可选。如果 PIN 尝试限制数在上次交易中就已超过，交易请求联机。

如果执行此检查，卡片中要有应用缺省行为（ADA）数据。

如果下列所有条件成立：

卡片支持脱机 PIN 验证。

卡片没有收到过校验命令。

PIN 尝试次数计数器已经为零。

卡片要执行下列操作：

设置 CVR 中"PIN 尝试限制数超过"位为"1"。

如果 ADA 中"如果上次交易 PIN 尝试限制数超过，交易拒绝"位为"1"，设置卡片请求拒绝指示位为"1"。

如果 ADA 中"如果上次交易 PIN 尝试限制数超过，交易联机"位为"1"，设置卡片请求联机指示位为"1"。

如果 ADA 中"如果上次交易 PIN 尝试限制数超过，交易拒绝并封锁应用"位为"1"，拒绝交易并封锁应用。

根据卡片风险管理的结果，卡片响应 GENERATE AC 命令。卡片的响应可能会修改终端在终端行为分析中所作出的交易结果。修改要遵循下列原则：

卡片可以把终端作出的接受交易决定改为交易联机上送或交易拒绝。

卡片可以把终端作出的交易联机决定改为交易拒绝。

卡片中的卡片请求脱机拒绝指示位为"1"表明卡片决定交易拒绝。卡片中的卡片请求联机指示位为"1"表明卡片决定交易联机上送。卡片设置 CVR 中第一个生成应用密文响应 TC，AAC 或 ARQC 指示位，卡片还设置 CVR 中"还没有请求第二个生成应用密文"指示位。

当交易被脱机拒绝，卡片则：

检查应用缺省行为（ADA）：

——在 ADA 中"如果交易脱机拒绝，生成通知"位为"1"，设置 CID 中需要通知位为"1"。

——如果 PIN 尝试限制数超过，而且 ADA 中标明需要通知：

设置 CID 中"需要通知"位为"1"。

如果 CID 中的原因代码不是"服务不允许"，设置为"PIN 尝试限制数超过"。

注意：在 CID 中，"服务不被允许"原因代码比其他原因代码优先。

检查在 GENERATE AC 命令中提供的数据 TVR：

——如果 SDA 失败位为"1"，设置卡片中 SDA 失败指示位为"1"。

——如果 DDA 失败位为"1"或者 CDA 失败位为"1"，设置卡片中 DDA

失败指示位为"1"。

计数器加1：

——如果终端国家代码和发卡行国家代码不同，连续脱机交易计数器（国际—国家）加1。

——如果交易货币代码和应用货币代码不同，连续脱机交易计数器（国际—货币）加1。

当交易联机上送作授权，卡片设置卡片内联机授权指示位为"1"。

注意：此时下面的计数器不增加：连续脱机交易计数器（国际—货币），连续脱机交易计数器（国际—国家），累计脱机交易金额，累计脱机交易金额（双货币）。

当脱机接受交易，卡片内相关计数器加1：

如果终端国家代码不等于发卡行国家代码，连续脱机交易计数器（国际—国家）加1。

如果交易货币代码等于应用货币代码：

——累计脱机交易金额累加授权金额。

——累计脱机交易金额（双货币）累加授权金额。

如果交易货币代码不等于应用货币代码，连续脱机交易计数器（国际—货币）加1。

如果交易货币代码等于第二应用货币代码，使用货币转换因子将授权金额转换为指定应用货币的近似授权金额后累加到累计脱机交易金额（双货币）。

卡片记录交易明细。

卡片行为分析处理流程图（如图2-4～图2-9所示）。

2. 卡片的联机处理。

在第一次风险管理执行后如果决定是联机处理，即允许发卡行使用发卡行主机系统中的风险管理参数对交易进行检查，作出批准或拒绝交易的决定。发卡行的响应可以包括给卡片的二次发卡更新和一个发卡行生成的密文（即交易结果）。

联机处理由三部分组成：联机请求处理，联机响应处理和发卡行认证。卡片只在发卡行认证过程中有操作。我们也只关心这第三部分。

卡片验证密文确保响应来自一个有效的发卡行。此验证叫发卡行认证。如果卡片支持发卡行认证，而且终端收到的联机响应中包括发卡行认证数据，终端会发送一个外部认证命令给卡片。

当卡片收到外部认证命令，卡片执行发卡行认证，步骤如下：

如果在当前交易里，收到过外部认证命令：

——设置发卡行认证失败指示位为"1"。

——返回状态码 SW1 SW2 = "6985"。

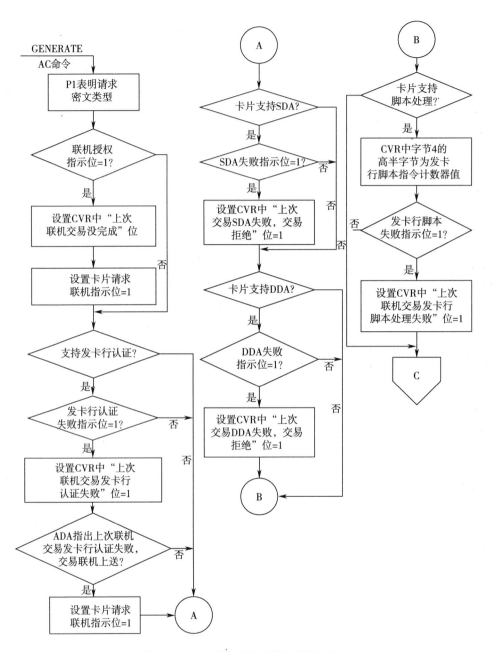

图 2-4　卡片行为分析处理流程图（1）

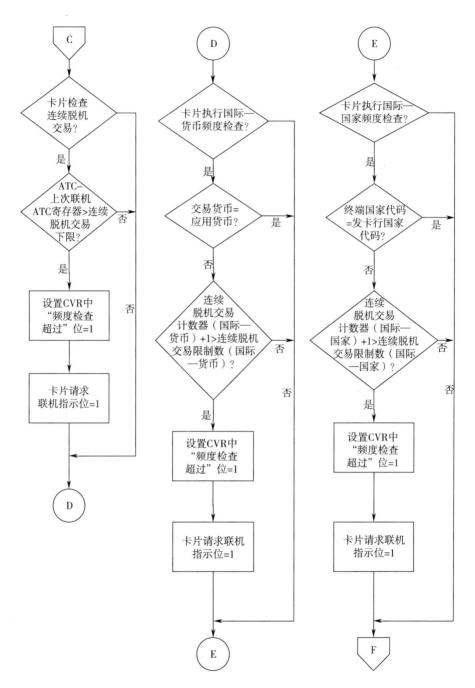

图 2－5 卡片行为分析处理流程图（2）

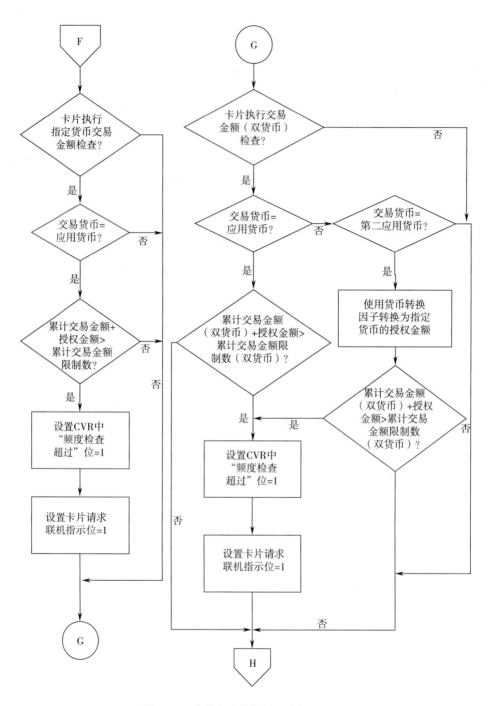

图2-6 卡片行为分析处理流程图（3）

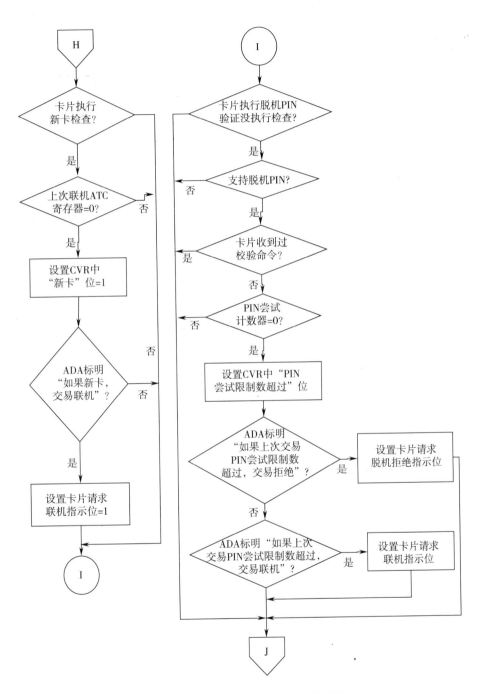

图 2-7 卡片行为分析处理流程图（4）

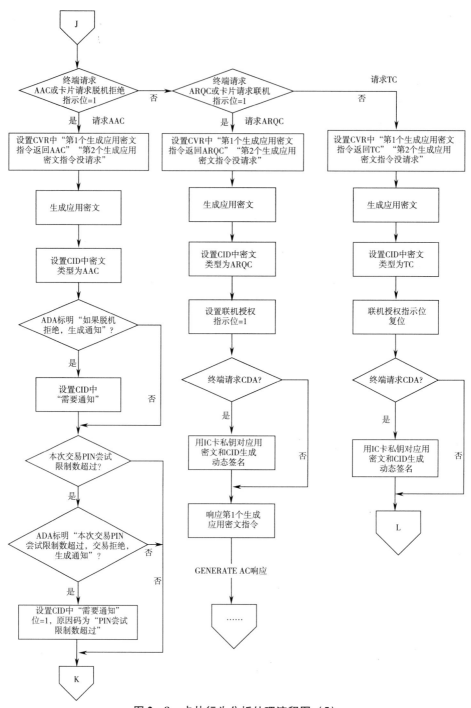

图2-8 卡片行为分析处理流程图（5）

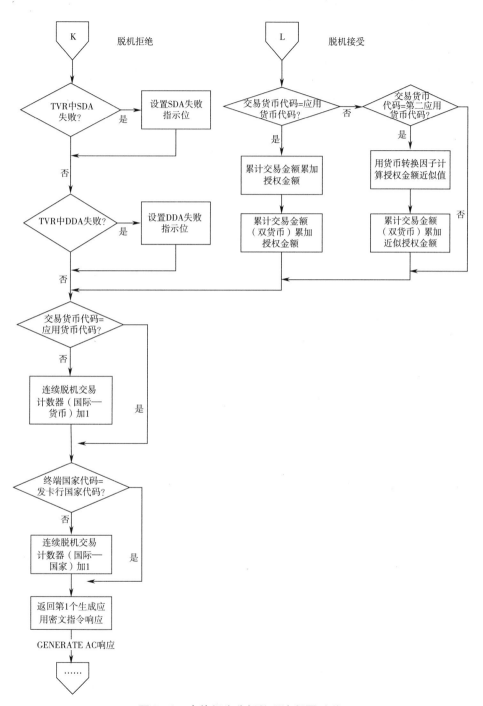

图 2-9 卡片行为分析处理流程图（6）

将发卡行认证数据中的授权响应码分离出来保存，将来在交易结束阶段使用。

使用第一次 GENERATE AC 命令响应时生成的 ARQC 和授权响应码生成一个授权响应密文（ARPC）。附录 D 中描述密文生成用的密钥和算法。

新生成的 ARPC 和外部认证命令里送进来的 ARPC 进行比较，如果相同，发卡行认证成功。

如果发卡行认证成功，卡片：

设置发卡行认证失败指示位为"0"。

外部认证命令响应"9000"。

如果发卡行认证失败，卡片：

设置发卡行认证失败指示位为"1"。

设置 CVR 中"发卡行认证执行但失败"位为"1"。

外部认证命令响应"6300"。

注意：卡片要确保当交易结束，卡片从终端中取出后，发卡行认证失败指示位继续设置为"1"。在下一个交易中，卡片行为分析过程中要检查此指示位来决定交易是否要联机上送。

在交易结束过程中，卡片在处理第二个 GENERATE AC 命令时，要检查发卡行认证是否执行以及是否成功。

3. 交易结束。

图 2－11 是第二个 GENERATE AC 命令处理的过程图。

卡片在收到第二个 GENERATE AC 命令后，进行交易结束处理。根据命令中的授权响应码类型，结束操作分为两条线路执行：联机授权的交易和联机授权没有完成的交易。

首先，当交易进行了联机授权（联机成功，授权响应码不是 Y3 或 Z3），卡片作如下处理：

如果发卡行认证执行，检查在外部认证命令中送来的授权响应码：

——授权响应码表明发卡行接受交易，终端请求 TC。

——授权响应码表明发卡行请求参考，则终端提示操作员打电话请求授权，根据发卡行授权结果（批准或拒绝）请求相应的密文。如果终端不支持参考，则终端请求 AAC。

——其他值表明发卡行拒绝。终端要请求交易拒绝 AAC。

检查终端发送的第二个生成应用密文命令中的 P1 参数：

——如果 P1 表明请求 TC（接受交易）而且认证响应码表明发卡行接受，执行交易接受处理。

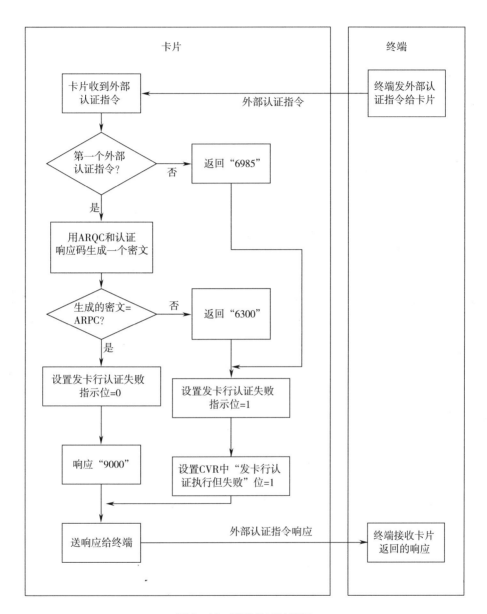

图 2 – 10 联机处理流程图

——如果 P1 表明请求 AAC（拒绝交易）或者认证响应码表明发卡行拒绝，执行交易拒绝处理。

当联机授权后请求 AAC（拒绝），卡片要响应 AAC，在响应之前，卡片：

设置 CVR 中"第二个 GENERATE AC 命令返回 AAC"位为"1"。

如果 AIP 中表明支持发卡行认证但是没有执行，设置 CVR 中"联机授权

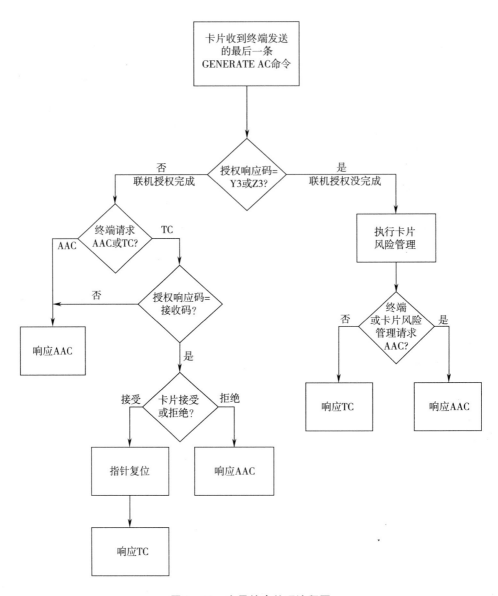

图2-11 交易结束处理流程图

后，发卡行认证没有执行"位为"1"。

如果发卡行认证强制（由发卡行认证指示器标明）但是没有执行，设置发卡行认证失败指示位为"1"。

如果发卡行认证：（1）不支持，或者（2）可选而且没有执行，或者（3）执行并成功。下列指示位归零：

——联机授权指示位。

——SDA 失败指示位。

——DDA 失败指示位。

——发卡行脚本命令计数器。

——发卡行脚本失败指示位。

下列指示位不变：

——上次联机 ATC 寄存器。

——累计脱机交易金额。

——累计脱机交易金额（双货币）。

——连续脱机交易计数器（国际—货币）。

——连续脱机交易计数器（国际—国家）。

生成应用密文。

设置密文信息数据中密文类型为 AAC。

响应第二个 GENERATE AC 命令。

当联机授权后请求 TC（接受）卡片执行下列步骤：

如果卡支持发卡行认证但是没有执行，设置 CVR 中"联机授权后，发卡行认证没有执行"位为"1"，卡片可以根据发卡行认证的设置情况决定是接受交易还是拒绝交易。

卡片接受——如果下面条件满足一条，卡片接受交易：

——发卡行认证成功。

——AIP 中标明发卡行认证不支持。

——发卡行认证可选而且没有执行。

——发卡行认证失败，但是 ADA 中"如果发卡行认证失败，交易拒绝位"为"0"。

——发卡行认证强制但是没有执行，但是 ADA 中"如果发卡行认证强制但没有 ARPC 收到，交易拒绝位"为"0"。

执行卡片接受交易的后续步骤，卡片：

设置 CVR 中"第二个 GENERATE AC 命令返回 TC"位为"1"。

设置 CID 中密文类型为 TC。

根据发卡行认证的状态复位计数器。

如果发卡行认证（1）失败。

（2）强制但是没有执行。

卡片：

下列计数器值不变：

——上次联机 ATC 寄存器。

——累计脱机交易金额。

——累计脱机交易金额（双货币）。

——连续脱机交易计数器（国际—货币）。

——连续脱机交易计数器（国际—国家）。

——联机授权指示位。

——SDA 失败指示位。

——DDA 失败指示位。

——发卡行脚本命令计数器。

——发卡行脚本失败指示位。

如果发卡行认证强制但是没有执行：

——设置发卡行认证失败指示位为"1"。

——设置 CVR 中"联机授权以后，发卡行认证没有执行"位为"1"。

如果发卡行认证（1）成功。

（2）可选且没有执行。

（3）不支持。

卡片：

如果卡支持发卡行认证但是卡片没有收到外部认证命令，设置 CVR 中"联机授权以后，发卡行认证没有执行"位为"1"。

下列计数器和指示位复位：

——联机授权指示位。

——SDA 失败指示位。

——DDA 失败指示位。

——发卡行脚本命令计数器。

——发卡行脚本失败指示器。

——累计脱机交易金额。

——累计脱机交易金额（双货币）。

——连续脱机交易计数器（国际—货币）。

——连续脱机交易计数器（国际—国家）。

修改上次联机 ATC 寄存器的值为当前交易 ATC。

卡片生成应用密文响应第二个 GENERATE AC 命令并记录交易明细。

如果请求联机操作，但是联机授权没有完成（授权响应码是 Y3 或 Z3），卡片执行可选的第二次卡片风险管理：

卡片风险管理执行的检查是可选的，包括检查连续脱机交易的次数是否超过了连续脱机交易上限，连续脱机累计金额是否超过限制数，卡片是否新卡和 PIN 尝试限制数是否在上次交易中超过。如果卡片中没有 ADA 数据，卡片认为 ADA 值缺省为零。

连续脱机交易上限频度检查

此检查可选。检查连续脱机交易次数是否超过了最大限制。

如果上次联机 ATC 寄存器和 PBOC 专有数据：连续脱机交易上限（标签 "9F59"）存在，卡片执行此检查。

如果 ATC 和上次联机 ATC 寄存器的差值大于连续脱机交易上限，卡片：

设置 CVR 中"频度检查超过"位为"1"。

设置卡片请求脱机拒绝指示位为"1"。在卡片风险管理后，卡片返回交易拒绝。

新卡检查

此检查可选。检查以前是否有过联机接受的交易。

如果卡片中上次联机 ATC 寄存器存在，卡片执行此检查。

如果上次联机 ATC 寄存器值为零，卡片：

设置 CVR 中"新卡"位为"1"。

如果 ADA 中"如果是新卡而且交易无法联机，交易拒绝"位为"1"，设置卡片请求脱机拒绝指示位为"1"。在卡片风险管理后，卡片返回交易拒绝。

检查 PIN 尝试限制数超过

此项检查可选，检查 PIN 尝试限制数是否在之前的交易中就已经超过。

如果卡片支持脱机 PIN 验证，而且在本次交易中，卡片没有收到过校验命令，卡片：

如果 PIN 尝试计数器已经为零，而且如果 ADA 中"如果上次交易 PIN 尝试限制数超过而且交易无法联机，交易拒绝"位为"1"：

——设置卡片请求脱机拒绝指示位为"1"。

——设置 CVR 中"PIN 尝试限制数超过"位为"1"。

累计脱机交易金额（上限）频度检查

此检查可选。检查使用指定货币的连续脱机交易累计金额是否超过了最大限制数。

如果累计脱机交易金额和累计脱机交易金额上限数据存在，卡片执行此检查。

如果累计脱机交易金额加本次授权金额大于累计脱机交易金额上限。

卡片：

设置 CVR 中频度检查超过位为"1"。

设置卡片请求脱机拒绝指示位为"1"。

累计脱机交易金额上限（双货币）频度检查

此检查可选。检查使用指定货币和第二应用货币的连续脱机交易累计金额是否超过了最大限制数。

如果累计脱机交易金额（双货币）和累计脱机交易金额上限数据存在，卡片执行此检查。

如果累计脱机交易金额加本次授权金额（如果使用第二应用货币要先使用货币转换因子转换）大于累计脱机交易金额上限。

卡片：

设置 CVR 中频度检查超过位为"1"。

设置卡片请求脱机拒绝指示位为"1"。

根据终端请求的应用密文类型和卡片第二次风险管理的结果，卡片响应第二个 GENERATE AC 命令。

如果满足下面条件中的一条，卡片拒绝交易：

终端在生成应用密文命令中请求 AAC。

卡片风险管理的结果是卡片请求脱机拒绝指示位设置为"1"。

当交易请求联机但是联机授权无法完成（授权响应码为 Y3 或 Z3），卡片拒绝交易的处理过程。卡片：

设置 CVR 中的下列指示位：

——第二个 GENERATE AC 命令返回 AAC。

——终端不能联机上送。

如果 TVR 中"SDA 失败"位为"1"，设置 SDA 失败指示位为"1"。

如果 TVR 中"DDA 失败"位为"1"，设置 DDA 失败指示位为"1"。

如果 TVR 中"CDA 失败"位为"1"，设置 DDA 失败指示位为"1"。

如果终端国家代码和发卡行国家代码不同，连续脱机交易计数器（国际—国家）加 1。

如果交易货币代码和应用货币代码不同，连续脱机交易计数器（国际—货币）加 1。

如果 ADA 中"如果交易拒绝，生成通知"位为"1"，设置 CID 中"需要通知"位为"1"。

上次联机 ATC 寄存器值不变。

生成应用密文。

设置 CID 中应用密文类型。

响应 GENERATE AC 命令。

如果下面的条件都满足，卡片接受交易：

终端在生成应用密文命令中请求 TC。

卡片风险管理的结果是卡片请求脱机拒绝指示位设置为"0"。

当交易请求联机但是联机授权无法完成（授权响应码为 Y3 或 Z3），卡片接受交易的处理过程。卡片：

设置 CVR 中的下列指示位：

——第二个生成应用密文命令返回 TC。

——终端不能联机上送。

如果终端国家代码和发卡行国家代码不同，连续脱机交易计数器（国际—国家）加 1。

如果交易货币代码和应用货币代码相同：

——累计脱机交易金额累加授权金额。

——累计脱机交易金额（双货币）累加授权金额。

如果交易货币代码和应用货币代码不同，连续脱机交易计数器（国际—货币）加 1。

如果交易货币代码和第二应用货币代码相同，累计脱机交易金额（双货币）累加转换后的授权金额。

上次联机 ATC 寄存器值不变。

生成应用密文。

设置 CID 中密文类型为 TC。

卡片记录交易明细。

响应生成应用密文命令。

图 2 - 12 ~ 图 2 - 16 是卡片执行第二次风险管理的处理流程图。

4. 脚本处理。

脚本处理通过锁定恶意透支和失窃的卡片来限制信用和伪卡风险。发卡行可以不用重新发卡而是通过发卡行脚本处理来修改卡片中的部分个人化数据。发卡行将脚本命令放在授权响应报文中传送给终端，终端将命令转发给卡片。当满足安全要求以后，卡片执行命令。

支持的命令有：

➢ 修改卡片参数。

➢ 锁定或解锁应用。

➢ 锁卡。

➢ 重置 PIN 尝试计数器。

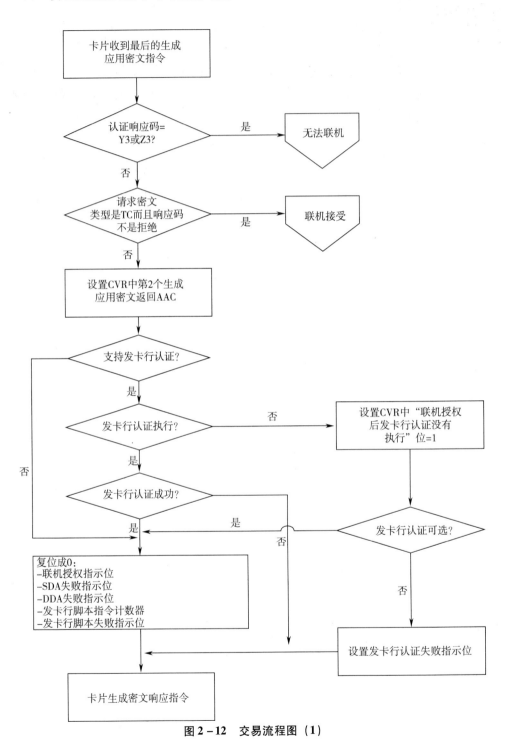

图2－12 交易流程图（1）

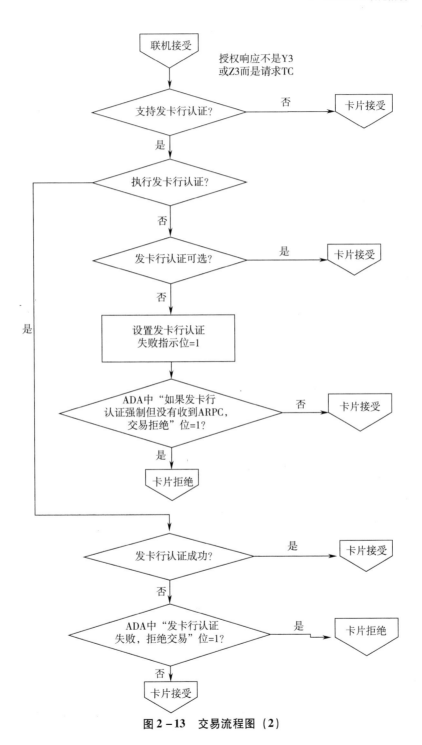

图 2 - 13   交易流程图 (2)

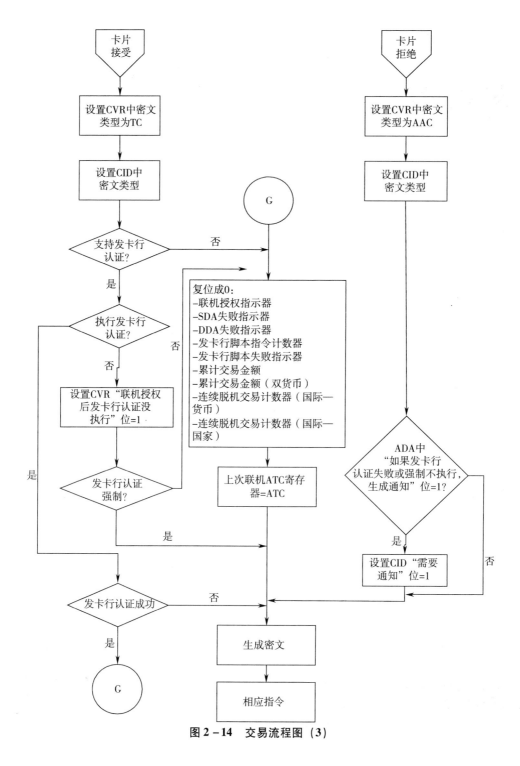

图 2-14 交易流程图（3）

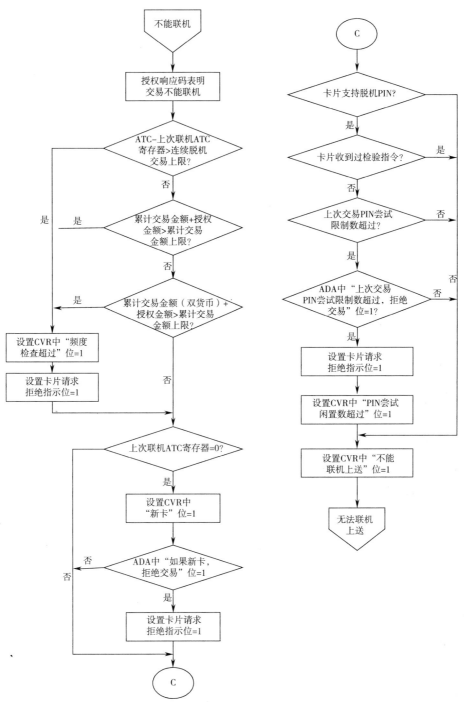

图 2-15 交易流程图 (4)

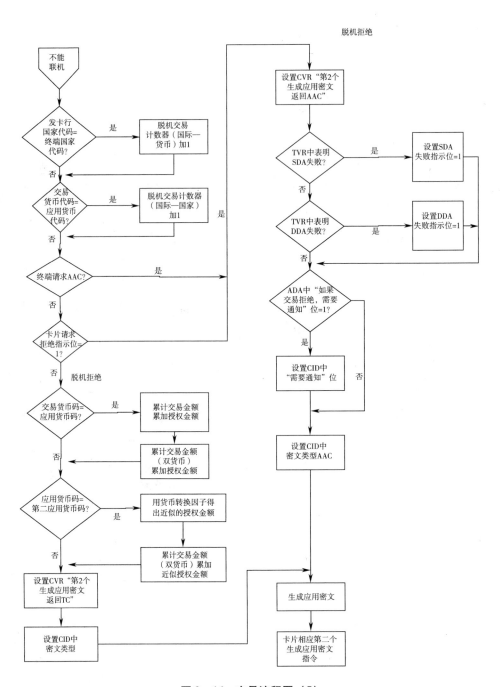

图 2 - 16　交易流程图（5）

➢ 修改脱机 PIN 值。

除了卡片锁定命令，所有命令处理的都是当前选择应用。

应用锁定：如果发卡行决定当前使用的应用无效，执行应用锁定功能。此时锁定的应用可以在后面由发卡行解锁。即使应用锁定，卡片内部数据访问仍然有效。一个锁定的应用，卡片对生成应用密文命令总是返回 AAC。

应用解锁：应用解锁解除了应用的锁定状态。应用解锁要在发卡行指定的特殊设备上执行。

卡片锁定：使得卡片上的所有应用永久失效。卡片上的应用都不能被解锁。

PIN 修改/解锁：用来对 PIN 解锁或解锁加同时修改 PIN 值，卡片通过重新设置 PIN 尝试次数计数器到最大值（PIN 尝试限制数）实现 PIN 解锁。

设置数据：修改卡片中的部分基本数据。

➢ 连续脱机交易上限（"9F59"）。

➢ 连续脱机交易下限（"9F58"）。

➢ 连续脱机交易限制数（国际—国家）。

➢ 连续脱机交易限制数（国际—货币）。

➢ 累计脱机交易金额限制数。

➢ 累计脱机交易金额限制数（双货币）。

➢ 累计脱机交易金额上限。

➢ 货币转换因子。

修改记录：连续脱机交易上限（"9F14"）和连续脱机交易下限（"9F23"）存在短文件标识符 SFI1～10 之间，使用修改记录（UPDATE RECORD）命令修改。

授权响应报文中的标签"72"表明，在第二个 GENERATEAC 命令后，执行发卡行脚本处理。一个脚本中可以包含多个命令。在执行一个发卡行脚本命令之前，卡片使用安全报文认证发卡行。使用安全报文的基本目的是保证数据的机密性、信息完整性和认证发卡行。安全规范中描述了安全报文的执行方法。

卡片使用发卡行脚本命令计数器记录第二个 GENERATE AC 命令后收到的有安全报文的命令个数。

图 2-17 是卡片在发卡行脚本处理过程中，卡片处理每个命令的流程。

2.4.3.5 发卡行脚本命令的处理

如果发卡行在授权响应报文中包括了更新脚本，终端传递这些脚本命令给卡片。在处理更新之前，卡片执行安全验证确保脚本来自认证过的发卡行而且在传输过程中没有被修改。支持的脚本命令允许更新脱机处理参数、锁定和解锁应用、锁卡、重新设置脱机 PIN 尝试计数器以及修改脱机 PIN 值。

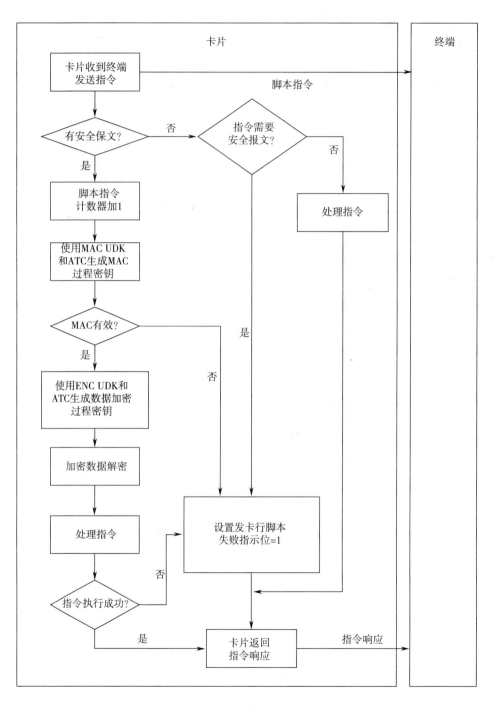

图 2-17 发卡行脚本处理流程图

发卡行脚本命令的处理是可选的。

发卡行可以不用重新发卡而是通过发卡行脚本处理来修改卡片中的个人化数据。发卡行将脚本命令放在授权响应报文中传送给终端，终端将命令转发给卡片。当满足安全要求以后，卡片执行命令。

支持的命令有：

应用锁定（APPLICATION BLOCK）；

应用解锁（APPLICATION UNBLOCK）；

卡片锁定（CARD BLOCK）；

PIN 修改/解锁（PIN CHANGE/UNBLOCK）；

设置数据（PUT DATA）；

修改记录（UPDATE RECORD）；

脚本处理通过锁定恶意透支和失窃的卡片来限制信用和伪卡风险。卡片参数可以在不需要重新发卡的情况下根据持卡人情况的变化而修改。

1. 卡片数据。

表 2-18 描述了在发卡行脚本处理过程中卡片使用的计数器和指示位。

2-18   发卡行脚本处理——卡片数据

数据元	描述
应用交易计数器（ATC）	每次交易加1的计数器。在脚本处理中用于计算过程密钥
卡片验证结果（CVR）	在后续交易的卡片行为分析处理中，CVR 中的一些内容被设置： 上次联机交易，第2次生成应用密文（GENERATE AC）命令后卡片收到的有安全报文的命令的个数来自发卡行脚本命令计数器 发卡行脚本命令失败位设置为"1"——如果发卡行脚本失败指示位为"1"
发卡行脚本命令计数器	记录第2次生成应用密文后卡片收到的有安全报文的命令的个数。在下次交易中的结束处理步骤中可能被复位
发卡行脚本失败指示位	在第2次生成应用密文（GENERATE AC）命令后，如果脚本命令执行失败，指示位置"1"，失败的情况有： 安全报文错误（计算的 MAC 和命令中的 MAC 不等） 安全报文通过但是命令执行失败 需要安全报文但是不存在 不含安全报文的脚本命令执行失败不影响这个指示位。在下次交易中的结束处理步骤中可能被复位

2. 终端数据。

表 2-19 列出了发卡行脚本处理过程中使用的终端数据。

表2-19　　　　　　　　　发卡行脚本处理——终端数据

数据元	描述
发卡行脚本结果	记录卡片对发卡行脚本命令处理的结果，此结果要包括在清算报文和下次联机授权中
终端验证结果（TVR）	TVR 中包括和脚本有关的两个指示位 最后一个生成应用密文命令之前，发卡行脚本失败 最后一个生成应用密文命令之后，发卡行脚本失败 JR/T 0025 只支持在最后一个生成应用密文命令之后，处理发卡行脚本
交易状态信息（TSI）	TSI 中包括一个表明执行发卡行脚本处理标记

3. 发卡行脚本操作中的密钥管理。

发卡行脚本操作中的密钥包含：安全报文鉴别密钥和安全报文加密密钥。

图2-18 是安全报文鉴别（MAC）密钥的生成和使用图示。

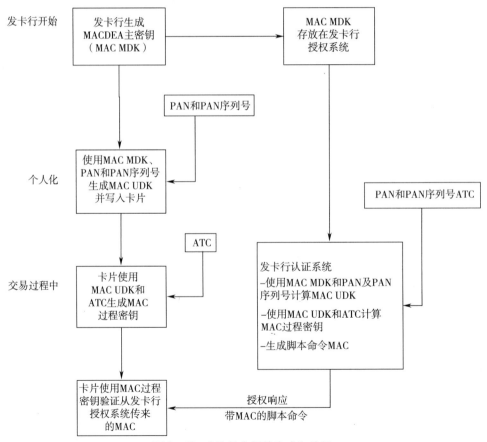

图2-18　MAC 密钥的生成和使用

图 2-19 是安全报文加密密钥的生成和使用。

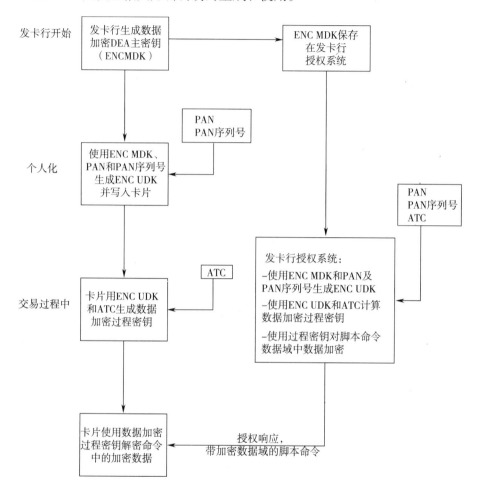

图 2-19 加密密钥的生成和使用

4. 认证响应数据。

表 2-20 列出的是授权响应中发卡行脚本数据。

表 2-20   发卡行脚本处理——联机响应数据

数据元	描述
发卡行脚本模板	JR/T 0025 规范仅支持发卡行脚本模板 2。标签"72"标识模板 2，模板中包括在第 2 次生成应用密文命令后，传送给卡片的发卡行专有脚本数据
发卡行脚本标识符	发卡行用来唯一标识发卡行脚本
发卡行脚本命令	脚本中的每一个发卡行脚本命令都按照 BER - TLV 格式，用标签"86"开始

5. 命令。

下面列出的功能是发卡行脚本处理过程中可以执行的功能。推荐使用发卡行脚本命令处理这些功能。

除了卡片锁定命令，所有命令处理的都是当前选择应用。

应用锁定。

如果发卡行决定当前使用的应用无效，执行应用锁定功能。此时锁定的应用可以在后面由发卡行解锁。

使用应用锁定（APPLICATION BLOCK）命令锁应用。应用锁定后，和应用有关的文件状态指示器要指明应用已经锁定。即使应用锁定，卡片内部数据访问仍然有效。一个锁定的应用，卡片对生成应用密文命令总是返回 AAC。

如果应用在交易过程中锁定，卡片和终端允许交易继续执行到结束处理步骤。但是在后续交易时，卡片不允许锁定的应用被选择进行金融交易［终端可能选择一个锁定的应用进行解锁，因此卡片应对生成应用密文（GENERATE AC）命令响应 AAC］。

表 2 – 21 APPLICATION BLOCK 命令报文

编码	值
CLA	"84"
INS	"1E"
P1	"00"；其他值保留
P2	"00"；其他值保留
Lc	数据域字节长度
数据域	4 字节 MAC 值
Le	不存在

命令报文的数据域中包含 MAC 数据。

响应报文没有数据域。

不论应用是否有效，"9000" 编码总表示命令成功执行。

应用解锁。

应用解锁解除了应用的锁定状态。应用解锁要在发卡行指定的特殊设备上执行。

因为应用解锁要在特殊设备上执行。处理流程不需要采用正常授权或金融交易的处理规则。在卡片对第 1 个生成应用密文（GENERATE AC）命令响应 AAC 后，设备要能将交易联机上送。即使卡片支持发卡行认证，也不需要执行。卡片风险管理和终端风险管理都不是应进行的。也不需要第 2 个生成应用密文（GENERATE AC）命令［如果由于一些原因，卡片在第 2 个生成应用密文

（GENERATE AC）命令发送之前解锁了，设备要将响应的密文当 AAC 处理]。

表 2 – 22   应用解锁命令报文

编码	值
CLA	"84"
INS	"18"
P1	"00"；其他值保留
P2	"00"；其他值保留
Lc	数据域字节长度
数据域	4 字节 MAC 值
Le	不存在

命令报文的数据域中包含 MAC 数据。

响应报文没有数据域。

不论应用是否有效，"9000" 编码总表示命令成功执行。

卡片锁定。

卡片锁定（CARD BLOCK）命令是一个二次发卡命令，使得卡片上的所有应用永久失效。

卡片锁定命令使卡片上所有应用无效而且实行卡片下电。除非卡片锁定，支付系统环境（PSE）不会无效而且总是可以访问。

如果卡片在交易处理过程中锁定，卡片和终端允许交易继续进行到交易结束步骤。一个锁定的卡片不能用发卡行脚本命令或其他命令解锁，因此卡片已经失效。此时 PSE 也无效。卡片对选择命令响应 "功能不支持"（SW1 SW2 = "6A81"）。卡片也不允许任何其他形式的应用选择。

当发卡行决定对卡片禁止使用任何功能，执行卡片锁定。例如丢失或被偷窃的卡片。在卡片锁定后，卡片上的应用都不能被解锁。

发卡行脚本中的卡片锁定命令用来实现锁卡功能。

表 2 – 23   卡片锁定命令报文

编码	值
CLA	"84"
INS	"16"
P1	"00"；其他值保留
P2	"00"；其他值保留
Lc	数据域字节长度
数据域	4 字节 MAC 值
Le	不存在

命令报文的数据域中包含 MAC 数据。

响应报文没有数据域。

不论应用是否有效，"9000" 编码总表示命令成功执行。

PIN 修改/解锁

PIN 修改/解锁（PIN CHANGE/UNBLOCK）命令用来对 PIN 解锁或解锁加同时修改 PIN 值，卡片通过重新设置 PIN 尝试计数器到最大值（PIN 尝试限制数）实现 PIN 解锁。

PIN 解锁

PIN 修改/解锁命令执行成功，PIN 尝试计数器复位成 PIN 尝试限制数。

修改 PIN 值。

如果要修改 PIN 值，PIN 数据要用对称算法加密。当 PIN 值修改时，PIN 的尝试次数计数器自动复位成 PIN 尝试限制数。

修改 PIN 值应在一个发卡行控制的安全环境中执行。

表 2 - 24   PIN 修改/解锁命令报文

编码	值
CLA	"84"
INS	"24"
P1	"00"
P2	"00"、"01" 或 "02"
Lc	数据字节数
数据	加密 PIN 数据成员（如果存在）和 MAC 数据
Le	不存在

当 P2 为 "00"，PIN 尝试计数器复位。

当 P2 为 "01"，PIN 尝试计数器复位同时 PIN 修改，PIN 修改时使用当前的 PIN。

当 P2 为 "02"，PIN 尝试计数器复位同时 PIN 修改，PIN 修改是不使用当前的 PIN。

本命令报文的数据域包括 PIN 加密数据，后面可以加上 4 字节到 8 字节的安全报文 MAC 数据。

如果 P2 等于 "00"，参考 PIN 解锁，PIN 尝试计数器被复位到 PIN 尝试限制数。命令数据域只包含 MAC。因为 PIN 修改/解锁命令中不包含新的 PIN 值，所以 PIN 不会更新。

如果命令中的 P2 参数等于 "01"，命令数据域包括 PIN 加密数据和 MAC，PIN 加密数据的产生过程按照下列步骤进行：

步骤 1：发卡行确定用来给数据进行加密的安全报文加密主密钥，并分散生成卡片的安全报文加密子密钥：ENC UDK－A 和 ENC UDK－B。

步骤2：生成过程密钥 Ks。

步骤3：生成 8 字节 PIN 数据块 D3：

a. 生成一个 8 字节数据块 D1。

字节 1		字节 2		字节 3		字节 4		字节 5	字节 6	字节 7	字节 8
0	0	0	0	0	0	0	0	ENC UDK－A 的最右边 4 个字节			

b. 生成第 2 个 8 字节数据块 D2。

字节 1	字节 2	字节 3		字节 4		字节 5		字节 6		字节 7		字节 8	
0	N	P	P	P	P	P/F	P/F	P/F	P/F	P/F	P/F	P/F	P/F	F	F

N：新 PIN 的数字个数（16 进制）；

P：新 PIN 值，长度 4~12 个数字（2~6 字节）

c. D1 和 D2 执行异或得到 D3。

步骤4：使用当前 PIN 生成 8 字节数据块 D4。

字节 1		字节 2		字节 3	字节 4	字节 5	字节 6	字节 7		字节 8	
P	P	P	P	P/0	P/0	P/0	P/0	P/0	P/0	P/0	P/0	0	0	0	0

步骤5：将数据块 D3 和数据块 D4 执行异或得到 D。

步骤6：用 Ks 对 D 进行加密，得到 PIN 加密数据。

如果命令中的 P2 参数等于 "02"，命令数据域包括 PIN 加密数据和 MAC，PIN 加密数据的产生过程按照下列步骤进行：

步骤1：发卡行确定用来给数据进行加密的安全报文加密主密钥，并分散生成卡片的安全报文加密子密钥：ENC UDK－A 和 ENC UDK－B。

步骤2：生成过程密钥 Ks。

步骤3：生成 8 字节 PIN 数据块 D3：

a. 生成一个 8 字节数据块 D1。

字节 1		字节 2		字节 3		字节 4		字节 5	字节 6	字节 7	字节 8
0	0	0	0	0	0	0	0	ENC UDK－A 的最右边 4 个字节			

b. 生成第 2 个 8 字节数据块 D2。

字节 1	字节 2	字节 3		字节 4		字节 5		字节 6		字节 7		字节 8	
0	N	P	P	P	P	P/F	P/F	P/F	P/F	P/F	P/F	P/F	P/F	F	F

N：新 PIN 的数字个数（16 进制）；

P：新 PIN 值，长度 4 ~ 12 个数字（2 ~ 6 字节）。

c. D1 和 D2 执行异或得到 D。

步骤 4：用 Ks 对 D 进行加密，得到 PIN 加密数据。

响应报文没有数据域。

不论应用是否有效，"9000" 编码总表示命令成功执行。

设置数据

卡片中的专有基本数据对象允许使用设置数据（PUT DATA）命令修改。只有有标签的基本数据对象才允许使用此命令修改。

在本部分中，下列数据可以使用设置数据（PUT DATA）命令修改，这些数据放在卡片内部专有文件中：

连续脱机交易上限（"9F59"）；

连续脱机交易下限（"9F58"）；

连续脱机交易限制数（国际—国家）；

连续脱机交易限制数（国际—货币）；

累计脱机交易金额限制数；

累计脱机交易金额限制数（双货币）；

累计脱机交易金额上限；

货币转换因子。

JR/T 0025 定义的连续脱机交易上限（"9F14"）和连续脱机交易下限（"9F23"）存在短文件标识符 SFI1 ~ 10 之间，使用发卡行脚本命令中的修改记录（UPDATE RECORD）命令修改。

表 2 – 25   PUT DATA 命令报文

编码	值
CLA	"04"
INS	"DA"
P1 P2	要修改的数据对象的标签
Lc	数据域字节数
数据域	数据对象的新值（不包括标签和长度）和 MAC 数据
Le	不存在

命令数据域中包括的是要修改的数据对象的值，后面加一个 4 字节到 8 字节的 MAC。

响应报文没有数据域。

"9000" 编码表示命令成功执行。

表 2-26 列出了命令可能返回的警告信息。

表 2-26

SW1	SW2	含义
62	00	没有信息返回
62	81	数据可能被破坏

表 2-27 列出了命令可能返回的错误信息。

表 2-27

SW1	SW2	含义
64	00	没有准确诊断
65	81	内存失败
67	00	长度错误
68	82	不支持安全报文
69	82	安全状态不满足
69	86	命令不允许
69	87	安全报文数据对象丢失
69	88	安全报文数据对象不正确
6A	80	错误的参数
6A	81	功能不支持
6A	84	文件中没有足够空间
6A	85	Lc 和 TLV 结构不一致

修改记录

修改记录（UPDATE RECORD）命令用来修改文件中的一条记录内容，修改的内容在修改记录（UPDATE RECORD）命令的数据域中。

命令报文见表 2-28。

表 2-28

代码	值
CLA	"04"
INS	"DC"
P1	记录号
P2	引用控制参数
Lc	记录数据加 MAC 的长度
Data	记录数据和 MAC
Le	不存在

表 2 - 29 定义了命令报文的引用控制参数。

表 2 - 29

b8	b7	b6	b5	b4	b3	b2	b1	意义
x	x	x	x	x				SFI
					1	0	0	P1 为记录号

数据域中是要修改的新记录内容。MAC 长度为 4 字节到 8 字节。

响应报文没有数据域。

"9000" 编码表示命令成功执行。

表 2 - 30 列出了命令可能返回的警告信息。

表 2 - 30

SW1	SW2	含义
62	00	没有信息返回
62	81	数据可能被破坏

表 2 - 31 列出了命令可能返回的错误信息。

表 2 - 31

SW1	SW2	含义
64	00	没有准确诊断
65	81	内存失败
67	00	长度错误
68	82	不支持安全报文
69	81	命令与文件结构不匹配
69	82	安全状态不满足
69	86	命令不允许
69	87	安全报文数据对象丢失
69	88	安全报文数据对象不正确
6A	81	功能不支持
6A	82	文件没找到
6A	83	记录没找到
6A	84	文件中没有足够空间
6A	85	Lc 和 TLV 结构不一致

6. 处理流程。

图 2 - 20 是卡片在发卡行脚本处理过程中，卡片处理每个命令的流程。

授权响应报文中的标签 "72" 表明，在第 2 个生成应用密文（GENERATE

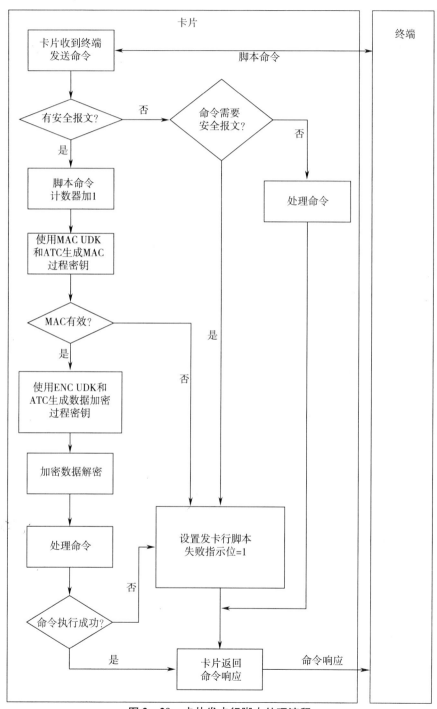

图 2 - 20　卡片发卡行脚本处理流程

AC）命令后，执行发卡行脚本处理。一个脚本中可以包含多个命令。

有用来修改、复位卡片内容的命令都应包括安全报文。

因为卡片不能识别命令是发卡行脚本命令还是其他命令，因此，卡片不能拒绝在第 2 个生成应用密文（GENERATE AC）命令之前送来的命令。

在执行一个发卡行脚本命令之前，卡片使用安全报文认证发卡行。在脚本处理时不进行联机处理中描述的发卡行认证方法。

安全规范中描述了安全报文的执行方法。

使用安全报文的基本目的是保证数据的机密性、信息完整性和认证发卡行。信息完整和鉴别发卡行可以使用 MAC，数据机密通过加密数据实现，例如 PIN 加密。

报文鉴别（MACing）：

报文鉴别（MACing）用来认证发卡行是发卡行脚本命令的合法发出方，并且保证命令在发出后没有被修改；

MAC 用命令中的所有数据计算而成，包括命令头。先进行数据加密（如果需要）后生成 MAC。

数据加密：

数据加密用来保证命令中的明文数据的机密性。在生成命令的 MAC 之前进行。发卡行和卡片中的应用都要知道数据加密方法。

卡片使用发卡行脚本命令计数器记录第 2 个生成应用密文（GENERATE AC）命令后收到的有安全报文的命令个数。

在卡片处理第 2 个生成应用密文（GENERATE AC）命令后收到的命令时，如果下面列出的错误出现一种，卡片设置发卡行脚本失败指示位为"1"：

需要安全报文但是没有提供；

安全报文验证失败；

安全报文通过但是命令执行失败。

不需要安全报文的命令执行失败时，不设置指示位。

7. 前期相关处理。

联机操作：

终端收到的联机响应中可以包括发卡行脚本。

交易结束：

如果终端收到的联机响应中包括发卡行脚本，在交易结束处理后，执行发卡行脚本处理。

8. 后续相关处理。

卡片行为分析（后续应用）

在下次交易的卡片行为分析阶段：

卡片设置 CVR 中第 4 字节第 8 – 5 位值为发卡行脚本命令计数器的值；

如果发卡行脚本失败指示位为"1"，卡片设置 CVR 中"上次交易发卡行脚本处理失败"位为"1"。

交易结束（后续应用）

一个联机交易以后，如果下列条件满足一条，发卡行脚本失败指示位和发卡行脚本计数器复位成"0"：

发卡行认证成功；

发卡行认证可选并且没有执行；

发卡行认证不支持。

9. CVR 脚本计数器如何统计。

卡片设置 CVR 中第 4 字节第 8 – 5 位值为发卡行脚本命令计数器的值。

卡片使用发卡行脚本命令计数器记录第 2 个生成应用密文（GENERATE AC）命令后收到的有安全报文的命令个数。

必须满足条件：第二次 GAC 之后的，带 MAC 的。

一个联机交易以后，如果下列条件满足一条，发卡行脚本失败指示位和发卡行脚本计数器复位成"0"：

发卡行认证成功；

发卡行认证可选并且没有执行；

发卡行认证不支持。

注意：即使交易拒绝也要统计，MAC 错误也要统计，只要带 MAC 就要统计。

10. 执行发卡行脚本命令无须外部认证成功。

推荐外部认证成功与否，不影响执行发卡行脚本命令，只要 MAC 正确，卡片就应允许执行发卡行脚本命令。

但是，出于安全角度，有些卡片设计成，如果 AIP 指明卡片支持发卡行认证，那么执行发卡行脚本命令一定要外部认证成功，这样也是可以的。但是，卡片对所有命令应统一设计，即要么所有的发卡行脚本命令都需要外部认证成功才能执行，要么执行所有的发卡行脚本命令与外部认证成功与否无关。不能有些命令需要，但有些命令不需要。

11. 允许执行发卡行脚本的特殊情况。

我们试想这样一种情况，在之前的交易中，因为某种原因，应用被锁定。那么此时的卡片在收到 GAC 命令时会无条件响应 AAC。那么，如果此时判断交易已经脱机完成，不允许执行发卡行脚本，那么应用要怎样才能被解锁呢？所以，COS/Applet 设计人员应当考虑到这种情况。当借记/贷记应用被锁定，当第一次 GAC 卡返回 AAC 后，仍然应该允许执行应用解锁命令。出于安全角度，可以要求外部认证成功才允许执行应用解锁。这是规范所没有涉及的内容。

2.4.4 基于借记/贷记的小额支付应用规范

PBOC2.0 规范第 13 部分规定了基于借记/贷记小额支付的应用。利用借记/贷记应用架构，在卡片中设置相应的数据元，构造卡片中的余额实现小额脱机支付功能。安全模式上与借记/贷记应用相同采用非对称密钥算法。对终端安全模块要求低，减少了对对称密钥算法安全模块（PSAM 卡）攻击的隐患。

新增数据元包括：电子现金余额、电子现金余额上限、电子现金单笔交易限额、电子现金重置阈值。

1. 消费交易。

卡片使用内部风险管理判断交易是否满足电子现金使用条件，包括交易是否以应用货币进行，当前电子现金余额是否足够。如果当前余额不足，则不进行电子现金交易，进行标准借记/贷记交易请求联机授权。如果卡请求联机授权但终端不支持联机功能，则卡拒绝交易。如果交易被脱机批准，电子现金余额将减少。交易明细通过批量上送发卡行清算，实现芯片与发卡行账户的"余额"一致。

2. 充值交易（或称圈存交易）。

将持卡人主账户的额度或者金额转移至电子现金预授权账户中，同时通过脚本命令将电子现金账户中的额度反映至卡片脱机余额中。

充值可以分为手工充值和自动充值。

手工充值由持卡人发起，交易立即执行。可以是现金、转账等方式向电子现金账户中增加额度，主机通过发送脚本指令更新卡片中的余额。

当余额快用尽时，如果发卡行与持卡人事先进行了约定，则可以通过在交易过程中发送脚本触发自动充值交易。

2.5 非接触式支付应用的主要内容

PBOC2.0 规范的第 12 部分，即《中国金融集成电路（IC）卡规范 第 12 部分：非接触式 IC 卡支付规范》定义了基于非接触式接口的借记/贷记应用，可以实现：

- 磁条数据模式（Magnetic Stripe Data – MSD）；
- 快速借记/贷记应用（ quickPBOC – qPBOC ）；
- 标准非接触式借记/贷记应用。

非接触式借记/贷记方式的处理流程与标准借记/贷记应用处理流程完全一致，仅通信方式不同。

qPBOC 对标准的借记/贷记指令和交易流程进行了优化，体现在：（1）把多条借记/贷记应用命令压缩成尽可能少的命令,以减少交易的时间。(2)将卡片和终端的交互过程集中完成。当卡片离开终端的感应范围后,终端再进行脱机数据认证、终端风险管理和终端行为分析,并允许卡片离开终端的感应范围之前或之后进行密码操作,使卡片在终端感应范围停留的时间尽可能短。

MSD 方式中,卡片中的数据会被传送给终端(外置通信设备、读写器、或其他终端设备)。

2.5.1 交易预处理

为了使卡片保持在感应区的时间最小化,终端在提示持卡人出卡和激活非接触界面前,应执行交易预处理,以减少交易的时间。终端交易预处理完成以下几项工作:

(1)获取授权金额。

(2)判断授权金额是否为零。

➢ 如为零,则终端在终端交易属性中请求联机;

➢ 如终端不支持联机,则终止交易,提示更换另一种界面。

(3)判断授权金额是否超过非接触交易限额。

➢ 如超过,则终端提示采用另一种界面。

(4)判断授权金额是否超过 CVM 限额。

➢ 如超过,则终端在终端交易属性中要求 CVM。

(5)判断授权金额是否超过终端脱机最低限额或可用的终端最低限额。

➢ 如超过,则终端在终端交易属性中请求联机密文。

终端交易预处理结束后,提示持卡人出示卡片,并非接触界面上电,开始检测处理。

2.5.2 交易路径选择

终端交易预处理结束后,终端应提示持卡人出示卡片,并将非接触界面上电。在本阶段的处理中,终端应选择卡上的应用,并向卡片表明终端所支持的交易路径,最后由卡片作出交易路径的选择。

2.5.2.1 应用选择

所有非接触终端应使用 PPSE 目录选择方法,终端采用文件名称"2PAY.SYS.DDF01"来选择 PPSE 。PPSE(Proximity Payment Systems Environment)。通过选择 PPSE,卡片将卡上支持的应用标识、应用优先指示器通过相应的形式返回给终端,终端据此形成共同支持的应用列表,该列表包括所有目录的入口。

如果仅有一个共同支持的应用,则终端直接选择该应用;如果有多个共同支持的应用,则终端根据应用优先指示器,选择优先级最高的应用来处理交易。

2.5.2.2 应用初始化

终端选择中应用后,应用将卡上个人化的 FCI 信息返回给终端。FCI 信息中的 PDOL 中，应至少包含终端交易属性（9F66）。终端通过此数据向卡片表明终端所支持的交易类型及交易预处理判断的结果。卡片使用此数据选择交易路径，以及返回卡片数据。

在初始应用处理阶段，终端向卡片发出 GPO 命令，命令中包括卡片在应用选择时返回 PDOL 中所要求的所有数据，包括了终端交易属性（9F66）。

2.5.2.3　交易路径选择

符合本规范的非接触终端和卡片可同时选择支持以下一个或多个交易路径，即：

MSD 路径：利用定义在 JR/T 0025 借记/贷记应用中的命令和功能，但不严格遵循这些规范。

qPBOC 路径：利用定义在 JR/T 0025 借记/贷记应用中的命令、功能和风险管理特征，但不严格遵循这些规范。

非接触 PBOC 路径：符合 JR/T 0025 借记/贷记应用。

（一）卡片交易路径选择

终端在应用初始化阶段，通过 GPO 命令在终端交易属性中向卡片表明其可以支持的非接触式的应用类型（MSD、qPBOC 或非接触式 PBOC）。卡片在收到 GPO 命令后，根据终端支持的交易类型和卡片本身支持的交易类型，选择唯一的交易路径进行处理。选择原则见表 2 – 32。

表 2 –32　　　　　　　　　　非接触式 IC 卡支付方式选择

终端配置　＼　非接触卡片性能	MSD 和 qPBOC	MSD、qPBOC 和非接触式 PBOC
支持 MSD 和 qPBOC	qPBOC	qPBOC
仅支持 qPBOC	qPBOC	qPBOC
支持 qPBOC 和非接触式 PBOC	qPBOC	非接触式 PBOC
支持 MSD、qPBOC 和非接触式 PBOC	qPBOC	非接触式 PBOC
支持 MSD 和非接触式 PBOC	MSD	非接触式 PBOC
仅支持 MSD	MSD	MSD

（二）终端交易路径选择

终端根据卡片在 GPO 命令的返回数据中的应用交互特征及其他数据，再判断卡片的交易路径，从而作相应的处理。终端可根据以下方法判断卡片的交易路径：

（1）如果卡片在 AIP 中表明支持 MSD，则终端进行 MSD 交易处理。

（2）如果卡片未在 AIP 中表明支持 MSD，且卡片的返回中包括了应用密文（9F26），则终端按照 qPBOC 处理交易。

（3）如果卡片未在 AIP 中表明支持 MSD，且卡片的返回中未包括应用密文（9F26），则终端按照非接触 PBOC 处理交易。

2.5.3 非接触式 PBOC 应用

非接触式借记/贷记方式的处理流程与标准借记/贷记应用处理流程完全一致，仅通信方式不同。可参考 JR/T 0025 第 5 部分。

2.5.4 qPBOC 应用

为了符合非接触支付应用方便、快速的要求，必须既要使非接触式卡片在终端非接触磁场中停留的时间尽可能短，同时也要完成相应的交易处理。为此，qPBOC 在原有借记/贷记应用的基础上对借记/贷记的交易流程，命令进行了精简，使得大部分工作在终端上完成，尽量减少卡片的工作量。相对标准借记/贷记应用，qPBOC 在交易流程、交易命令以及预处理方面作了精简。以下分别予以描述。

qPBOC 应用可以进行借记或者贷记的联机交易，也进行电子现金脱机交易，同时还支持电子现金脱机参数与标准借记/贷记脱机参数相结合的脱机交易。

2.5.4.1 交易流程

qPBOC 应用流程虽既可满足联机，也可满足脱机交易的需求，但此部分讲述的流程更多的是以 qPBOC 小额脱机交易的流程为参考的。

步骤 1：交易预处理。

在脱机交易预处理中，不需要卡片参与。终端获取授权金额并进行相应处理。

步骤 2：应用选择。

该步骤中需要终端向卡片发送两次 SELECT 命令。第一次 SELECT 命令为选择 PPSE，通过卡片对 SELECT 的返回，终端建立共同支持应用列表。第二次 SELECT 命令，终端选中卡上的一个应用进行处理。

步骤 3：应用初始化/读取应用数据。

该步骤中，卡片需要根据终端、卡片的参数配置和卡片自身的一些状态进行一系列的风险检查，以决定当前交易是脱机批准、脱机拒绝还是发起联机。卡片处理的结果可能有四种，即：

（1）卡片脱机批准（TC）：卡片将电子现金余额（9F79）减去授权金额（9F02），并返回 AFL（94）和 IC 卡动态签名数据（9F4B）。终端根据 AFL 将所有的数据通过 READ RECORD 命令从卡片读出后，卡片将最新的电子现金余额保存在静态存储区。终端提示持卡人可移开卡片。

（2）卡片脱机拒绝（TC）：卡片返回 AAC，卡片可移开。终端提示交易失败。

（3）卡片脱机请求联机（TC），卡片返回 ARQC，卡片可移开。终端发起联机交易，并根据卡片和终端支持的持卡人认证方法验证持卡人身份，随后转入后台处理。

（4）终止交易：终端提示更换接触式界面进行交易。

步骤四：脱机数据认证。

该步骤仅当卡片返回 TC 时存在。终端根据在步骤三中读出的公钥数据，对 IC 卡返回的动态签名（9F4B）进行验证。如脱机数据认证成功，则提示交易成功，如脱机数据认证失败，则提示交易失败。

2.5.4.2　流程精简

qPBOC 基于借记/贷记应用，并在借记/贷记应用的基础上进行了精简。又因为 qPBOC 的交易流程主要是为非接触小额脱机交易的快速完成设计的，所以以下将 qPBOC 的交易流程与基于标准借记/贷记的脱机交易流程作一比较，读者可直观感受到 qPBOC 应用在交易流程方面的优化。

表 2 - 33   qPBOC 与标准借记/贷记流程对比

qPBOC 应用	标准借记/贷记应用
交易预处理（终端）	处理限制 终端风险管理 终端行为分析
应用选择（终端、卡片）	应用选择
应用初始化/读取应用数据（终端、卡片）	应用初始化/读取应用数据 卡片行为分析
脱机数据认证（终端）	脱机数据认证

需要指出的是，虽然 qPBOC 应用和标准借记/贷记应用都包含了应用选择的功能模块，但是 qPBOC 的在应用选择中进行了大量的优化，省去了原有应用选择中读目录（ReadRecord）的操作。

2.5.4.3　命令精简

正是因为 qPBOC 在交易流程方面对借记/贷记交易进行了优化，所以在交易命令方面也有相应的优化。精简了借记/贷记原有交易的命令集，将多条命令完成的功能集合在一条命令中完成。见表 2 - 34。

表 2 - 34   qPBOC 与标准借记/贷记命令对比

qPBOC 应用	标准借记/贷记应用
Select	选择（Select）
ReadRecord	读记录（ReadRecord）
GPO	应用初始化（GPO） 内部认证（Internal Authcation） 产生应用密文（GAC）

2.5.4.4　顺序优化

为了使卡片在磁场中停留的时间尽可能地少，qPBOC 交易将终端风险管理、终端行为分析等功能提前到交易预处理完成，将脱机数据认证延后到卡片移开磁场后进行。使得卡片在磁场中所做的工作尽可能地少。

2.5.4.5　脱机数据认证流程优化

在标准借记/贷记中，终端需要发送内部认证（Internal Authcation）命令给卡片，卡片生成 IC 卡动态签名并返回给终端，终端根据读取应用数据阶段读取到公钥数据对 IC 卡动态签名进行验证。

而在 qPBOC 交易中，为了适应"快速挥卡"的需要，一方面将 IC 卡生成动态签名的操作集成到了 GPO 命令中完成，另一方面，终端对 IC 卡动态签名验证的操作放在卡片移开磁场后进行，减少了终端和卡片的交互时间。

2.5.4.6　密文计算算法优化

在 qPBOC 中，卡片支持密文版本为 01 和 17 的中应用密文的算法。密文版本 01 与标准借记/贷记中的密文版本相同，采用与标准借记/贷记相同的应用密文计算方法。而密文版本 17 则在密文版本 01 的基础上进行了优化，对参与密文计算的数据进行了精简。

表 2 – 35　　　　　　　密文版本 17 中参与密文计算的数据元

标签	数据源	来源
9F02	授权金额	终端
9F37	不可预知数	终端
9F36	交易计数器	卡片
9F10	发卡行应用数据（字节5）	卡片

表 2 – 36　　　　　　　密文版本 01 中参与密文计算的数据元

标签	数据源	来源
9F02	授权金额	终端
9F03	其他金额	终端
9F1A	终端国家代码	终端
95	终端验证结果	终端
5F2A	交易货币代码	终端
9A	交易日期	终端
9F21	交易类型	终端
9F37	不可预知数	终端
82	应用交互特征（AIP）	卡片

标签	数据源	来源
9F36	应用交易计数器（ATC）	卡片
9F10	发卡应用数据中的卡片验证结果（CVR）	卡片

2.5.5　MSD

MSD 是利用从芯片中获得的二磁道等价数据，通过非接触界面来实现磁条式的支付服务的应用。MSD 在磁条支付规则下运营。MSD 虽然不完全符合借记/贷记规范，但 MSD 使用了借记/贷记规范定义的方法来选择应用（初始化交易处理并读取记录以获得应用数据），使用了借记/贷记指令和要求的一个子集。

MSD 支持终端请求联机密文（流程一）和终端不请求联机密文（流程二）两种流程。

流程一：终端请求联机密文。

卡片在 GPO 的响应数据中包括二磁道等效数据和密文版本为 17 的应用密文（ARQC）。

流程二：终端不请求联机密文。

卡片在 GPO 相应中返回 AIP 和 AFL，终端在收到 AFL 后，通过 ReadRecord 读取应用数据。AFL 指定的记录中包括了二磁道等效数据。卡片计算 dCVN，并在二磁道数据中返回。

2.6　PBOC2.0 规范与 EMV 规范的区别

2.6.1　PBOC2.0 规范的特点

1. 功能齐全。

PBOC 内容丰富，涵盖了国际上主流金融 IC 卡应用，可以为发卡银行提供全面的银行卡业务品种：不仅包括传统的借记/贷记应用，而且包括了可以脱机交易的小额支付，还包括了快速非接触式支付应用。在实现形式上，不仅可以从普通银行 IC 卡发起交易，而且可以通过手机甚至任何随身 IC 卡化的介质发起交易。这些丰富的功能可以很好满足银行卡在实际运用过程中出现的各类需求。

2. 安全性高。

PBOC 规范定义的借记/贷记应用，提供了脱机数据认证和联机数据认证双重安全机制。其中脱机数据认证通过非对称密钥算法实现，终端只需下载根 CA 的公钥即可实现对卡片的认证，实现方便；联机数据认证通过对称密码算法实现，完成卡片和发卡行的双向认证，确保联机交易的安全。双重的保护机制可有效防止伪卡欺诈的发生。

3. 成为相关行业支付应用的重要参考依据。

《中国金融集成电路（IC）卡规范》的颁布，成为相关行业广泛关注的焦点。从目前国内行业卡规范来看，行业大力推进以 IC 卡为载体的信息化进程，人力资源和社会保障部、建设部、教育部等部委推出了本行业的 IC 卡规范。这些规范定义了行业自身的管理应用，但在支付方面不同程度地参考了《中国金融集成电路（IC）卡规范》电子钱包的应用。可以说，行业规范更多定义的是行业信息管理，而《中国金融集成电路（IC）卡规范》则全面地提供了各种支付的解决方案。因此，行业规范与《中国金融集成电路（IC）卡规范》可以很好地结合起来共同为持卡人提供完善的信息化服务。

2.6.2 PBOC 借记/贷记规范与 EMV 的区别

PBOC 规范在卡片和终端之间的接口方面与国际 EMV 规范保持良好的兼容性，在应用层上电子钱包应用、电子钱包扩展应用、电子现金应用以及非接触式支付应用都是 PBOC 独有的，EMV 并没有定义这些方面的应用。

PBOC 借记/贷记应用与 EMV 的借记/贷记应用基本兼容，但又有区别。区别是考虑到我国国情而增设的内容，作为标准的可选项和数据元，它充分体现了 PBOC 规范既与国际主流标准的兼容，又有中国的国情特色。具体如下：

1. 不支持脱机密文 PIN。

PBOC 规范不支持 EMV 中的脱机密文 PIN 验证，但规定"当 IC 卡读卡器和密码键盘分离时，为了 PIN 安全，终端应该在密码键盘上加密 PIN，并且在将 PIN 发送 IC 卡读卡器时将 PIN 解密，然后通过 VERIFY（验证）命令送给卡片进行核对比较"。

2. 增加持卡人证件验证。

终端在读应用数据时从卡片中读取持卡人证件类型及号码，然后将证件类型及号码显示在屏幕上，并提示服务员要求持卡人出示相应证件，比较证件号码与终端显示的号码是否一致，以及证件与持卡人本人是否一致。如果都符合，则持卡人证件验证成功。

3. 终端风险管理。

增加商户强制联机。PBOC 规定在有联机能力的终端上，商户可以指示终端进行强制联机交易。可通过参数设定。

4. 卡片行为分析。

在卡片行为分析方面，EMV 没有具体定义，PBOC 定义了卡片执行的检查（见表 2 - 37）。

表 2 - 37   **PBOC 卡片执行的风险检查**

风险管理检查	执行条件	结果（如果条件满足）
联机授权没有完成（上次交易）	有条件——如果支持发卡行脚本命令或发卡行认证则执行	请求联机处理，设置 CVR 指示位。
上次交易发卡行认证失败（或上次交易发卡行认证强制但是没有执行）	有条件——如果支持发卡行认证则执行	设置 CVR 指示位。 检查 ADA，如果指明则请求联机处理。
上次交易 SDA 失败	有条件——如果支持 SDA 则执行	设置 CVR 指示位
上次交易 DDA 失败	有条件——如果支持 DDA 则执行	设置 CVR 指示位
上次联机交易发卡行脚本处理	有条件——如果支持二次发卡（Post – issuance）则执行	在 CVR 中保存脚本命令的个数。 如果脚本处理失败（使用卡片内的发卡行脚本失败指示位），设置 CVR 指示位。 ADA 中的设置决定交易是否联机处理。
连续脱机交易下限频度检查	可选	如果限制数超过，请求联机处理。 设置 CVR 中指示位。
连续国际脱机交易（基于货币）频度检查	可选	如果限制数超过，请求联机处理。 设置 CVR 中指示位。
连续国际脱机交易（基于国家）频度检查	可选	如果限制数超过，请求联机处理。 设置 CVR 中指示位。
使用指定货币的累计脱机交易金额频度检查	可选	如果限制数超过，请求联机处理。 设置 CVR 中指示位。
累计脱机交易金额（双货币）频度检查	可选	如果限制数超过，请求联机处理。 设置 CVR 中指示位。 如果使用的货币是第二货币，需要先进行货币转换。
新卡检查	可选	如果以前没有请求过联机本次可以申请联机。 设置 CVR 中指示位。
脱机 PIN 验证没有执行（PIN 尝试限制数超过）	可选	设置 CVR 中如果本次交易脱机 PIN 验证没有执行而且 PIN 尝试限制数在之前已经超过指示位。 ADA 中设置这种情况下交易拒绝或请求联机。

5. PBOC 定义了 CVR、ADA 的值。EMV 中没有定义。

PBOC 定义 GENERATE AC 命令返回数据发卡行应用数据（Issuer Application Data9F10）：

➢ 长度指针；

➢ 分散密钥索引；

➢ 密文版本信息；

➢ 卡片验证结果（CVR）；

➢ 算法标识；

➢ 联机处理。

PBOC 定义了发卡行认证数据为 10 字节：

➢ ARPC（8 字节）；

➢ 授权响应码（2 字节）。

EMV 中没有规定发卡行认证数据的长度，取消外部认证命令。PBOC 采用外部认证命令。

6. 交易结束。

PBOC 定义了在各种情况下的卡片数据复位情况，EMV 并没有详细定义，同时 PBOC 定义了在"请求联机操作，但是联机授权没有完成"的情况下执行额外的风险管理。

7. 脚本处理。

EMV 定义了标签为"71"和"72"的脚本模板，而 PBOC 规范支持标签为"72"的脚本模板。

8. 交易日志。

PBOC 规定当卡片决定接受交易返回 TC 之前，卡片要进行记录交易明细。

日志入口数据元（"9F4D"）规定日志文件的短文件标识和记录数，PBOC 建议为："0B0A"。

记录内容由日志格式（"9F4F"）决定。PBOC 建议为：

表 2-38　　　　　　　　　　PBOC 建议的日志格式

数据	标签	长度（字节）
交易日期	"9A"	3
交易时间	"9F21"	3
授权金额	"9F02"	6
其他金额	"9F03"	6
终端国家代码	"9F1A"	2
交易货币代码	"5F2A"	2

数据	标签	长度（字节）
商户名称	"9F4E"	20
交易类型	"9C"	1
应用交易计数器（ATC）	"9F36"	2

所有数据由终端通过 PDOL 和 CDOL 传入卡片。

9. 安全部分。

PBOC 定义了过程密钥的生成方式不同于 EMV 的定义。除了定义 64 位分组加密算法的安全机制外，还特定定义了基于 128 位组加密算法的安全机制，包括安全报文认证码的计算方法，过程密钥计算方法以及子密钥的分散方法。

并在卡片规范的发卡行应用数据中定义了算法标识来区分不同的算法。目的在于在标准上兼容国内私有算法。

3 PBOC2.0 安全体系解析

3.1 PBOC2.0 安全体系范围

PBOC2.0 整个安全体系包括 PBOC2.0 卡片安全以及 PBOC2.0 终端安全两大部分。无论是卡片安全还是终端安全都涉及密钥、证书以及算法等密码学基础。

3.1.1 安全机制

3.1.1.1 对称加密机制

3.1.1.1.1 加密解密

对数据的加密采用分组长度为 8 字节（64 位）或 16 字节（128 位）分组加密算法，可以是电子密码本（ECB）模式或密码块链接（CBC）模式。

用加密过程密钥 KS 对任意长度的报文 MSG 加密的步骤如下：

1. 填充并分块。

——如果报文 MSG 的长度不是分组长度的整数倍，在 MSG 的右端加上 1 个"80"字节，然后再在右端加上最少的"00"字节，使得结果报文的长度是分组长度的整数倍。

——如果报文 MSG 的长度是分组长度的整数倍，不对数据作填充。

被加密数据首先要被格式化为以下形式的数据块：

明文数据的长度，不包括填充字符。

明文数据

填充字符（按上述填充方式）。

然后 MSG 被拆分为 8 字节或 16 字节的块 X1，X2，…，XK。

2. 密文计算。

ECB 模式

用加密过程密钥 KS 以 ECB 模式的分组加密算法将块 X1，X2，…，XK 加密为分组长度的块 Y1，Y2，…，YK。

因此当 $i = 1, 2, \cdots, K$ 时分别计算：

$Yi := ALG(KS)[Xi]$。

CBC 模式

用加密过程密钥 KS 以 CBC 模式的分组加密算法将块 X1，X2，…，XK 加密为分组长度的块 Y1，Y2，…，YK。

因此当 i = 1, 2, …, K 时分别计算：

Yi := ALG（KS）［Xi ⊕ Yi – 1］,

Y0 的初始值为

——对应 8 字节分组加密算法 Y0 :=（"00" | | "00" | | "00" | | "00" | | "00" | | "00" | | "00" | | "00"）

——对应 16 字节分组加密算法 Y0 :=（"00" | | "00" | | "00" | | "00" | | "00" | | "00" | | "00" | | "00" | | "00" | | "00" | | "00" | | "00" | | "00" | | "00" | | "00" | | "00"）

记为：

Y :=（Y1 | | Y2 | | … | | YK）= ENC（KS）［MSG］。

解密过程如下：

密文解密

ECB 模式

当 i = 1, 2, …, K 时分别计算：

Xi := ALG – 1（KS）［Yi］

CBC 模式

当 i = 1, 2, …, K 时分别计算：

Xi := ALG – 1（KS）［Yi］⊕ Yi – 1,

Y0 的初始值为

对应 8 字节分组加密算法 Y0 :=（"00" | | "00" | | "00" | | "00" | | "00" | | "00" | | "00" | | "00"）

对应 16 字节分组加密算法 Y0 :=（"00" | | "00" | | "00" | | "00" | | "00" | | "00" | | "00" | | "00" | | "00" | | "00" | | "00" | | "00" | | "00" | | "00" | | "00" | | "00"）

为了得到原来的报文 MSG，将块 X1, X2, …, XK 连接起来，如果使用了填充（见上文），从最后一块 XK 中删除（"80" | | "00" | | "00" | | … | | "00"）字节串的结尾。

记为 MSG = DEC（KS）［Y］。

3.1.1.1.2　报文鉴别码

规范中 MAC 的长度 s 为 4 字节。

MAC/TAC 的产生使用以下单倍长 DEA 算法：

第一步：将一个 8 个字节长的初始值（Initial Vector）设定为十六进制的 "0x 00 00 00 00 00 00 0000"。

第二步：将所有的输入数据按指定顺序串联成一个数据块。

第三步：将串联成的数据块分割为 8 字节长的数据块组，标识为 D1、D2、D3、D4 等。分割到最后，余下的字节组成一个长度小于等于 8 字节的最后一块数据块。

第四步：如果最后一个数据块长度为 8 字节，则在此数据块后附加一个 8 字节长的数据块，附加的数据块为：十六进制的"0x 80 00 00 00 00 00 0000"。如果最后一个数据块长度小于 8 字节，则该数据块的最后填补一个值为十六进制"0x80"的字节。如果填补之后的数据块长度等于 8 字节，则跳至第五步。如果填补之后的数据块长度仍小于 8 字节，则在数据块后填补十六进制"0x00"的字节至数据块长度为 8 字节。

第五步：MAC 的产生是通过上述方法产生的数据块组，由过程密钥进行加密运算 TAC 的产生是通过上述方法产生的数据块组，由 DTK 密钥左右 8 位字节进行异或运算的结果进行加密运算。MAC 或 TAC 的算法见图 3-1 描述。

第六步：最终值的左 4 字节为 MAC 或 TAC。

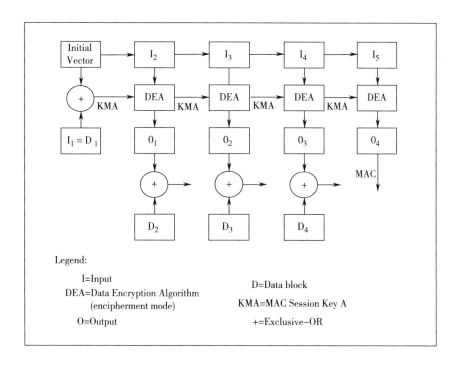

图 3-1　MAC 和 TAC 的单倍长 DEA 密钥算法

计算一个 s 字节的 MAC（$4 \leqslant s \leqslant 8$）是依照 ISO/IEC 9797-1 规范，采用 CBC 模式的 8 字节分组加密算法。更准确地说，用 MAC 过程密钥 KS 对任意长度的报文 MSG 计算 MAC 值 S 的步骤如下：

1. 填充并分块。

依据 ISO 7816 - 4（等价于 ISO/IEC 9797 - 1 中的模式 2）对报文 MSG 进行填充，因此在 MSG 的右端强制加上 1 个"80"字节，然后再在右端加上最少的"00"字节，使得结果报文的长度 MSG：=（MSG ‖ "80" ‖ "00" ‖ "00" ‖ … ‖ "00"）是 8 字节的整数倍。

然后 MSG 被拆分为 8 字节的块 X1，X2，…，XK。

2. MAC 过程密钥。

MAC 过程密钥 KS 既可以只包括最左端密钥块 KS = KSL，也可以由最左端密钥块和最右端密钥块连接而成 KS =（KSL ‖ KSR）。

3. 密文计算。

用 MAC 过程密钥的最左端块 KSL，以 CBC 模式的分组加密处理 8 字节块 X1，X2，…，XK：

Hi：= ALG（KSL）[Xi ⊕ Hi - 1]，这里 i = 1，2，…，K。

H0 的初始值 H0：=（"00" ‖ "00" ‖ "00" ‖ "00" ‖ "00" ‖ "00" ‖ "00" ‖ "00"）。

用以下的两种方法的一种计算 8 字节的块 HK + 1。

依照 ISO/IEC 9797 - 1 算法 1：HK + 1：= HK。

依照 ISO/IEC 9797 - 1 算法 3：HK + 1：= ALG（KSL）[ALG - 1（KSR）（HK）]。

MAC 值 S 等于 HK + 1 的 s 个最高位字节。

3.1.1.1.3 过程密钥分散

MAC 和数据加密过程密钥的产生如下所述（在本节中统称为"过程密钥 A"和"过程密钥 B"）：

1. 单长度 DES 过程密钥。

第一步：卡片/发卡行决定是使用 MAC 密钥 A 和 B 还是数据加密密钥 A 和 B 来进行所选择的算法处理（以后统称为"Key A"和"Key B"）。

第二步：将当前的 ATC 在其左边用十六进制数字"0"填充到 8 个字节，用 Key A 和 Key B 对该数据作 3 - DES 运算产生过程密钥 A。

Z：= 3 - DES（Key）["00" ‖ "00" ‖ "00" ‖ "00" ‖ "00" ‖ "00" ‖ ATC]

2. 双长度 DES 过程密钥。

第一步：卡片/发卡行决定是使用 MAC 密钥 A 和 B 还是数据加密密钥 A 和 B 来进行所选择的算法处理。

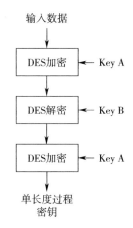

图 3-2 单长度过程密钥的产生

第二步：将当前的 ATC 在其左边用十六进制数字"0"填充到 8 个字节，用 Key A 和 Key B 对该数据作 3-DES 运算产生过程密钥 A。

将当前的 ATC 异或十六进制值 FFFF 后在其左边用十六进制数字"0"填充到 8 个字节，使用相同方法对该数据作 3-DES 运算得到过程密钥 B。

ZL : = 3 - DES（Key）["00" ‖ "00" ‖ "00" ‖ "00" ‖ "00" ‖ "00" ‖ ATC]

ZR : = 3 - DES（Key）["00" ‖ "00" ‖ "00" ‖ "00" ‖ "00" ‖ "00" ‖（ATC ⊕ "FFFF"）]

为了符合对 DES 密钥奇校验的要求，DES 密钥每个字节的最低位应被设成能够保证密钥的 8 字节或 16 字节的每一个都有奇数个非 0 位。

3.1.1.1.4 子密钥分散

本节指定了一种利用一个 16 字节的发卡行主密钥 IMK 分散得出用于密文生成、发卡行认证和安全报文的 IC 卡子密钥的方法。

这一方式以主账号（PAN）和主账号序列号（如果主账号序列号不存在，则用一个字节"00"代替）的最右 16 个数字作为输入数据，以及 16 字节的发卡行主密钥 IMK 作为输入，生成 16 字节的 IC 卡子密钥 MK 作为输出：

1. 如果主账号和主账号序列号 X 的长度小于 16 个数字，X 右对齐，在最左端填充十六进制的"0"以获得 8 字节的 Y。如果 X 的长度至少有 16 个数字，那么 Y 由 X 的最右边的 16 个数字组成。

2. 计算 2 个 8 字节的数字。

基于 8 字节分组加密算法的计算方法：

ZL : = ALG（IMK）[Y]

以及

ZR：＝ ALG（IMK）［Y ⊕（"FF" ‖ "FF" ‖ "FF" ‖ "FF" ‖ "FF" ‖ "FF" ‖ "FF" ‖ "FF"）］

并定义

Z：＝（ZL ‖ ZR）

基于16字节分组加密算法的计算方法

Z：＝ ALG（IMK）｛Y ‖ ［Y ⊕（"FF" ‖ "FF" ‖ "FF" ‖ "FF" ‖ "FF" ‖ "FF" ‖ "FF" ‖ "FF"）］｝

16字节的 IC 卡子密钥 MK 就等于 Z，此外对于 DES 算法，Z 的每个字节的最低位应被设成能够保证 MK 的16字节的每一个都有奇数个非0位（为了符合对 DES 密钥奇校验的要求）。

3.1.1.2 非对称加密机制

3.1.1.2.1 数字签名方案

本节里描述了使用依照 ISO/IEC 9796 - 2 规范的 HASH 函数的给定报文恢复数字签名方案，规范中的静态和动态数据认证都使用这一方案。

数字签名方案使用下面两种算法。

——一个可逆的非对称算法，由一个依赖于私钥 SK 的签名函数 Sign（SK）［］和一个依赖于公钥 PK 的恢复函数 Recover（PK）［］组成。两个函数都将 N 字节的数字映射为 N 字节的数字，并且对于任何 N 字节的数字 X 有以下特性：

Recover（PK）［Sign（SK）［X］］＝ X

——一个哈希算法 Hash［］，将任意长度的报文映射为一个20字节的哈希值。

3.1.1.2.2 数字签名产生

对由至少 N－21 字节长的由任意长数据 L 组成的报文 MSG 计算签名 S 的过程如下。

1. 计算报文 M 的20字节的 HASH 值 H：＝ Hash［MSG］。

2. 将 MSG 拆分成两部分 MSG＝（MSG1 ‖ MSG2），其中 MSG1 由 MSG 最左端（最高位）的 N－22 个字节组成，MSG2 由 MSG 剩余的（最低位）的 L－N＋22 个字节组成。

3. 定义一个字节 B：＝"6A"。

4. 定义一个字节 E：＝"BC"。

5. 将 N 字节的块 X 定义为块 B，MSG1、H 和 E 的连接，因此

X：＝（B ‖ MSG1 ‖ H ‖ E）

6. 数字签名 S 被定义为 N 字节的数字

S：= Sign （SK）［X］

3.1.1.2.3 数字签名验证

相应的签名验证过程如下：

1. 检查数字签名 S 是否由 N 个字节组成。

2. 由数字签名 S 恢复得到 N 字节的数字 X：X = Recover（PK）［S］

3. 将块 X 分割成 X = （B ‖ MSG1 ‖ H ‖ E），这里：B 为 1 字节长，H 为 20 字节长，E 为 1 字节长。

MSG1 由剩余的 N – 22 个字节组成。

4. 检查字节 B 是否等于 "6A"。

5. 检查字节 E 是否等于 "BC"。

6. 计算 MSG = （MSG1 ‖ MSG2），并检查是否满足 H = Hash［MSG］。

当且仅当这些检查都正确时，这条接收的报文被认为是真实的。

3.1.1.3 认可的算法

3.1.1.3.1 对称加密算法

（一）DES 算法

DES 算法是以 8 字节（64 位）分组为单位进行运算，密钥长度为 8 字节。该算法被允许用于安全报文传送 MAC 机制密文运算，算法的详细过程在 ISO 8731 – 1、ISO 8732、ISO/IEC 10116 中定义。

3 – DES 加密是指使用双长度（16 字节）密钥 K = （KL‖KR）将 8 字节明文数据分组加密成密文数据分组，如下所示：

Y = DES（KL）｛DES – 1（KR）［DES（KL）（X）］｝

解密的方式如下：

X = DES – 1（KL）｛DES（KR）［DES – 1（KL）（Y）］｝

单倍 DES 仅允许用于使用 ISO 9797 – 1 中的算法 3（3DES 用于最后一个分组）的 MAC 机制。

（二）SSF33 算法

SSF33 算法是以 16 字节（128 位）分组为单位进行运算，密钥长度为 16 字节，该算法也可以被用于安全报文传送和 MAC 机制密文运算。

表 3 – 1　　　　　　　　　　　　SSF33 同 DES 的比较

比较项	DES	3 – DES	SSF33
密钥长度	8 字节	16 字节	16 字节
分组长度	8 字节	8 字节	16 字节

使用 SSF33 算法和基于 3 – DES 的对称加密机制使用相同长度的密钥，能够

同原有的基于 3 – DES 的密钥管理兼容，其区别在于分组长度不同，在加密，计算 MAC 和密钥分散时填充和计算方式不同，但报文鉴别码和密钥分散输出结果的长度同 3 – DES 算法保持一致。

3.1.1.3.2　非对称加密算法

（一）RSA 算法

该可逆算法是经批准用于加密和生成数字签名的算法。公钥指数的值只允许是 3 和 $2^{16} + 1$。

（二）SHA – 1 算法

该算法在 FIPS 1801 中被标准化。SHA – 1 对任意长度的报文的输入，产生一个 20 字节的哈希值。本哈希算法的标志编码为 16 进制数 "01"。

3.1.2　卡片安全

PBOC2.0 规范中定义的卡片安全主要包括卡内不同应用如何共存、密钥的独立性、卡片内部安全体系以及卡片内密钥的种类。

3.1.2.1　多应用防火墙机制

为了解决独立地管理一张卡上的不同应用的安全问题，每一个应用应该放在一个单独的 ADF 中。亦即在应用之间应该设计一道 "防火墙" 以防止跨过应用进行非法访问。另外，每一个应用也不应该与卡中共存的个人化要求和应用规则发生冲突。

3.1.2.2　密钥的独立性

用于一种特定功能的加密/解密密钥不能被任何其他功能所使用，包括保存在 IC 卡中的密钥和用来产生、派生、传输这些密钥的密钥。

3.1.2.3　卡片安全读写控制

卡片内部安全体系的目标是保证卡片操作系统使用合适的安全机制，在卡片内部为所有数据及处理过程提供安全性和完整性保障。这一体系是为访问数据文件和使用的命令与加密算法而设计的。

卡片内部安全体系的基础结构包括两个基本特性：

- "安全域" 的建立；
- 对每个 EF 的存取采用指定的访问条件。

3.1.3　终端安全

PBOC2.0 规范中定义了终端安全，对终端数据安全性、终端设备安全性以及终端密钥管理提出了相关要求。

3.2　电子钱包/电子存折应用安全体系

PBOC2.0 规范的第 1 部分《电子钱包/电子存折应用卡片规范》和第 2 部分

《电子钱包/电子存折应用规范》中描述了电子钱包/电子存折应用安全机制。电子钱包/电子存折应用安全体系核心是三级密钥管理体系，以及对称加密算法技术和终端 PSAM 卡。

3.2.1　安全体系架构

3.2.1.1　对称密钥技术

对称密钥加密又叫专用密钥加密，即发送和接收数据的双方必使用相同的密钥对明文进行加密和解密运算。对称密钥加密算法主要包括 DES、3DES、SSF33 等。

电子钱包/电子存折应用基于对称式的加解机制，在交易时要求受理终端具备该 IC 卡的解密密钥。解密密钥属于高度保密的金融信息，因此解密密钥以独立 PSAM 卡的形式插在每个受理终端上。

3.2.1.2　三级密钥管理体系

各级密钥管理中心利用密钥管理来实现密钥的安全管理。密钥管理系统采用 3DES 加密算法，采用全国密钥管理总中心、二级密钥管理中心、成员银行中心三级管理体制，安全共享公共主密钥，实现卡片互通、机具共享（见图 3 - 3）。

整个安全体系结构主要包括三类密钥：全国通用的消费/取现主密钥 GMPK，发卡银行的消费/取现主密钥 MPK 和发卡银行的其他主密钥。根据密钥的用途，系统采用不同的处理策略。

GMPK 是整个系统的根密钥，只能由全国密钥管理总中心产生和控制，并装载到下发的 PSAM 卡中；MPK 由二级密钥管理中心利用全国密钥管理总中心下发的二级机构发卡母卡产生，并通过母卡传输到成员银行；其他主密钥由成员行自行产生，并装载到母卡或硬件加密机中。

全国密钥管理总中心配备密钥管理服务器、硬件加密机、发卡设备和系统管理软件，生成全国通用的消费/取现主密钥 GMPK，存放在全国密钥管理总中心主控母卡中。全国密钥管理总中心用 GMPK 对各二级机构标识进行分散，产生二级机构消费/取现主密钥 BMPK，生成二级机构发卡母卡，并且将它与二级机构外部认证密钥卡一起传输给二级机构。同时，全国密钥管理总中心还需对要下发的所有 PSAM 卡进行统一洗卡，装入 GMPK，和 PSAM 外部认证卡一起传递给二级密钥管理中心。

二级密钥管理中心配备密钥管理服务器、硬件机密机、小型发卡设备和系统管理软件。在接收到全国密钥管理总中心传来的二级机构发卡母卡和外部认证卡后，用 BMPK 对各成员行标识进行分散，生成成员行消费/取现主密钥 MPK，产生成员行发卡母卡，和成员行外部认证卡一起传送给各成员行，同时，

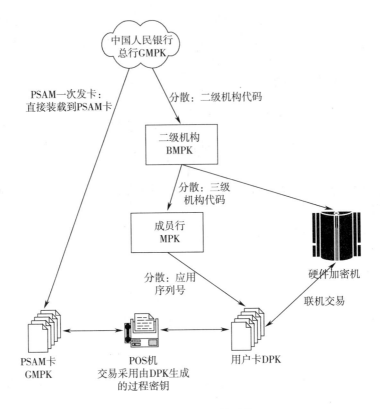

图 3 – 3 三级密钥管理体系

二级机构还要向成员行转交 PSAM 外部认证卡和 PSAM 卡。

成员银行配备密钥管理服务器、硬件加密机和系统管理软件，通过内部网与银行的发卡系统、卡务管理系统、账务系统相连，成员行可直接向成员行发卡母卡中注入银行专用密钥，利用成员行发卡母卡来提供密钥服务（如发放用户卡，PSAM 二次发卡、清算等）。成员行也可自己产生专用密钥，将成员行发卡母卡中的消费/取现主密钥 MPK 注入硬件加密机或母卡，利用硬件加密机或母卡来提供密钥服务。

为保证密钥使用的安全，并考虑到实际使用的需要，全国密钥管理总中心需要产生多组 GMPK，并向 PSAM 卡中注入，同时各发卡银行也需要向用户卡中写入相应的多组子密钥。如果其中一组密钥被泄露或被攻破，银行将立即废止该组密钥，并在所有的 POS 机上使用另一组密钥。这就在充分保证安全性的条件下，尽可能地避免现有投资和设备的浪费，减小银行 IC 卡的风险。

3.2.2 安全报文传送

PBOC2.0 规范的第 1 部分《电子钱包/电子存折应用卡片规范》中定义了安

全报文传送方式。

安全报文传送的目的是保证数据的可靠性、完整性和对发送方的认证。数据完整性和对发送方的认证通过使用 MAC 来实现。数据的可靠性通过对数据域的加密来得到保证。

3.2.2.1　安全报文传送格式

规范中定义的安全报文传送格式应符合 ISO 7816 – 4 的规定。当 CLA 字节的第二个半字节等于十六进制数字"4"时，表明对发送方命令数据要采用安全报文传送。卡中的 FCI 表明某个命令的数据域的数据是否应该以加密的方式处理。

3.2.2.2　报文完整性和验证

MAC 是使用命令的所有元素（包括命令头）产生的。一条命令的完整性，包括命令数据域（如果存在的话）中的数据元，通过安全报文传送得以保证。

（一）MAC 的位置

MAC 是命令数据域中最后一个数据元。

（二）MAC 的长度

MAC 的长度为 4 个字节。

（三）MAC 密钥的产生

在安全信息处理过程中用到的 MAC 过程密钥是按照规范中规定的过程密钥的产生过程产生的。MAC DEA 密钥的原始密钥用于产生 MAC 过程密钥。

（四）MAC 的计算

使用单重或三重 DEA 加密方式产生 MAC。

3.2.2.3　数据可靠性

为保证命令中明文数据的保密性，可以将数据加密。所使用的数据加密技术，应被命令发送方和当前卡中被选择的应用所了解。

（一）数据加密密钥的计算

在安全报文处理过程中用到的数据，加密过程密钥按照规范中描述的方式产生。数据加密过程密钥的产生过程是从卡中的数据加密 DEA 密钥开始的。

（二）被加密数据的结构

当命令中要求的明文数据需要加密时，它先要被格式化为以下形式的数据块：

- 明文数据的长度，不包括填充字符（LD）；
- 明文数据；
- 填充字符。

然后整个数据块使用数据加密技术进行加密。

（三）数据加密计算

数据加密技术如下所述：

第一步：用 LD 表示明文数据的长度，在明文数据前加上 LD 产生新的数据块。

第二步：将第一步中生成的数据块分解成 8 字节数据块，标号为 D1、D2、D3 和 D4 等。最后一个数据块长度有可能不足 8 位。

第三步：如果最后（或唯一）的数据块长度等于 8 字节，转入第四步；如果不足 8 字节，在右边添加十六进制数字"80"。如果长度已达 8 字节，转入第四步；否则，在其右边添加 1 字节十六进制数字"0"直到长度达到 8 字节。

第四步：每一个数据块使用数据加密方式加密。

第五步：计算结束后，所有加密后的数据块依照原顺序连接在一起（加密后的 D1、加密后的 D2 等）。并将结果数据块插入到命令数据域中。

（四）数据解密计算

卡片接收到命令之后，需要将包含在命令中的加密数据进行解密。

3.2.2.4　过程密钥的产生

MAC 和数据加密过程密钥的产生，定义了基于单长度 DEA 密钥的过程密钥和基于双长度 DEA 密钥的过程密钥。

3.3　借记/贷记应用安全体系

PBOC2.0 规范的第 7 部分《借记/贷记应用安全规范》描述了借记/贷记应用安全功能方面的要求以及为实现这些安全功能所涉及的安全机制和获准使用的加密算法，包括：IC 卡脱机数据认证方法，IC 卡和发卡行之间的通信安全，以及相关的对称及非对称密钥的管理，具体内容如下：

➢ 脱机数据认证；

➢ 应用密文和发卡行认证；

➢ 安全报文；

➢ 卡片安全；

➢ 终端安全；

➢ 对称和非对称密钥管理体系。

此外，还包括为实现这些安全功能所涉及的安全机制和获准使用的加密算法的规范。

借记/贷记应用的安全体系架构包括八个方面的内容，分别是脱机数据认证、持卡人验证、终端风险管理和行为分析、卡片风险管理和行为分析、应用密文和授权响应密文、发卡行认证、安全报文以及脱机 PIN 和联机 PIN。

这八个方面的内容分别描述如下：

1. 脱机数据认证：分为 SDA、DDA 或 CDA（fDDA）。

2. 持卡人验证：根据 CVM 列表中的顺序，进行持卡人验证（PIN、签名、身份证件等），并根据成功还是失败，执行相应的操作。

3. 终端风险管理和行为分析：包括新卡检查、限额检查等，决定脱机/联机/拒绝。

4. 卡片风险管理和行为分析：包括前次交易情况检查、频度检查、限额检查等，决定脱机/联机/拒绝。

5. 应用密文和授权响应密文：主要为保证交易类型和结果的安全。

6. 发卡行认证：对于联机进行的操作，可以进行外部认证操作，认证发卡行后台主机的合法性，然后才能进行相关的联机操作。

7. 安全报文：保证发卡行脚本指令和敏感数据的安全性。

8. 脱机 PIN 和联机 PIN：持卡人认证的一种有效方式。脱机 PIN 直接由终端通过指令脱机完成验证（暂不使用）；联机 PIN 通过终端收集上送，由后台验证。

3.3.1　脱机认证

脱机数据认证是终端采用公钥技术来验证卡片数据的方法，规范中定义了两种脱机数据认证形式：

➤ 静态数据认证（SDA）：在静态数据认证过程中，终端验证卡片上静态数据的合法性，SDA 能确认卡片上的发卡行应用数据自卡片个人化后没有被非法篡改。

➤ 动态数据认证（DDA）：在动态数据认证过程中，终端验证卡片上的静态数据以及卡片产生的交易相关信息的签名，DDA 能确认卡片上的发卡行应用数据自卡片个人化后没有被非法篡改。DDA 还能确认卡片的真实性，防止卡片的非法复制。DDA 可以是标准动态数据认证或复合动态数据认证/应用密文生成（CDA）。AIP 指明了 IC 卡支持的脱机数据认证方法。

脱机数据认证的结果影响到卡片和终端是执行脱机交易，联机授权还是拒绝交易。

3.3.1.1　密钥和证书

PBOC2.0 D/C 应用体系的 CA 由中国银联运营和维护或者委托的第三方（CFCA）进行运营。

1. 认证中心。

脱机数据认证需要一个认证中心（CA），认证中心拥有高级别安全性的加密设备并用来签发发卡行公钥证书。每一台符合 JR/T0025 的终端都应为每一个它能识别的应用保存相应的认证中心公钥。

2. 公钥、私钥对。

认证中心和发卡行必须使用指定的非对称算法产生认证中心公私钥对，发卡行公私钥对以及 IC 卡公私钥对。

a. 认证中心公私钥对。

认证中心最多会产生 6 个公私钥对，每个公私钥对都将分配一个唯一的认证中心公钥索引。认证中心公钥及其索引由收单行加载到终端，认证中心私钥由认证中心保管并保证其私密性和安全性。

终端必须有足够空间存放认证中心公钥及其对应的注册的应用提供商标识（RID）和认证中心公钥索引。终端通过 RID 和认证中心公钥索引定位认证中心公钥。

b. 发卡行公钥、私钥对。

支持 SDA 或 DDA 都需要发卡行产生发卡行公私钥对，并从认证中心获取发卡行公钥证书。发卡行将其公钥发送给认证中心，认证中心使用模长大于等于发卡行公钥模长并且公钥有效期晚于发卡行公钥有效期的认证中心私钥对其进行签名。

IC 卡必须包含发卡行公钥证书及其用来验证发卡行证书的认证中心公钥索引，发卡行私钥由发卡行保管并保证其私密性和安全性。

终端通过注册的应用提供商标识（RID）和认证中心公钥索引定位认证中心公钥，并用认证中心公钥从发卡行证书恢复发卡行公钥，然后用发卡行公钥恢复并验证卡片上的发卡行应用数据。

c. IC 卡公钥、私钥对。

支持 DDA 还要求发卡行为每张 IC 卡产生 IC 卡公私钥对，IC 卡私钥存放在 IC 卡中的安全存贮区域，IC 卡公钥由发卡行私钥签名，产生 IC 卡公钥证书并存放在卡片中。

终端通过注册的应用提供商标识（RID）和认证中心公钥索引定位认证中心公钥，并用认证中公钥从发卡行公钥证书恢复发卡行公钥，然后用发卡行公钥从 IC 卡公钥证书恢复 IC 卡公钥，并用 IC 卡公钥验证卡片的动态签名数据。

IC 卡公钥对还可被用于脱机密文 PIN 验证。

3.3.1.2　静态数据认证 SDA

SDA 的目的是确认存放在 IC 卡中的由应用文件定位器（AFL）和可选的静态数据认证标签列表所标识的，关键的静态数据的合法性，从而保证 IC 卡中的发卡行数据在个人化以后没有被非法篡改。

支持静态数据认证的 IC 卡个人化后应包含下列数据元：

1. 认证中心公钥索引。

2. 发卡行公钥证书。

3. 签名的静态应用数据。

4. 发卡行公钥的余项。

5. 发卡行公钥指数。

一张 IC 卡必须包含签名的静态应用数据，它是用发卡行私钥签名的。发卡行公钥必须以公钥证书形式存放在 IC 卡中。

如图 3-4 所示，静态数据认证主要有三个步骤，即：

（一）由终端恢复认证中心公钥

终端读取认证中心公钥索引。使用这个索引和 RID，终端必须确认并取得存放在终端的认证中心公钥的模、指数和与密钥相关的信息，以及相应的将使用的算法。

（二）由终端恢复发卡行公钥

规范本部分主要规定了使用认证中心公钥和相应的算法按照恢复函数恢复发卡行公钥证书，得到发卡行公钥。

（三）由终端验证签名的静态应用数据

在获取发卡行公钥之后，使用发卡行公钥和相应的算法，并将恢复函数应用到签名的静态应用数据上，从签名的静态应用数据恢复数据。

3.3.1.3 动态数据认证 DDA

DDA 的目的是确认存放在 IC 卡中和由 IC 卡生成的关键数据以及从终端收到的数据的合法性。DDA 除了执行同 SDA 类似的静态数据认证过程，确保 IC 卡中的发卡行数据在个人化以后没有被非法篡改，还能防止任何对这样的卡片进行伪造的可能性。

动态数据认证有以下可选的两种方式：

（一）标准的动态数据认证，这种方式在卡片行为分析前执行。在这种方式下，IC 卡根据由 IC 卡动态数据所标识的存放在 IC 卡中的或由 IC 卡生成的数据以及由动态数据认证数据对象列表所标识的从终端收到的数据生成一个数字签名；

（二）复合动态数据认证/应用密文生成，这种方式在 GENERATE AC 命令发出后执行。在交易证书或授权请求密文的情况下，IC 卡根据由 IC 卡动态数据所标识的存放在 IC 卡中的或由 IC 卡生成的数据得到一个数字签名，这些数据包括交易证书或授权请求密文，以及由卡片风险管理数据对象列表（对第一条 GENERATE AC 命令是 CDOL1，对第二条 GENERATE AC 命令是 CDOL2）标识的由终端生成的不可预知数 AIP 指明 IC 卡支持的选项。

为了支持动态数据认证，一张 IC 卡必须拥有它自己的唯一的公钥、私钥

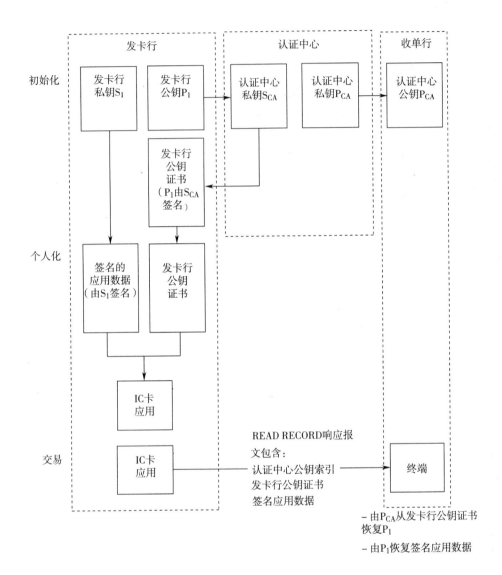

图 3-4 SDA 认证

对，公钥、私钥对由一个私有的签名密钥和相对应的公开的验证密钥组成。IC卡公钥必须存放在 IC 卡上的公钥证书中。

动态数据认证采用了一个三层的公钥证书方案。每一个 IC 卡公钥由它的发卡行认证，而认证中心认证发卡行公钥。这表明为了验证 IC 卡的签名，终端需要先通过验证两个证书来恢复和验证 IC 卡公钥，然后用这个公钥来验证 IC 卡的动态签名。

如果卡片上的静态应用数据不是唯一的（比如卡片针对国际和国内交易使用不同的 CVM），卡片必须支持多 IC 卡公钥证书，如果被签名的静态应用数据在卡片发出后可能会被修改，卡片必须支持 IC 卡公钥证书的更新。

规范中首先定义了动态数据认证所需要涉及的密钥和证书，然后按以下步骤来对动态数据认证流程进行阐述：

（一）认证中心公钥的获取

终端读取认证中心公钥索引。使用这个索引和 RID，终端能够确认并取得存放在终端的认证中心公钥的模、指数和与密钥相关的信息以及将使用的相应算法。

（二）发卡行公钥的获取

使用认证中心公钥和相应的算法按照指明的恢复函数恢复发卡行公钥证书。从发卡行公钥证书恢复数据中得到发卡行公钥。

（三）IC 卡公钥的获取

使用发卡行公钥和相应的算法将恢复函数应用到 IC 卡公钥证书上，从 IC 卡公钥证书恢复数据中获取 IC 卡公钥。

（四）动态数据认证：

动态数据认证分为标准动态数据认证和复合动态数据认证/应用密文生成两种方式。

标准动态数据认证：

获取 IC 卡公钥后，标准的动态数据认证包括两个步骤，首先进行动态签名的生成，然后进行动态签名的验证。

复合动态数据认证/应用密文生成（CDA）：

CDA 由 IC 卡动态签名的生成和终端对签名的验证组成。由于直到 CDA 签名验证时才需要公钥，公钥的恢复可以在 CDA 签名前的任何时候。

IC 卡动态签名包括复合动态数据和应用密文。

3.3.1.4　脱机数据认证形式比较

SDA 类似于磁条卡中的 CVV，使用数字签名技术来保证存放在 IC 卡上的关键静态数据没有被非法篡改，但不能防止卡片被复制，卡片无须具备 RSA 运算能力，成本较低。

DDA 使用数字签名技术对来自 IC 卡和终端的动态数据进行验证，可以有效地防止伪卡交易，安全级别高，卡片必须具备 RSA 运算能力，成本较高（见图 3－5）。

规范中将静态数据认证（SDA）和动态数据认证（DDA）进行比较（见表 3－2）。

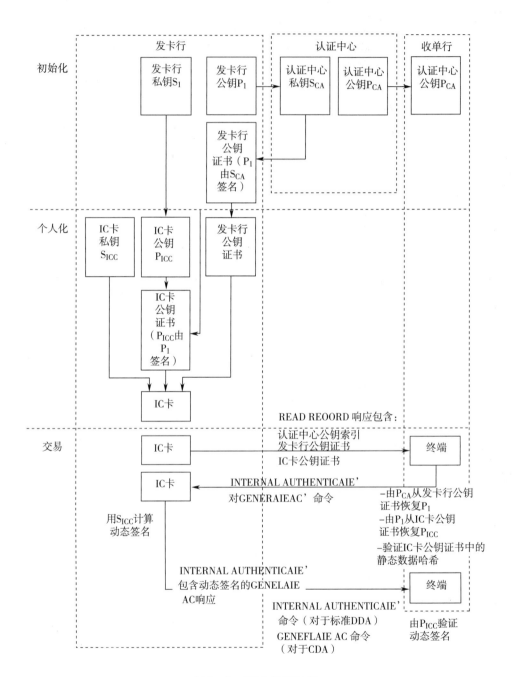

图 3-5　DDA 认证过程

表 3 – 2　　　　　　　　　　　　　SDA 和 DDA 比较

功能	SDA	DDA
确认卡片数据未被篡改	是	是
防止卡片被复制	否	是
要求卡片支持非对称加密算法	否	是
要求终端支持非对称加密算法	是	是
包含发卡行公钥证书	是	是
包含卡片公钥证书	否	是
公钥解密次数	2	3

3.3.2　联机认证

规范中定义了应用密文生成和发卡行认证需要的数据源、算法。应用密文和发卡行认证的机制要求发卡行管理使用唯一的发卡行应用密文（AC）主密钥。

3.3.2.1　应用密文生成

一个应用密文是由基于以下数据生成的报文鉴别码组成的：

➤ 引用 IC 卡的 DOL 并通过生成应用密文（GENERATE AC）命令或其他命令从终端传输到 IC 卡的数据。

➤ IC 卡内部访问的数据。

具体需包含在应用密文生成中的数据源的选择，见 JR/T 0025.5 附录 D.1。

应用密文生成的方法是以一个唯一的 16 字节的 IC 卡应用密文（AC）子密钥 MKAC 以及规范描述选择的数据作为输入，然后按以下的 2 步计算 8 字节的应用密文：

1. 第一步从 IC 卡应用密文（AC）子密钥 MKAC 和两字节的 IC 卡应用交易计数器作为输入，分散得到 16 字节的应用密文过程密钥 SKAC。

2. 第二步使用上一步分散得到的 16 字节的应用密文过程密钥对输入数据进行加密生成 8 字节的应用密文。

3.3.2.2　发卡行认证

生成 8 字节的授权响应密文 ARPC 的方法是将 16 字节的应用密文过程密钥 SKAC 按照对称加密算法对 8 字节长的由 IC 卡按应用密文产生方法生成的 ARQC 和 2 字节的授权响应码 ARC 进行加密：

1. 在 2 字节的 ARC 的后面补上 6 个 "00" 字节来获得一个 8 字节的数 X：=（ARC‖"00"‖"00"‖"00"‖"00"‖"00"‖

｜ "00"）。

2. 计算 Y：= ARQC $\oplus$ X。

3. 计算 ARPC。

基于 64 位分组加密算法获得 8 字节的 ARPC

ARPC：= ALG（SKAC）［Y］

基于 128 位分组加密算法获得 16 字节 ARPC

ARPC：= ALG（SKAC）（Y｜｜ "00" ｜｜ "00" ｜｜ "00" ｜｜ "00"｜｜ "00" ｜｜ "00｜｜ "00" ｜｜ "00"）

3.3.3　安全报文

安全报文通过报文鉴别码（MAC）来保障数据的完整性和对发卡行的认证，通过对数据域的加密来保障数据的机密性。安全报文机制要求发卡行使用唯一的 IC 卡安全报文认证（MAC）和安全报文加密主密钥。包括 IC 卡安全报文认证（MAC）和加密子密钥的分散方法。

3.3.3.1　报文格式

JR/T 0025 使用的报文格式见 JR/T 0025.5 的定义。

报文所涉及的命令的数据域没有将 BER - TLV 编码用于安全报文，使用安全报文的命令的发送者及当前被选择的应用必须知道数据域中包含的数据对象以及这些数据对象的长度。根据 ISO 7816 - 4，符合此格式的安全报文是通过将命令的类型字节的低半字节设置为 "4" 明确指定的。

3.3.3.2　报文完整性及其验证

（一）命令数据域

使用安全报文的命令的发送者以及当前被选择的应用必须知道包含在数据域中的数据元（包括 MAC）及其相应的数据长度。MAC 不是 BER - TLV 编码并且总是数据域中的最后一个数据元，并且它的长度总是 4 字节。

（二）MAC 过程密钥分散

以完整性和认证为目的的安全报文的 MAC 生成的第一步包括从 IC 卡的唯一的 16 字节安全报文认证（MAC）子密钥和 2 字节 ATC 分散得到一个唯一的 16 字节安全报文鉴别（MAC）过程密钥。

（三）MAC 的计算

要保护的报文必须按照支付系统的专有规范来构建。但总是包含了 C - AP-DU（CLA INS P1 P2）的头部以及命令数据（如果存在）。

规范中 MAC 长度为 4，在按上面描述的方法计算得到 8 个字节的结果后，取其中最左面的（最高）4 字节来得到 MAC。

3.3.3.3　报文私密性

（一）命令报文的数据域

在命令数据域中除了 MAC 以外，其他明文数据域都被加密。

(二) 加密过程密钥的分散

以私密性为目的的安全报文的加/解密的第一步包括从 IC 卡的唯一的 16 字节安全报文加密子密钥和 2 字节 ATC 分散得到一个唯一的 16 字节加密过程密钥。

(三) 加密解密

对明文/加密命令数据域的加/解密是通过使用加密过程密钥并应用对称密钥机制进行的。

4 PBOC2.0 规范难点分析

4.1 标准借记/贷记难点分析

4.1.1 部分应用选择

我们知道 SELECT 命令中 P2 等于 02 的时候，代表选同 AID 的下一个 ADF。那么，如果我们没有选"第一个"ADF，直接选"下一个"ADF 时，卡片该如何响应呢？这里规范没有规定。有的制卡商认为，如果没有选"第一个"直接选"下一个"视为选择"第一个"，有的制卡商认为如果没有选择"第一个"卡片也不知道哪个才是"下一个"，所以应不允许直接选择"下一个"；检测中心比较偏向于后者。

4.1.2 接触式借记/贷记与非接触借记/贷记

接触式借记/贷记与非接触式借记/贷记在交易流程上基本相同，但由于通信接口不同，所以在目录选择及 PDOL 选项中有所差别。具体体现在：

（一）目录选择方式不同

在目录选择方式中，按照使用目录名可分为 PSE 和 PPSE。PSE 为支付系统环境（Payment System Environment），从名为"1PAY. SYS. DDF01"的 DDF 开始。此 DDF 的相关目录文件叫支付系统目录，一般通过接触界面访问。PPSE 为近距离支付系统环境（Proximity Payment Systems Environment），支持的应用标识、应用标签和应用优先指示器的一个列表，该列表包括所有目录的入口，由卡片在 SELECT PPSE（"2PAY. SYS. DDF01"）响应的 FCI 中返回。一般通过非接触界面访问。

选择 PSE 后，卡片返回的 FCI 中包含 Tag88，该标签的值就是目录基本文件 SFI。然后终端从该文件的一号记录开始读，直到读到某条记录卡返回 6A83 后停止：

选择 PPSE，卡片返回的 FCI 中不包含 Tag88，终端也不需要去读记录。PPSE 的 FCI 中直接用 61 模板返回了各个 AID，加速交易流程。

（二）PDOL 内容不同

在接触式接口下，通过 PSE 选择进入目录，并选择了应用后，应用返回的 PDOL 中不含有终端交易属性（9F66）。

在非接触接口下，通过 PPSE 选择进入目录，并选择了应用后，应用返回的

PDOL 中含有终端交易属性（9F66）。

4.1.3　CDA/DDA/SDA 区别

SDA/DDA/CDA 是三种不同的脱机数据认证方法。SDA 是静态脱机数据认证，DDA 是动态脱机数据认证。DDA 可以是标准动态数据认证或复合动态数据认证/应用密文生成（CDA）。AIP 指明了 IC 卡支持的脱机数据认证方法。这三种认证方法的具体实现方式和原理请参考本文的 3.3 借记/贷记安全体系部分。它们的区别具体体现在三个方面：

（1）目的不同。

SDA 的目的是确认存放在 IC 卡中的由应用文件定位器（AFL）和可选的静态数据认证标签列表所标识的，关键的静态数据的合法性，从而保证 IC 卡中的发卡行数据在个人化以后没有被非法篡改。

DDA 的目的是确认存放在 IC 卡中和由 IC 卡生成的关键数据以及从终端收到的数据的合法性。DDA 除了执行同 SDA 类似的静态数据认证过程，确保 IC 卡中的发卡行数据在个人化以后没有被非法篡改，还能防止任何对这样的卡片进行伪造的可能性。

（2）是否生成动态签名。

SDA 是静态签名认证，卡片不生成动态签名。终端验证在个人化阶段写入卡片发卡行私钥签名的静态数据签名，来保证关键数据没有被篡改。

DDA 和 CDA 是动态数据认证，卡片生成动态签名。终端验证卡片生成的每次交易都由不同的动态签名来验证卡片的合法性。

（3）是否包含命令。

SDA（静态数据认证），因为不需要 IC 生成动态签名，所以不需要给卡片发命令，仅需要将静态签名和公钥从卡片读到终端，由终端完成对静态签名的验证。

DDA（标准的动态数据认证），因为需要 IC 卡生成动态签名，所以需要给卡片发内部认证命令（Internal Authcation），卡片生成 IC 卡动态签名并返回。

CDA（复合动态数据认证），因为需要 IC 卡生成动态签名，所以需要给卡片发生成应用密文命令（Generate AC），卡片生成 IC 卡动态签名并返回。

（4）执行时间不同。

SDA 和 DDA（标准的动态数据认证）在卡片行为分析前执行。

CDA（复合动态数据认证），这种方式在应用密文生成（GENERATE AC）命令发出后执行，IC 卡签名在应用密文生成（GENERATE AC）命令的响应数据中返回。

（5）IC 卡动态签名的数据的不同。

SDA 不生成动态签名数据。

DDA（标准的动态数据认证）过程，IC 卡生成动态签名的数据包括 IC 卡动态数据（一般是应用交易计数器 9F36）和终端动态数据（一般是终端不可预知数 9F37）。

CDA（复合动态数据认证）过程，IC 卡生成动态签名的数据除了包括 IC 卡动态数据（一般是应用交易计数器 9F36）和终端动态数据（一般是终端不可预知数 9F37），还包括终端根据 PDOL、CDOL1、CDOL2 发送给卡片的数据元。

4.1.4 终端行为分析

终端行为分析，就是终端根据上几个步骤中的处理限制、脱机数据认证、持卡人认证以及终端风险管理的结果（脱机处理结果），应用发卡行在卡片中和收单行在终端中设定的规则，判断当前交易走向。终端行为分析后决定的交易走向，可以是决定交易脱机批准、脱机拒绝或者联机索取授权。

终端行为分析包括两个步骤：

（一）检查脱机处理结果——终端检查 TVR 中的脱机处理结果，以决定交易是否脱机批准、脱机拒绝或者请求联机授权。本过程终端需要将 TVR 与由发卡行设定在卡片中的规则——发卡行行为代码（IAC）和收单行设定在终端中的规则——终端行为代码（TAC）进行比较。

（二）请求密文处理——终端根据第 1 步的判断结果向卡片请求相应的应用密文。

4.1.5 持卡人认证处理

持卡人验证用来确保持卡人身份的认证，确认持卡人是卡片合法的所有人，卡片不是遗失的或被盗用的。终端通过处理卡片提供的持卡人验证方法（CVM）列表，根据卡片和终端对持卡人验证方法的支持能力，执行相应的持卡人验证方法。

4.1.5.1 CVM 列表解析

CVM 列表中包括了多项持卡人认证方法，以及应用这些认证方法的规则，通过这些规则，终端可以选择其中的一个认证方法，并允许终端根据交易授权金额的大小选择不同的认证方法（见表 4 - 1）。

表 4 - 1   CVM 列表解析

CVM 列表				
字节 1~4	字节 5~8	字节 9	字节 10	字节 n
金额 X	金额 Y	CVM 代码	CVM 条件码	下一个 CVM 代码和 CVM 条件码

如表 4 - 1 所示，为一个 CVM 列表的表示，其中：

（1）金额 X 是 CVM 条件码中可能用到的第一个金额。

（2）金额 Y 是 CVM 条件码中可能用到的第二个金额。

（3）CVM 代码和 CVM 条件码作为一组 CVM 认证方法配合使用。CVM 代码表示了持卡人认证方法的种类，包括：脱机明文 PIN 验证、联机 PIN 验证、签名、无须 CVM、签名与脱机明文 PIN 验证组合和持卡人证件出示。

（4）CVM 条件码表示使用 CVM 代码所表明的持卡人认证方法的条件。

（5）字节 n 表示，下一组由 CVM 代码和 CVM 条件码组成认证方法。

CVM 处理流程：

步骤 1：选择 CVM。从 CVM 列表中的第 1 个 CVM 认证方法开始，逐个判断 CVM 执行条件是否成立。如果下面这些条件都成立，则执行该 CVM。

步骤 2：处理 CVM。如果 CVM 执行的条件满足，终端就处理该 CVM。每种 CVM 的详细处理过程见后面几条的描述。

步骤 3：CVM 成功。如果 CVM 执行成功，则持卡人验证完成并成功。

步骤 4：CVM 失败。如果 CVM 失败，则终端将检查"CVM 代码"来确认终端是认为持卡人验证失败或继续下一个 CVM 处理。如果"CVM 代码"指示"CVM 失败"，终端设置 TVR 中的"持卡人验证失败"位为"持卡人验证处理"；如果"CVM 代码"指示"应用下一个 CVM"，终端处理下一个 CVM。

步骤 5：CVM 列表处理完毕。如果终端处理到达 CVM 列表的结尾，终端设置 TVR 中持卡人验证结果相应位。

4.1.5.2　CVM 列表示例

在持卡人验证处理中，终端决定要使用的持卡人验证方法（CVM）并执行选定的持卡人验证。CVM 处理允许增加其他持卡人验证方法，例如生物识别等。如果使用脱机 PIN 方式，卡片要验证卡片内部的脱机 PIN。脱机 PIN 验证结果包括在联机授权信息中，发卡行作授权决定的时候要考虑其验证结果。

终端使用卡片中的 CVM 列表规则选择持卡人验证方式。选择原则包括交易类型（现金或消费）、交易金额、终端能力等。CVM 列表还给终端指明如果持卡人验证失败要如何处理。

CVM List 实例：

数据：8E 10 00 00 00 00 00 00 00 00 41 03 42 03 5E 03 1F 00

解析：CVM List 标签为"8E"，长度为"0x10"，值域中前 4 字节为金额 X = 00000000，第 5 至 8 字节为金额 Y = 00000000，此时金额 X 和金额 Y 都为 0，则表示不进行金额检查。其具体解析详见表 4 − 2。

表 4-2 CVM 列表解析

入口	值/含义	注释
金额 X	0	CVM 列表中不检查金额
金额 Y	0	CVM 列表中不检查金额
CVM 入口 1：41 03 = 0100 0001 0000 0011		如果终端支持则首先使用脱机密码，成功则通过，失败则应用后续方法
CVM 条件	03——如果终端支持	
CVM 类型	000010b——脱机明文 PIN 验证	
CVM 代码	1b——如果失败则应用后续方法	
CVM 入口 2：42 03 = 0100 0010 0000 0011		如果终端不支持脱机明文 PIN，执行此入口
CVM 条件	03——如果终端支持	
CVM 类型	000010b——联机加密 PIN 验证	
CVM 代码	1b——如果失败则应用后续方法	
CVM 入口 3：5E 03 = 0101 1110 0000 0011		如果终端不支持脱机明文 PIN 核对和联机密文 PIN，执行此入口 如果终端支持收集签名，执行此 CVM
CVM 条件	03——如果终端支持	
CVM 类型	011110b——签名	
CVM 代码	1b——如果失败则应用后续方法	
CVM 入口 4：1F 00 = 0001 1111 0000 0000		如果终端不支持脱机明文 PIN 核对、联机密文 PIN 和签名，执行此入口 CVM 不可能失败
CVM 条件	00——总是	
CVM 类型	011111b——无须 CVM	
CVM 代码	0b——如果失败则持卡人验证失败	

4.1.6 PUT DATA 命令限制

依据 JR/T 0025.5—2010，设置数据（PUT DATA）命令用来修改卡片中的一些基本数据对象的值。只有有标签的数据才能使用这条命令修改。此命令不能用来修改结构数据对象。使用设置数据（PUT DATA）命令能修改放在卡片内部专有文件中的如下数据：

——连续脱机交易上限（"9F59"）；

——连续脱机交易下限（"9F58"）；

——连续脱机交易限制数（国际—国家）；

——连续脱机交易限制数（国际—货币）；

——累计脱机交易金额限制数；

——累计脱机交易金额限制数（双货币）；

——累计脱机交易金额上限；

——货币转换因子。

4.1.7 密钥种类说明

在借记/贷记应用中，交易中涉及的安全密钥体系大概分两类。一类是用于脱机认证，使用非对称密钥算法；另一类是用于联机认证，使用对称密钥算法。

涉及的 IC 卡对称密钥有 UDK，MACUDK，ENCUDK。这三个密钥分别由银行交易主密钥 MDK、MAC MDK、ENC MDK 对主账户及主账号序列号进行分散得到，在个人化写卡的过程将其写入 IC 卡中；涉及 IC 卡非对称密钥的有 IC 卡私钥，它由发卡行密管系统生成，并经过加密传输写入 IC 卡中。

这些密钥用法见表 4 - 3。

表 4 - 3　　　　　　　　　　　IC 卡密钥

密钥种类	密钥用途
UDK	用于应用密文的生成和验证； 用于 ARPC 的生成和验证
MAC UDK	用于发卡行脚本命令的完整性保证
ENC UDK	用于发卡行脚本命令数据的加密
IC 卡私钥	用于在 DDA 中，IC 卡生成动态签名

4.1.8 TLV 数据元编码规则

TLV 是 Tag、Length 和 Value 的缩写，一个基本的数据元就包括上面三个域，Tag 唯一标识该数据元，Length 是 Value 域的长度，Value 就是数据本身。而在 PBOC 和 EMV 中几乎所有卡和终端之间传送的数据都是 TLV 编码。下面就具体叙述一下有关 TLV 编码的相关规则：

4.1.8.1　Tag 域编码

表 4 - 4 详细叙述了 TLV 编码 Tag 域的前 2 字节的编码规则。

表 4 - 4　　　　　　　　　　　Tag 编码规则 （一）

b8	b7	b6	b5	b4	b3	b2	b1	含义
0	0							通用 class
0	1							应用 class
1	0							特殊内容 class
1	1							私有 class
		0						原始数据对象
		1						构造数据对象
			1	1	1	1	1	看后续字节
		其他小于 31 的值						Tag 序号

依据 ISO/IEC 8825，表 4-5 详细叙述了 TLV 编码中当 Tag 序号大于 31（即比特 5 至比特 1 的值为"11111"）时 Tag 域后续字节的编码。

表 4-5   Tag 编码规则（二）

b8	b7	b6	b5	b4	b3	b2	b1	含义
1								存在其他后续字节
0								最后一个 Tag 字节
任何其他大于 0 的数值								Tag 序号的一部分

在 TLV 编码之前，中间或之后的数据中，"00"和"FF"都是没有解析意义的。

4.1.8.2 Length 域编码

当数据域的标志比特 8 值为"0"时，表示长度域只有一个字节，此时比特 7 至比特 1 的数值表示了值域的长度数值。它的范围是从 1 到 127。

当数据域的标志比特 8 值为"1"时，此时比特 7 到比特 1 的数值表示了长度域后续的字节数。后续的长度字节表示了值域的长度数值。尤其是当后续值域的数值字节数大于或等于 128 时，如仅用一个字节的长度域将无法满足需求，便需要如前所述，第一个字节的比特 8 设置为 1，比特 7 至比特 1 设置为"0000001"，第二字节为后续实际值域长度字节数，长度域便为"81X"，可以表示 128 字节至 255 字节的长度。

在实际的应用中，若值域数据字节数小于 128 但长度域仍为两个字节（例如"8104"），终端应能正确理解其含义。

4.1.8.3 Value 域编码

数据元素是 TLV 编码中的基本单元，一个数据元素是值域当中的最小单位，亦即一个 Tag。一个基本的 Tag 分为以下三部分：Tag 值（T），长度值（L），数据值（V），而一个值域可能包括一个或多个连续的 Tag。AEF 中的一条记录就是一个构造好的 TLV 编码规范。其组成如表 4-6 所示。

表 4-6   Value 域编码规则

Tag（T）	长度（L）	值域 Tag 元素	……	值域 Tag 元素

4.2 基于借记/贷记小额支付（电子现金）难点分析

4.2.1 小额支付概念对比解析

PBOC2.0 规范的第 13 部分定义了基于标准借记/贷记小额支付的相关内容。小额支付实际上是一个比较概括的概念，泛指所有交易金额比较小的交易。一般来说，小额交易是脱机完成的。PBOC2.0 规范关于脱机小额交易规定了两种应用类型，一类是基于对称密钥体系的电子钱包/电子存折；另一类是基于非对称密钥体系的基于借记/贷记的小额支付，又称电子现金，包括了基于标准借记/贷记流程的电子现金（接触接口），和基于借记/贷记简化流程的 qPBOC（非接触接口）。

在实际应用中，有时也将小额支付的概念狭义化，将电子现金的概念广义化。从这个角度讲，小额支付特指基于借记/贷记的电子现金（包括 qPBOC），等同于电子现金的概念。电子现金有时也特指基于标准借记/贷记的电子现金。

4.2.2　电子现金充值流程

当进行了若干笔脱机电子现金交易后，卡上的电子现金余额会不断减少。当减少到一定程度时（如余额小于电子现金重置阈值），脱机交易便无法进行，这时便需要通过联机给卡片进行充值（圈存）。

圈存交易包括了资金转移和卡充值交易两步：第 1 步将资金转移至电子现金账户中，第 2 步通过充值交易将电子现金账户的金额同步到卡的电子现金余额。

充值交易使用设置数据命令（PUT DATA）更新电子现金余额。联机返回的脚本命令由终端发送给电子现金卡，此时卡片须首先比较更新的电子现金余额数值和现有电子现金余额上限，若更新的电子现金余额值大于电子现金余额上限，则卡片应拒绝此脚本命令并返回"6985"，则此充值命令失败，终端记录并存储充值命令脚本结果，在下一个脚本通知命令中上送发卡行脚本结果（Tag"DF31"）至发卡行，至此发卡行知道此充值交易失败并进行相应主账户和电子现金账户金额划转；若更新的电子现金余额值小于电子现金余额上限，则卡片接受此命令并返回"9000"，则此充值成功，卡片更新卡内电子现金余额（Tag"9F79"）为新数值，终端记录并存储充值命令脚本结果并在下一个脚本通知命令中上送发卡行脚本结果至发卡行。

4.2.3　电子现金充值限制

而依据 JR/T 0025.13—2010，使用设置数据命令（PUT DATA）可以更新电子现金卡中的部分参数。发卡行主机在授权响应中以脚本形式构造并发送该命令。可以通过脚本命令更新的卡片电子现金参数有四个：电子现金余额、电子现金余额上限、电子现金单笔交易限额、电子现金重置阈值。其中电子现金余额保存了可供脱机消费的剩余总额，对于每一笔成功的电子现金交易，从中减去相应的授权金额，一旦授权金额超过了电子现金余额，则交易按照标准借记/贷记处理；电子现金余额上限表示在电子现金应用中，持卡人可脱机消费的最大累积额度，也即卡片充值所能达到的上限。

4.2.4　卡片行为分析

对于电子现金交易而言，在卡片行为分析阶段，卡片会跳过联机授权未完成检查、上次交易发卡行认证失败检查、上次联机交易发卡行脚本处理检查、新卡检查、脱机 PIN 尝试次数检查及各类频度检查，进行上次交易 SDA 失败检查和上次交易 DDA 失败检查；但需要注意的是虽然卡片跳过了这些检查，但卡片中的相应寄存器的值不应该清零。电子现金交易的结果，不应影响标准借记/贷记中各类计数器的值（当然 ATC 除外）。

4.3 非接触式小额支付（qPBOC）难点分析

4.3.1 可用脱机消费金额

可用脱机消费金额（9F5D）是卡片根据卡片附加处理指明的脱机小额选项，动态计算得出的。

卡片附加处理（标签"9F68"）要求卡片返回可用脱机消费金额，则卡要通过卡片附加处理指明的脱机小额选项（小额、小额和 CTTA、小额或 CTTA）计算可用脱机消费金额。如果没有指明任何一个选项，则卡要将可用脱机消费金额设置为零。

（一）匹配货币交易的小额检查，则电子现金余额就是总的脱机可消费额。

（二）匹配货币交易的小额和 CTTA 检查，可用脱机消费金额等于可使用的 CTTA 资金。

（三）匹配货币交易的小额或 CTTA 检查，则脱机资金应在小额或者 CTTA 中可用。

4.3.2 与通信接口有关的判断

卡片应可以判断接触或非接触界面，根据界面给出不同的 PDOL，如标准借记/贷记在不同的界面下会有不同的 PDOL。

4.3.3 卡片附件处理中的风险检查

卡片附加处理（9f68）支持三种检查：

（一）小额检查

检查交易是否能够进行脱机处理。

如果授权金额（标签"9F02"）小于或等于电子现金单笔交易限额，同时在交易的电子现金余额中有足够的脱机消费可用金额，则交易进行脱机处理。

否则（即如果授权金额大于电子现金单笔交易限额或者交易没有足够的脱机消费可用金额）：

——如果可以联机处理，则卡片请求联机处理；

——如果不能联机处理，则卡片请求拒绝。

（二）小额和 CTTA 检查

检查交易是否能够进行脱机处理。

如果授权金额（标签"9F02"）小于或等于电子现金单笔交易限额，并且交易的电子现金余额和 CTTA 可用资金都有足够的脱机资金，则交易进行脱机处理。

否则（即如果授权金额（标签"9F02"）大于电子现金单笔交易限额或者交易没有足够的可用脱机消费金额）：

——如果可以联机处理，则卡片请求联机处理；

——如果不能联机，则卡片请求拒绝。

（三）小额或 CTTA 检查

检查交易能否进行脱机处理。

如果授权金额（标签"9F02"）小于或等于单笔交易上限，并且电子现金余额或者 CTTA 中有足够的脱机资金，那么交易可以进行脱机处理。

否则（也即如果授权金额（标签"9F02"）大于电子现金单笔交易限额或者没有足够的可用脱机消费金额）：

——如果允许联机交易，那么卡片请求联机处理；

——如果不允许联机交易，那么卡片将请求拒绝。

对于该选项，可用脱机消费金额等于 CTTA 可用余额和电子现金余额的总和。

三种检查对于卡片来说，最多只能支持其中的一种，并且在个人化时写入卡片参数，卡片不能同时支持其中的两种或多种。

4.3.4　ReadRecord 命令处理

Read Record 命令属于规范中描述的命令情况 2 命令，所以需要注意的是在 IC 卡收到命令头正常处理以后必须向 TTL 返回数据和状态。IC 卡必须用状态字"6CXX"控制返回的数据。

4.3.5　IC 卡动态签名的返回

在 qPBOC 交易中，如果 IC 卡私钥长度小于等于 1024 位，应当生成动态签名并在 GPO 响应中返回；如果 IC 卡私钥长度大于 1024 位，卡片应当在 GPO 时生成动态签名并在 READ RECORD 命令中返回，因为如果 IC 卡私钥长度大于 1024 位，GPO 响应中没有足够空间返回动态签名。

4.3.6　MSD 和 qPBOC 的区别

磁条非接触式支付（Magnetic Stripe Data，MSD）与快速借记/贷记（qP-BOC）方式是 PBOC2.0 规范描述的非接触式界面的支付方式。

（一）MSD 支付

把原本应存储在磁条中的信息存到芯片里，把刷卡改为读芯片，这就是 MSD 交易。MSD 利用从芯片中得到的二磁道等价数据，通过非接触界面来实现磁条式的支付服务。MSD 方式中，卡片中的数据会被传送给终端（外置通信设备、读写器或其他终端设备），同时可以增加密文版本 17 所定义的可选的风险管理特性和动态 CVN（dCVN）。

虽然不完全符合借记/贷记规范，但 MSD 使用了借记/贷记规范定义的方法来选择应用（初始化交易处理并读取记录以获得应用数据）。MSD 交易和刷磁条卡交易实质上是相同的，都是读取信息，然后上送至发卡行。交易的时候，终端和卡片不进行任何风险管理和行为分析。

MSD 卡片要求主要包括以下内容：

——MSD 不要求借记/贷记中的所有必要数据在卡片中出现。

——MSD 路径应支持密文版本 17。

——MSD 路径应支持 6.4.5 中定义的选择指令（SELECT）。

——READ RECORD 命令或 GPO 指令被用于激发 dCVN 的处理。无论 dCVN 的计算是什么时候进行的，dCVN 的值作为二磁道等价数据的一部分，通过 READ RECORD 命令获得。

——直到对 dCVN 的迁移结束前，密文版本 17 只是 MSD 终端的一个可选项。所有的 MSD 卡片都应支持并在 qPBOC 和 MSD 终端交易属性（第 2 字节，第 8 位）中要求联机密文的时候提供密文版本 17。

——当 ATC 交易计数器达到它的最大值（65535），应永久锁定应用且密文的计算失效，对于 GPO 的建议应答是"6985"。

——Read Record 命令的实现在 JR/T 0025 的借记/贷记规范中定义，当 dCVN 选项被支持的时候，也可能被用于触发 dCVN 的计算。

——如果 MSD 终端要求联机密文（终端交易属性的第 2 字节第 8 位设为"1"），卡片生成密文，并在对 GPO 的应答中利用格式 2 返回密文。

——如果 MSD 终端没有要求联机密文（终端交易属性的第 2 字节第 8 位设为"0"），卡片对 GPO 指令，利用格式 1 返回 AFL 和 AIP。其他数据由记录返回。

——如果 MSD 终端没有要求联机密文（终端交易属性的第 2 字节的第 8 位设为"0"），二磁道等价数据应由 AFL 中指定的记录返回。这一记录可能同时包括了一磁道自定义数据和持卡人姓名。

——如果支持 dCVN，那么二磁道等价数据不应被个人化为除 iCVN 以外的任何有效的 CVN（非数字），同时二磁道等价数据被个人化时应包含 ATC 的占位符。

——如果卡片返回了一个应用密文，则不应计算 dCVN，同时不应返回含有有效 CVN 的二磁道等价数据。如果卡片个人化的时候已经包含 iCVN，应返回将 ATC 设为 9999 的 iCVN。如果卡片个人化的时候不包含 iCVN，应返回 CVN 等于

999 和 ATC 等于 9999。

——由 GPO 中的 MSD 路径返回的 AIP 的第 2 字节第 8 位应置为 "1"。

（二）qPBOC 支付

qPBOC 基于借记/贷记应用概念，使用现有的借记/贷记系统和操作规则。通过减少命令和响应次数，qPBOC 降低了终端和卡片之间的处理时间。它还提供了脱机快速小额支付特性、脱机数据认证以及使用现有密文算法（版本 01）或新的精简算法（版本 17）的联机卡片认证。qPBOC 交易是涉及风险管理的，卡片和终端都会根据交易金额来作出决定，决定该交易是否可以脱机批准，还是需要联机完成，或者直接脱机拒绝。终端还要额外地检查黑名单或者失效日期等。从这方面来讲，qPBOC 比 MSD 交易更安全。

qPBOC 卡片要求主要包括以下内容：

——收到 GPO 命令，卡片应当立即设置发卡行应用数据（标签 "9F10"）的 CVR 部分为 "03000000"。CVR 是发卡行应用数据的第 4~7 字节部分。

CVR 字节 2，位 4、3、2、1 未使用，仍保留设置为 "0"。

CVR 字节 3，位 8、4、2、1 未使用，仍保留设置为 "0"。

CVR 字节 4 未使用，所有位仍保留设置为 "0"。

——卡片应当在计算密文和动态签名之前增加 ATC 的值；

——如果卡片的可用脱机消费金额（标签 "9F5D"）被个人化为 1，则卡片应当允许读取该数据元。卡片的行为应当在个人化时指明并存储在内部卡片指示器中。

——如果授权金额为零，卡片应当请求联机处理。

——对于联机交易，卡片应当在 GPO 响应中返回联机密文，以及生成密文的数据元。

——对于脱机交易，卡片应当在 GPO 响应中返回相应的数据元。

——如果 IC 卡密钥长度小于等于 1024 位，应当生成动态签名并在 GPO 响应中返回。

——如果 IC 卡密钥长度大于 1024 位，卡片应当在 GPO 时生成动态签名并在 READ RECORD 命令中返回。

4.3.7 GPO 响应数据模板

对于卡片响应 GPO 命令规范给出了两种格式，即 80 模板、77 模板。80 模板中规定数据域中只能返回 AFL 和 AIP。77 模板中除返回 AFL 和 AIP 之外，还可以返回其他的一些数据对象。对于 qPBOC 交易，卡片对于 GPO 命令的响应中号要包括密文及相关的数据元、二磁道等价数据以及其他一些联机或拒绝交易所必备的一些数据，只有 77 模板可以满足这种要求。因此 qPBOC 交易中，卡片对于 GPO 的响应数据模板的格式只能使用 77 模板，需要特别注意。

4.3.8 交易时间限制

为了适应非接触脱机快速支付的要求，PBOC2.0 规范规定，对于 qPBOC 脱机小额交易，当 IC 卡密钥长度大于 1024 位时，交易时间应小于 500 毫秒。此处交易时间为卡片对一个交易连续处理的时间，即卡片从进入非接触磁场到移开磁场的时间。

4.4 电子钱包/电子存折应用部分难点分析

4.4.1 安全体系

电子钱包应用的安全体系建立在 DES 和 3DES 对称加密算法基础上，如何保证密钥的安全是整个安全体系的关键所在。

电子钱包应用自 20 世纪末开始推广，迄今为止已在多个城市投入具体使用，在密钥管理上，大多采用全国密钥管理总中心、二级密钥管理中心、成员银行中心三级管理体制，安全共享公共主密钥。

整个安全体系结构主要包括三类密钥：全国通用的消费/取现主密钥 GMPK，发卡银行的消费/取现主密钥 MPK 和发卡银行的其他主密钥。根据密钥的用途，需要采用不同的处理策略。

GMPK 是整个系统的根密钥，只能由全国密钥管理总中心产生和控制，并装载到下发的 PSAM 卡中；MPK 由二级密钥管理中心利用全国密钥管理总中心下发的二级机构发卡母卡产生，并通过母卡传输到成员银行；其他主密钥由成员行自行产生，并装载到母卡或硬件加密机中。

在电子钱包密钥管理体系中，存在密钥传递复杂、管理效率低下等诸多问题，而且密钥安全性评估缺失。同时，电子钱包脱机消费需要用到放置在 POS 机中的 PSAM 卡，而 POS 机布放在商户，是一个开放的环境，因此，如何对 PSAM 卡进行有效的管理，是在推广电子钱包应用过程中不能回避的问题。

4.4.2 文件系统

（1）文件类型。

电子钱包应用的文件系统是由专用文件 DF 和基本文件 EF 组成的。

基本文件分为工作基本文件和内部基本文件两大类：

● 工作基本文件包括二进制文件、变长记录文件、定长记录文件和循环记录文件。

● 内部基本文件包括电子钱包/电子存折文件、密钥文件等。

（2）文件结构。

电子钱包卡内数据的逻组织结构由专用文件 DF 的结构化分级组成，根上的

DF 称做主文件 MF，MF 与 MF 下的目录文件（DIR 文件，一个记录型文件）一起构成支付系统环境（PSE），MF 的文件名称是 1PAY. SYS. DDF01。

电子钱包应用由专用文件 DF 以及 DF 下的公共基本信息文件、持卡人基本信息文件、交易明细文件、电子钱包/电子存折文件以及密钥文件组成。

电子钱包卡片文件结构如图 4-1 所示。

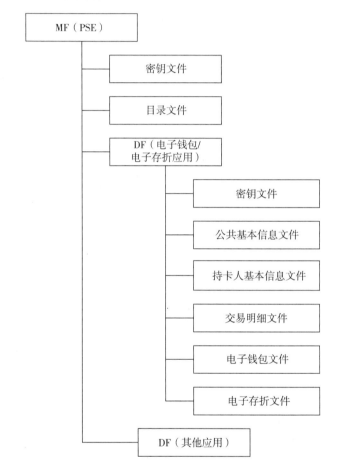

图 4-1　电子钱包卡片文件结构

（3）文件创建。

电子钱包应用的文件结构，通常在卡片个人化阶段，通过执行卡片厂商定义的 CREATE FILE 命令创建。

PBOC 规范中并未规定电子钱包应用个人化的流程和要求，因此，各家厂商的卡片个人化指令并不兼容。

4.4.3 防插拔机制

防插拔机制是指为防止卡片在交易过程中突然被拔出或终端突然掉电等突发情况时，卡片中的各种数据不会混乱，卡片余额等重要交易数据能够被保护，且不会影响下次交易进行。

卡片必须能够在交易处理中的任何情况下，甚至是在更新 EEPROM 过程中掉电的情况下，保持数据的完整性。这就需要在每次更新数据前对数据进行备份，并且在重新加电后自动地触发恢复机制。

在电子钱包电子存折应用中，终端发给 IC 卡一个命令以更新电子存折余额或电子钱包余额时，卡片总会回送一个 MAC 或/和 TAC，以证明更新已经发生。这样的情况有圈存（TAC）、圈提（MAC3）、消费/取现（TAC）和修改透支限额（TAC）。

IC 卡必须在更新余额前计算 MAC 或/和 TAC，一旦余额更新成功，必须保证可以通过 GET TRANSCTION PROVE 命令获得此 MAC 或/和 TAC。如果防拔恢复已使余额恢复到更新前的数值，那么有关的加密数据不必再保留。接到更改 ED 或 EP 余额的命令，如 DEBIT、CREDIT 命令时，这些加密数据可能被丢弃。

如果在命令已执行结束，而终端还未收到响应之前，卡片突然拔出，终端将会处于不知卡片是否更新的不定状态。这种情况下，终端应负责用 GET TRANSACTION PROVE 命令进行恢复。

如果卡片正在处理时被突然拔出，终端应提醒持卡人重新插入卡片。之后终端将检查发卡方标识和应用序列号以确认插入的卡片和前面拔出的卡片是否是同一张卡。如果是同一张卡，终端发出 GET TRANSACTION PROVE 命令。假如 MAC 或/和 TAC 返回，终端即完成交易处理，卡片将当前余额置为新的余额，更新相关交易序号加 1，组成一个记录更新交易明细。这三个修改必须同时完成；如果 MAC 或/和 TAC 无法回送，则说明 IC 卡中的余额没有被修改。卡将相应数据恢复成交易前的备份值。

在 ED/EP 应用中，需要加断电保护的命令有：
➢ 圈存交易。
➢ 圈提交易。
➢ 消费/取现交易。
➢ 修改透支限额交易。
➢ UPDATE BINARY（修改二进制）。
➢ VERIFY（校验）。
➢ PIN CHANGE/UNBLOCK（个人密码修改/解锁）。
➢ RELOAD PIN（重装个人密码）。

➤ APPLICATION BLOCK（应用锁定）。

➤ APPLICATION UNBLOCK（应用解锁）。

4.4.4　测试要点

（一）电子钱包/电子存折的测试包括：

➤ 正常交易命令及正常管理命令测试。

保证 IC 卡能够按规范要求正确执行命令。

➤ 文件测试。

数据文件中数据元以记录方式或二进制方式存储，文件结构及引用方式由文件的用途决定。包括：ED 和 EP 应用的公共应用基本数据文件测试、ED 和 EP 应用的持卡人基本数据文件测试、IC 卡交易明细文件测试（IC 卡电子存折交易明细由 IC 卡维护不允许外部对其修改；这个文件必须能够容纳至少十条消费、取款、圈存、圈提交易记录；交易明细必须允许卡对其循环修改）。

➤ 命令参数测试。

当终端发出错误的命令时，保证 IC 卡能够返回正确的返回码。

➤ 基本安全性能测试。

异常交易及管理流程测试：保证 COS 中的命令执行流程符合规范要求。

➤ 状态机测试。

在应用执行过程中，卡片总是处于以下状态之一，在一种状态下，只有某些命令能够被执行。卡片具有的状态如下：

——空闲状态。

——圈存状态。

——消费/取现状态。

——圈提状态。

——修改状态。

应用选择完成后，卡片首先进入空闲状态。当卡片从终端接收到一条命令时，它必须首先检查当前状态是否允许执行该命令。在命令执行成功后，卡片将如下表所示进入另一个状态（或同一个）。如果命令执行不成功，则卡片进入空闲状态。

➤ 防插拔测试。

卡片必须能够在交易处理中的任何情况下，甚至是在更新 EEPROM 过程中掉电的情况下，保持数据的完整性。这就需要在每次更新数据前对数据进行备份，并且在重新加电后自动地触发恢复机制。

➤ 永久锁定功能测试。

保证 COS 在应用或卡片永久锁定成功后的状态及返回状态码符合规范要求。

➤ 稳定性能测试。

保证 IC 卡能够正确执行大量交易及管理命令。

（二）一些需要注意的问题

应用临时锁定后，卡片重新上电收到 SELECT 命令后，对 SELECT 命令 IC 卡回送状态字"6283"（选择文件无效）和文件控制信息（FCI），在 T = 0 协议时，卡片 FCI 需用取响应（GET RESPONSE）命令取回。因为该 FCI 数据将用于应用解锁命令。

当应用永久锁定时执行除 GET CHALLANGE 命令和 CARD BOLCK 命令外的其他命令均返回"9303"；当选择其他未永久锁定的应用时应能成功；当应用永久锁定时执行正确的 CARD BOLCK 命令若无法成功，应能够在 MF 下成功执行卡锁定命令；当卡锁定命令执行成功后执行其他命令卡均返回"6A81"。

4.5 电子钱包/电子存折与基于借记/贷记小额支付的区别

4.5.1 技术原理上的区别

电子钱包/电子存折应用是完全独立于借贷记应用之外的一种应用，它有自己的一套标准和应用规范，包括文件结构、访问控制、应用状态、交易指令与交易流程、安全机制等。

基于借记/贷记的小额支付（即电子现金）是借记/贷记应用的一个延伸，是基于完全兼容借记/贷记应用的支付产品组件，并具有标准借记/贷记应用的高级风险管理特性。

电子钱包和电子现金在技术原理上的主要区别包括：

交易流程的区别：

■ 电子钱包应用制定了一组专用的交易流程，包括圈存、圈提、消费、取现、修改透支限额等交易。

■ 电子现金的交易流程完全遵循借记/贷记规范。

交易指令的区别：

■ 电子钱包应用定义了一组专用的交易指令，用以实现圈存、圈提、消费、取现、修改透支限额等交易。

■ 电子现金应用的指令与借记/贷记规范的指令兼容。

安全体系的区别：

■ 电子钱包采用基于对称密码算法的安全体系。

■ 电子现金采用对称密码算法、非对称密码算法以及哈希算法相结合的安全体系。

4.5.2 安全体系上的区别

电子钱包/电子存折应用大多采用基于对称密码算法的三级密钥体系，由于电子钱包/电子存折应用交易类型较多，且每类交易都需要采用专门的交易密钥，给密钥的管理、分发等带来诸多不便；在脱机消费交易过程中，用户卡必须与安装在终端里的 PSAM 卡之间进行安全认证之后，才能够让终端获得授权从用户卡进行扣款。在前期电子钱包项目具体实施中，其密钥体系暴露出很多不足，主要包括：

● 密钥有效期将至但缺少有效解决办法。人民银行在 1999 年建立电子钱包密钥体系时，为确保密钥体系的安全性，规定了 5 个密钥索引，每个密钥索引可使用 3 年（写在 PSAM 卡中，每 3 年所发的 PSAM 卡中的值不同，目前使用 4 号索引），最后一个索引将于 2013 年到期。到期后的 PSAM 卡虽然可以继续使用，但大大增加了整个密钥体系的风险，而更新密钥需要收回 PSAM 卡，发放新的 PSAM 卡，并可能导致部分用户卡无法使用。

● 密钥安全性评估的缺失。电子钱包密钥体系已存在 10 余年的时间，但一直没有形成固定的安全评估机制，缺乏对加密算法、PSAM 卡安全性、密钥更新周期等方面的安全评审，存在随技术进步而导致密钥体系安全强度降低的隐患。

● PSAM 卡管理困难。电子钱包需要 PSAM 卡（其中保存有全国消费的根密钥），并放置在 POS 机中（类似手机中插入 SIM 卡），而 POS 机布放在商户，是一个开放的环境，很难进行有效的管理。如果根密钥泄露，就可制作伪卡，此时全国都需立刻停止受理电子钱包业务，有一定的安全隐患。

● 密钥传递复杂、管理效率低下。电子钱包是上级密钥中心将密钥导入PSAM 卡中，通过传递 PSAM 卡实体（需要人员亲手交接）实现密钥的传递，传递效率较低，不利于全球推广。

● 额外增加了 PSAM 卡的采购和洗卡成本。电子钱包需 POS 机中安装PSAM 卡，每张 PSAM 卡在灌装密钥时还需支付洗卡费用，增加了受理市场建设的成本。

电子钱包应用密钥体系的这些问题，已影响到银行 IC 卡在小额支付领域的推广。

电子现金应用采用非对称密钥体系，公钥是公开的，无须 PSAM 卡；可通过互联网进行传递，提高了效率；密钥安全性定期评估；密钥更新可通过系统自动实现；已有成熟的安全评估机制，并且电子现金已有成功的试点项目，其在小额支付领域替代电子钱包的条件已完全具备。

4.5.3 业务类型上的区别

相对于电子钱包/电子存折，电子现金应用可通过电子现金重置阈值（9F6D）实现自动圈存功能，但不支持取现、圈提、修改透支限额等交易。

4.5.4 应用领域上的区别

电子钱包应用自 20 世纪末开始推广，迄今为止已十余年时间，在多个城市投入具体使用，基本是采用行业合作的模式，使用领域比较单一，传统银行卡支付领域的应用较少。

目前，基于非对称密钥体系的小额支付应用已在宁波成功试点，通过试点项目，电子现金在小额支付领域已完全具备替代电子钱包的条件。

具备了完善的小额、脱机、非接触式快速支付功能的金融 IC 卡，不仅能满足各快速支付行业的安全、快速、低成本、卫生的受理需要，而且具备跨行业、跨地区、联网通用、多领域使用、资金监管的功能，能真正方便市民的生活，实现"一卡在手，支付无忧"，也能满足政府便民、惠民的公共服务宗旨。

5　金融 IC 卡的个人化

5.1　卡片生命周期

IC 卡的生命周期包括芯片阶段、预个人化阶段、个人化阶段以及用户阶段（见图 5 - 1、图 5 - 2）。

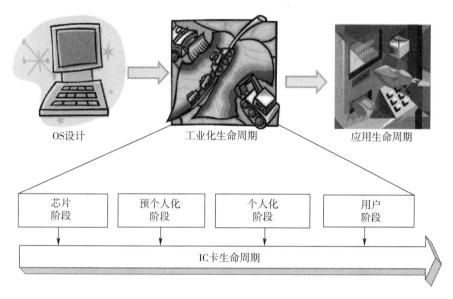

图 5 - 1　IC 卡生命周期示意图

在 IC 卡不同的生命周期阶段，都有各阶段数据处理的主要工作以及安全机制。

5.1.1　芯片阶段

在芯片阶段，一般在芯片厂商完成。芯片阶段主要的数据处理工作是以下两项工作：

1. 安装 COS：将卡片的操作系统硬掩膜到 IC 卡的 ROM 中。

2. 主密钥替换：在正确认证芯片主密钥 MK_ C 后，用卡商唯一产生的卡商主密钥 MK_ I 替换芯片主密钥 MK_ C。

5.1.2　预个人化阶段

在预个人化阶段，一般在卡商完成。预个人化阶段主要的数据处理工作是

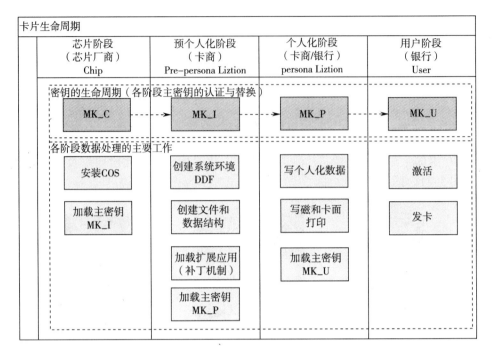

图 5 - 2 IC 卡生命周期

以下四项工作：

1. 创建系统环境，比如 MF、DDF 等。

2. 创建文件和数据结构。

3. 加载扩展应用，比如补丁机制等。

4. 主密钥替换：在正确认证卡商主密钥 MK_ I 后，用个人化阶段主密钥 MK_ P 替换发卡商主密钥 MK_ I。

5.1.3 个人化阶段

在个人化阶段，可在发卡银行完成，也可以在发卡银行指定授权的卡商处完成。个人化阶段主要的工作包括以下三项：

1. 写个人化数据到 IC 卡中。

2. 写磁和卡面打印。

3. 主密钥替换：在正确认证个人化主密钥 MK_ P 后，用用户主密钥 MK_ U 替换个人化主密钥 MK_ P。

5.1.4 用户阶段

在用户阶段，在发卡银行完成。用户阶段主要有以下两项工作：

1. 激活卡片。

2. 发卡。

5.2 通用金融 IC 卡个人化

通用金融 IC 卡个人化又分初始化、数据准备、密钥管理以及个性化数据写入。

5.2.1 预个人化

初始化又称为预个人化，是在个人化之前进行的工作，主要由以下几个部分组成：

（一）初始化设备的处理过程：初始化设备是向 IC 卡发送个人化数据的芯片读写器。对大多数使用这一通用方法的 IC 卡初始化过程来讲，这一设备必须与一个安全模块相连，以便向 IC 卡发送命令时进行数据的加解密和 MAC 校验。

（二）IC 卡的初始化处理过程：IC 卡将从初始化设备接受初始化指令和相关数据，并依照初始化指令创建相应的应用、必需的文件结构、写入一定的数据，以便为下一步的个人化作好准备。经过初始化处理后，IC 卡将被部分锁定，从而将只能接受个人化指令和应用指令，不能再次修改文件或应用结构。

5.2.2 数据准备

为了实现卡片个人化的制作，在个人化之前，需要完成一个数据准备的操作。数据准备是为了创建用于个人化 IC 卡应用的数据，便于个人化系统在对 IC 卡写入数据时按照统一的格式处理，也便于采用各种方式对数据进行安全传输。完成数据准备的个人化数据，应以一定格式存放在一个数据文件中。

个人化制卡数据可分为发卡行主密钥及其相关数据、应用密钥和证书、应用数据三大类。其中一些数据是每张卡都相同的，另一些是每张卡各有所异；一些数据可能是明文传输的，另一些数据可能在整个个人化过程中均是加密的，如密钥等。

5.2.3 个人化系统

个人化系统是覆盖从数据准备系统、密钥管理系统到卡片发行系统一整套信息处理、信息管理和卡片管理系统。涉及包括加密机、发卡机等硬件和诸多软件。

个人化设备是指向 IC 卡发送个人化数据的芯片读写器。此设备必须与一个金融安全模块相连，以便向 IC 卡发送命令时进行数据、密钥的加解密和 MAC 校验。个人化设备应该是独立的，并且与应用无关。

5.2.4 个人化流程

如图 5-4 所示，个人化流程包括了从发卡银行生成制卡数据开始，历经密钥管理、数据传输、数据处理，直至将数据安全传输至个人化车间并通过专业的写卡设备将数据写入卡中的全过程。

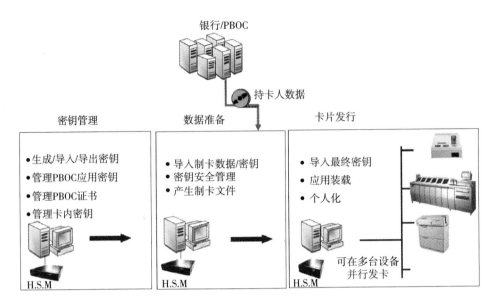

图 5－3　卡片个人化进程示意图

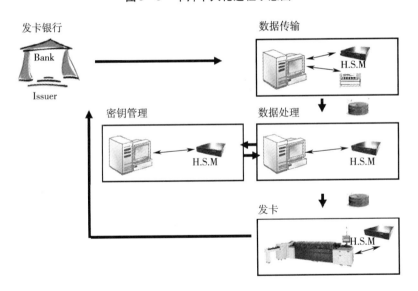

图 5－4　IC 卡个人化流程示意图

5.3　电子钱包/电子存折应用个人化

5.3.1　个人化流程

电子钱包/电子存折应用个人化流程遵循 IC 卡片通用个人化流程。

5.3.2　个人化指令

用于电子钱包/电子存折个人化的基本指令包括以下几个：

1. 创建文件（Create File）。

2. 安装数据（Install Data）。

3. 安装密钥（Install Key）。

5.3.2.1　创建文件

创建文件（Create File）命令主要是创建卡片的文件系统。在 PBOC 电子钱包、电子存折中，需要支持的文件类型有 DF（DDF、ADF）、KEY 文件、定长记录文件、变长记录文件、循环记录文件、二进制文件。

5.3.2.2　安装数据

安装数据（Install Data）命令主要用于装载 PIN 和电子钱包/电子存折文件数据。主要对以下电子钱包/电子存折应用的基本文件进行数据安装，包括：

1. 电子钱包/电子存折应用的公共应用基本文件。

2. 电子钱包/电子存折应用的持卡人基本文件。

3. 内部数据元。

5.3.2.3　安装密钥

安装密钥（Install Key）命令主要是用于装载电子钱包/电子存折应用中需要的所有密钥的信息，包括以下密钥：

1. 主控密钥：应用主控密钥。

2. 内部认证密钥：用于内部认证。

3. 外部认证密钥：用于外部认证。

4. 应用维护密钥（DAMK）：是应用维护密钥。发卡方基于应用序列号产生的一个双字节密钥。用于产生应用锁定、应用解锁、卡片锁定和更新二进制命令的 MAC。

5. 消费密钥（DPK）：消费/取现密钥。发卡方基于 ED/EP 的应用序列号产生的一个双倍长密钥。用来产生消费/取现交易中使用的过程密钥（SESPK）。

6. 圈存密钥（DLK）：圈存密钥。发卡方基于 EP/EP 的应用序列号产生的一个双倍长密钥。用来产生圈存交易中使用的过程密钥（SESLK）。

7. 圈提密钥（DULK）：圈提密钥。发卡方基于 ED 的应用序列号产生的一个双倍长密钥。用来产生圈提交易中使用的过程密钥（SESULK）。

8. 修改密钥（DUK）：更新密钥。发卡基于 ED 的应用序列号产生的一个双倍长密钥。用来产生修改透支限额交易中使用的过程密钥（SESUK）。

9. TAC 密钥（DTK）：TAC 密钥。发卡方基于 ED/EP 的应用序列号产生的一个双倍长密钥。用来产生消费、取现和圈存交易中使用的 TAC。

10. PIN 解锁密钥（DPUK）：PIN 解锁密钥。发卡方基于 ED/EP 应用序列号产生的一个双字节密钥。用于应用产生解锁 PIN 命令的 MAC。

11. PIN 重装密钥（DRPK）：重装 PIN 密钥。发卡方基于应用序列号产生的一个双字节密钥。用于产生重装 PIN 命令的 MAC。

5.4 借记/贷记应用个人化

5.4.1 个人化规范

借记/贷记应用个人化主要参照以下规范：

1. 《中国金融集成电路（IC）卡规范第 10 部分：借记/贷记应用个人化指南》。

2. 《GlobalPlatform Card Specification Version 2.2》。

5.4.2 个人化流程

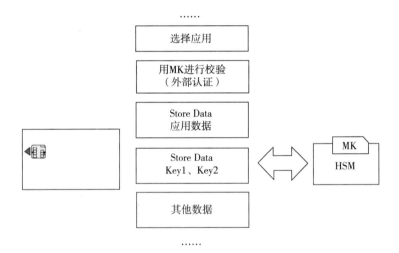

······
选择应用

用MK进行校验
（外部认证）

Store Data
应用数据

Store Data
Key1、Key2

其他数据

······

MK
HSM

图 5 - 5　借记/贷记应用个人化写卡流程

借记/贷记应用的个人化流程遵循 IC 卡片通用个人化流程，如图 5 - 5 所示。

借记/贷记应用流程较为复杂，数据元繁多，为了降低银行个人化系统复杂程度、提高个人化工作效率、加强发卡行对卡片个人化的管理以及减少发卡行对卡片生产商的依赖，人民银行制定了借记/贷记个人化指南。

借记/贷记个人化指南定义了数据准备系统和个人化设备之间的接口以及个人化设备和 IC 卡之间的接口。

借记/贷记的卡片个人化的流程包括数据准备、个人化设备安装设置和处理以及 IC 卡应用处理。每个步骤之间的接口在个人化指南中定义。

数据准备包含创建个人化数据、将个人化数据分组、创建个人化指令、创建应用所需记录的数据以及创建个人化设备的输入文件五个步骤。

创建个人化数据包括发卡行主密钥和数据（用于个人化）、应用密钥和证书（用于应用的对称和非对称密钥以及相应的证书）、应用数据（如 PAN、AIP、AFL 等）。

数据分组设计在个人化过程中占有重要作用。一个数据分组符合 TLV 数据结构，由数据分组标识 DGI（Data Grouping Identifier）、数据分组长度和数据分组的值组成。

个人化设备所使用的指令包括 SELECT、INITIALIZE UPDATE、EXTERNAL AUTHENTICATE、STORE DATA、Last STORE DATA。

在结束一个 IC 卡应用个人化处理过程时，必须为该 IC 卡应用的个人化过程创建日志。

个人化指南还提出了个人化过程中的安全要求、管理要求（包括环境、操作、管理规范等）、对安全模块（包括物理安全、逻辑安全等）的要求。

5.4.3 个人化指令

借记/贷记个人化指令如下：

1. 选择（SELECT）命令。

2. 初始化更新（INITIALIZE UPDATE）命令。

3. 外部认证（EXTERNAL AUTHENTICATE）命令。

4. 数据存储（STORE DATA）命令。

5.4.3.1 SELECT

SELECT 命令是用来选择每个 IC 卡应用程序进行个人化。在每次 IC 卡应用需要进行个人化时，个人化设备发送一次 SELECT 命令。

5.4.3.2 INITIALIZE UPDATE

INITIALIZE UPDATE 命令是在个人化设备选择应用后发给 IC 卡的第一个命令。INITIALIZE UPDATE 命令主要是用来建立用于个人化的安全通道进程。交换的数据是经过相互认证的。命令将返回 KMC 的 ID 和版本号、用于派生应用的加密密钥（KENC）、MAC 密钥（KMAC）和解密密钥（KDEK）的数据。

KEYDATA（密钥数据）是每个 IC 卡应用分区都可以访问的一个数据单元，KMCID 是 INITIALIZE UPDATE 命令响应数据的一部分，并给定位 IC 卡发行商的 KMC 提供了方便。

在做初始化的时候，IC 卡响应 INITIALIZE UPDATE 命令时返回来的序列计数器初始化为"0001"。

5.4.3.3 EXTERNAL AUTHENTICATE

外部认证命令是在 INITIALIZE UPDATE 命令之后执行的，是认证个人化设备的命令。

在每个安全通道初始后只发送一次外部认证命令。

中国金融集成电路（IC）卡规范推荐安全等级设定是在 EXTERNAL AU-THENTICATE 命令中使 P1 = "01"。EXTERNAL AUTHENTICATE 后的所有被 IC 卡应用接收的命令包含一个 C – MAC。

5.4.3.4 STORE DATA

个人化设备应将最后一个 STORE DATA 命令的 P1 参数的 b8 设置为 "1"，以便表明应用个人化的完成。随着最后一个 STORE DATA 命令的结束，应用完成个人化，并且 STORE DATA 命令会被应用屏蔽掉。

中国金融集成电路（IC）卡借记/贷记应用并不要求使用数据分组 "7FFF" 在最后一个 STORE DATA 命令中提出数据请求。

5.4.4 个人化数据分组

数据分组（DGI）的设计在个人化过程中承担着重要的作用。数据分组符合 TLV 结构，通常来说，数据分组（DGI）的标识符是 2 字节十六进制数表示，长度用一个字节表示，值域的字节不超过长度字节能表示的范围。

表 5 – 1 为从 PBOC 规范摘录的部分数据分组，可供个人化分组作参考。

表 5 – 1　　　　　　　　　　PBOC2. 0 建议的数据分组

D 标识	数据内容	特性	加密	外部访问
0101	二磁道等价数据	最小数据	否	读及更新记录
0102	二磁道等价数据（无持卡人姓名）	最小数据	否	读及更新记录
0103	持卡人证件数据	最小数据	否	读记录
0201	数据认证数据	SDA，DDA	否	读记录
0202	数据认证数据	SDA，DDA	否	读记录
0203	签名静态应用数据	SDA	否	读记录
0204	ICC 动态认证数据	DDA/PIN 编码	否	读记录
0205	ICC 动态认证数据	DDA/PIN 编码	否	读记录
02nn	重复的签名静态应用数据	SDA	否	读记录
02nn	重复的数据认证数据	DDA	否	读记录
0301	卡片风险管理数据	最小数据，CVM	否	读记录
0302	卡片风险管理数据	最小数据，SDA，CAM	否	读记录
0303	持卡人验证方式列表	CVM	否	读及更新记录
03nn	重复的卡片风险管理数据	最小数据，CVM	否	读记录
0401	终端频度检查卡片数据		否	读及更新记录
0D01	卡片内部风险管理数据	AuthC	否	输入数据输出数据
0E01	卡片私有风险管理数据	AuthC	否	无
0E02	需锁定的应用	发行人脚本	否	无
0Enn	重复的私有风险管理数据	AuthC	否	无
9200	GENERATE AC 命令响应数据	CAM	否	产生 AC

5.5　借记/贷记卡个人化难点分析

5.5.1　数据分组要求

《中国金融集成电路（IC）卡规范第 10 部分》中表 1 到表 22 规定了中国金融集成电路（IC）卡借记/贷记应用建议的数据分组。规范建议的分组并非强制性要求，但很多发卡行错误地认为，数据必须这样分组。实际上，发卡时，不论把数据如何分组，只要能通过 AFL 将规范规定的应在读记录时返回的数据返回，且终端发 Get Data 命令时能读出规范规定的应能被 Get Data 读出的数据即可。

但是，许多发卡行为了增加行内个人化系统的重用性，根据 PBOC 规范对数据分组的要求，结合行内系统，也发布了行内的"个人化分组规范"，对不同卡商可能存在的不同标准数据分组进行了统一，使得来自所有卡商的卡片的个人化分组设计保持一致。

5.5.2　数据重复出现

《中国金融集成电路（IC）卡规范第 6 部分》的 7.4.4 节有如下的规定：读数据处理中如果出现如下情况，交易将中止：

➤ 一个基本数据对象在卡片中出现超过一次。

➤ 卡片中缺少必须有的数据。

➤ 数据格式错。

➤ READ RECORD 命令返回状态字不是"9000"。

因为第 6 部分是终端规范，所以通常，制卡商或者发卡行不会去仔细阅读这本规范，也就常常会导致一个数据元重复出现。

例如《中国金融集成电路（IC）卡规范第 10 部分》有着如此建议（见表 5-2、表 5-3）。

表 5-2　　　　　　　　数据分组标识"0101"的数据内容

要求	标签	数据元	长度	加密
M	57	二磁道等价数据 a	直到 19	不适用
R	5F20	持卡人姓名	2～26	不适用
R	9F1F	一磁道自定义数据	可变	不适用
A 这个域可能在末尾加上一个十六进制字符"F"以保证整个字节。

表 5-3　　　　　　　　数据分组标识"0102"的数据内容

要求	标签	数据元	长度	加密
M	57	二磁道等价数据 a	直到 19	不适用
R	9F1F	一磁道自定义数据	可变	不适用
A 这个域可能在末尾加上一个十六进制字符"F"以保证整个字节。

在借记/贷记应用的测试中，经常能看到卡片给出的 AFL 中包括 0101 和 0102 两条记录，并且两条记录中都有 Tag57。这样的卡片如果拿到终端上做交易，那么肯定会被终止。

所以，卡片不要给出重复的数据元。如果一个数据元在 GPO 时已经返回了，那么不要试图在读记录时再次给出；如果一个数据元在前面的记录中给出了，不要试图在后面的记录中再次给出。

5.5.3 数据重复设置

符合 PBOC2.0 规范的双界面卡可能既支持标准借记/贷记交易，也支持基于借记/贷记的小额支付（包括电子现金和非接触小额支付）。因此，存在一种情况，同一张卡在不同的应用环境下，可能会面对不同的交易限制。例如当执行接触式的借记/贷记消费时，终端需提示持卡人输入 PIN，进行持卡人认证；而当执行电子现金脱机消费时，终端不会提示持卡人输入 PIN。

基于这种情况，需要在卡片在个人化时，在不同的应用分支对于同一个标签标识的数据元写入不同的值。例如持卡人认证列表（8E），在标准借记/贷记下为一个值，在电子现金应用下又是另一个不同的值。类似的需要重复设置的数据元还可能有如表 5 - 4 所示的数据。

表 5 - 4 可能需要重复设置的数据

数据元标签	含义
8E	持卡人验证列表
82	应用交互特征（AIP）
9F0D/9F0E/9F0F	发卡行行为代码（IAC）
93	签名的静态应用数据（SAD）
9F46	IC 卡公钥证书
94	应用文件定位器（AFL）

5.5.4 个人化安全控制

5.5.4.1 写卡安全控制

在 IC 卡上必须首选安装一个"个人化主密钥（KMC）"，这个主密钥用来为每个应用生成初始的个人化密钥（KENC、KMAC 和 KDEK）。这三个密钥用来建立写卡设备和卡片之间的安全通道，并对此安全通道中的个人化命令进行安全保护。

➤ 加密分散密钥（KENC）。

加密分散密钥（KENC）用来做个人化安全通道 STORE DATA 命令的数据域进行加密。

➤ 校验码分散密钥（KMAC）。

校验码分散密钥（KMAC）用来生成和校验 EXTERNAL AUTHENTICATE 以及 STORE DATA 命令使用的 C – MAC。

➤ 密钥加密分散密钥（KDEK）。

密钥加密分散密钥（KDEK）用来对 STORE DATA 命令收到的机密数据进行解密。

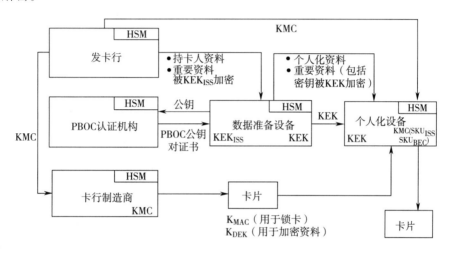

图 5 – 6　个人化数据传输保护

5.5.4.2　个人化在途数据保护

发卡行密钥交换密钥（KEKISS）：对发卡行与数据准备设备之间的脱机 PIN 及其他机密数据进行保护。

数据加密密钥/传输密钥（DEK/TK）：对数据准备设备与个人化设备之间的脱机 PIN 及其他机密数据进行保护。

MAC 密钥（校验码密钥）：用于保证在个人化数据文件中，提供给个人化设备的应用数据的完整性。

5.5.5　关键数据个人化

5.5.5.1　持卡人姓名

《中国金融集成电路（IC）卡规范第 5 部分》附录 A 中规定：

持卡人姓名（Tag5F20）为 2 ~ 26 字节

持卡人姓名扩展（Tag9F0B）为 1 ~ 19 字节，如果持卡人姓名大于 26 字节，多出的部分放在这里。

但是 EMV 规范规定是如果持卡人姓名大于 26 字节，将不使用 Tag5F20，而是将整个持卡人姓名都放入 Tag9F0B 中。

所以，有些检查严格的 EMV 终端发现一张卡片既返回了 Tag5F20 又返回了 Tag9F0B 时，将会终止交易。

所以为了兼容性，我们在发行 PBOC 借记/贷记卡时，也要求此二 Tag 仅使用一个。

5.5.5.2　AFL 的设置

AFL 的全称是 Application File Locator，翻译过来就是应用文件定位器，它指出和应用相关的数据存放位置（短文件标识符和记录号）。虽然我们把数据写入了芯片当中，但终端并不知道你把数据写到了哪里，你需要通过 AFL 告诉终端，本次交易用到的数据在哪些记录里，终端会根据卡片返回的 AFL 再去读卡片的记录。通常，AFL 是在个人化的时候，作为固定数据写入到卡片里去的。当然规范并没有说，AFL 不能由 COS/Applet 动态生成，不过动态生成 AFL 将会非常难实现。

那么，AFL 的格式又是怎样的呢？首先，AFL 必须是 4 个字节的整数倍，每 4 个字节为一组，它的含义如下：

字节 1：

位 8 - 4 = SFI 短文件标识符。

位 3 - 1 = 000。

字节 2：文件中要读的第 1 个记录的记录号（不能为 0）。

字节 3：文件中要读的最后一个记录的记录号（等于或大于字节 2）。

字节 4：从字节 2 中的记录号开始，存放认证用静态数据记录的个数（值从 0 到字节 3 - 字节 2 + 1 的值）。

上述是规范中的原话，看起来比较费解，下面我们来举例解释：

AFL 示例：08　01　03　00　10　03　03　01　18　02　05　03。

这个 AFL 长度为 12 字节，所以它包含三个入口。

我们先来看第一个入口 08 01 03 00。

08 表示读 SFI 为 01 的文件。

01 03 表示从 1 号记录开始读，读完第 3 号记录后结束，也就是一共读了 01、02、03 三条记录。

00 表示这三条记录里没有记录是用于脱机数据认证的。

再看第二个入口 10 03 03 01。

10 表示读 SFI 为 02 的文件。

03 03 表示从 3 号记录开始读，读完第 3 号记录后结束，也就是一共读了 03 这条记录。

01 表示该文件的 03 这条记录是用于脱机数据认证的。

再看第三个入口 18 02 05 03。

18 表示读 SFI 为 03 的文件。

02 05 表示从 2 号记录开始读，读完第 5 号记录后结束，也就是一共读了 02、03、04、05 四条记录。

03 表示从 2 号记录开始，有连续的 3 条记录用于脱机数据认证，即该文件的 02、03、04 这三条记录用于脱机数据认证。

5.5.5.3 5F34 问题

在数据分组要求中我们介绍过，一个基本数据对象在卡片中出现超过一次将导致交易终止。

当我们在计算签名时如果使用 5F34 作为数据源的一部分，这将导致卡片不得不在终端读记录时返回 5F34，同时规范又规定 5F34 应当在 GPO 响应中返回，造成 5F34 在同一交易中出现超过一次的现象，从而导致交易终止。

5.5.5.4 应用失效日期存放

qPBOC 个人化时，应用失效日期不应存放在 AFL 指明的让终端读取的最后一条记录中。这么做的目的是为了使过期的卡片被终端终止交易时，激发卡片内部的防拔机制，使得卡片中的电子现金可用余额恢复到交易前的状态，即不会导致卡内金额的修改。

在 qPBOC 流程时，《中国金融集成电路（IC）卡规范第 12 部分》第 7.7.20 节规定，终端在每读一条记录之后，都要判断该记录中是否存在应用失效日期（Tag5F24）。如果存在，那么终端要立即判断当前日期是否大于该失效日期。如果大于，那么终端会终止交易，不去读后续的记录。同时该规范还规定，卡片在最后一条读记录响应之前，才会把防拔保护位置为"零"，也就是说，如果终端没有读完记录，卡片会恢复内部的一些计数器、金额值到最近一笔成功交易之后的状态。

6 借记/贷记应用个人化模板

相对于磁条卡业务，PBOC 规范定义的金融 IC 卡应用新增了众多数据元（例如应用交互特征、应用优先指示器等），以方便发卡行能够根据业务发展的需要，灵活地定义和修改 IC 卡参数。由于新增的数据元组合形式复杂多样、为便于发卡行理解和使用相关的数据集，中国银联编写了《中国银联借贷记应用个人化模板》，对最为常见的 IC 卡产品或卡产品组合，提供了一套个人化参数模板供发卡行参考，以确保卡片个人化后符合 PBOC 规范要求，并与终端能协同工作。每一个模板都定义了一类产品实现所需的最小数据集和参考的数据对象值，此外，由于部分数据对象的使用受到了所使用的卡片类型或者发卡行特殊要求的限制并未在模板中列出，其值需根据发卡行要求和卡片类型而定。发卡行可以在卡片个人化工作过程中直接引用该模板，也可根据自身业务需要对其中的数据对象和数据值进行调整。

本章介绍模板间的区别，发卡行如何根据需要选择模板。模板里哪些数据必须与模板相同，哪些数据要自定义。

6.1 个人化模板定义

借记/贷记应用个人化模板，是根据《中国金融集成电路（IC）卡规范》借记/贷记应用，以 EMV 为基础，给出的关于 PBOC 数据对象的推荐取值的卡片个人化参数模板，用于确保卡片个人化后能与终端之间协同工作，帮助商业银行为卡片参数选择正确的值；提供一套能作为商业银行 IC 卡个人化指导的参考模板；确保商业银行的产品符合 EMV 和 PBOC 规范。

- 关于 PBOC 数据对象推荐取值的模板；
- 该模板规定了最小数据集；
- 数据取值来自于最佳实践；
- 数据取值来自于发卡机构的设置。

6.2 个人化模板概述

金融 IC 卡的制卡数据包括了 PBOC 模板数据、磁条数据、密钥及证书数据等。其中，对于 PBOC 模板数据的取值，个人化模板作出了推荐值。

个人化模板为发卡机构在发卡时，对卡产品的设计提供了一定的参考。本模板来自于银行卡的最佳实践，考虑到了从业务扩展到安全控制，再到风险管理的方方面面。为银行发行 IC 卡提供了一个必要的基础。

个人化模板包括了 12 个模板，即单一模板 1 ~ 7，复合模板 11 ~ 15。根据卡片的种类和业务种类，这 12 个模板可划分为单一模板和复合模板。单一模板基于接触式 IC 卡，包括借记卡模板、贷记卡模板和准贷记卡模板。复合模板基于双界面卡，包括"借记 + 电子现金 + 非接触 IC 卡支付模板"、"贷记 + 电子现金 + 非接触 IC 卡支付模板"、"准贷记 + 电子现金 + 非接触 IC 卡支付模板"、"纯电子现金 + 非接触 IC 卡支付模板"。

发卡行发行 IC 卡时，可根据卡片种类及业务模式自由选择模板作为 PBOC 模板数据的参考值，也可以根据发卡策略，对模板中的某些参数进行调整，以满足实际需要。

6.3　个人化模板数据

个人化模板数据根据数据的性质分为三类：发卡行相关数据、卡片相关数据、发卡行自定数据。

● 发卡行相关数据是指发卡行有特殊要求的数据，如应用首选名称、发卡行代码表索引等。这些数据由发卡行根据自身实际情况定义。

● 卡片相关数据是指与卡片类型相关的数据。如文件定位器（AFL）和系统支付目录（PSE）。系统支付目录作为可选项，有的卡片支持，有的卡片不支持；而文件定位器则是由于不同卡商的卡片，其文件结构即记录数据的存储位置不定，所以其值也不尽相同。

卡片相关的数据由卡商自定。

● 发卡行自定数据是指发卡行可根据本行的发卡策略，卡片的受理范围，发卡对象、风险管理策略等多种因素，而自行选择和设定值的数据对象。这类数据在个人化模板中占大多数。这类数据的例子如持卡人验证方法列表、发卡行行为代码以及频度控制参数等。

按照 PBOC 规范，所有这些数据均有唯一的标签进行标示，数据结构符合 TLV 结构。如表 6 - 1 所示。

表 6 - 1   **TLV 数据结构示例**

Tag	长度	数值	含义
8E	14	0000 0000 0000 0000 4203 0103 1F00	持卡人验证方法列表
9F52	2	FF00	应用缺省行为

6.4　个人化模板分析

《中国银联借记贷记应用个人化模板（Q/CUP 024.1—2011）》所列 12 个模

板，包括了单一模板和复合模板。单一模板主要是针对接触式 IC 卡的单一金融应用，包括了借记卡模板（模板 1 和模板 2）、贷记卡模板（模板 3 到模板 6）、准贷记卡模板（模板 7）。复合模板主要是针对双界面 IC 卡应用，它整合了借记/贷记应用、电子现金应用和非接触 IC 卡支付应用，根据应用的不同的组合方式，包括了纯电子现金应用模板（模板 11）、借记复合模板（模板 12）、贷记复合模板（模板 13 和模板 14）、准贷记复合模板（模板 15）。

对于持卡人认证方法而言，不论是单一模板还是复合模板，借记卡应用应至少支持联机 PIN，贷记卡、准贷记卡应至少支持签名。借记、贷记应用均推荐支持脱机 PIN。

6.4.1 借记卡模板

1. 借记卡模板概述。

我们可以看到，《中国银联借记贷记应用个人化模板（Q/CUP 024.1—2011)》里面规定的 12 套模板中，有 4 套是关于借记卡的，它们分别是：

模板 1——借记卡—SDA，联机 PIN，发卡行认证，授权控制。

模板 2——借记卡—DDA，联机 PIN，发卡行认证，授权控制。

模板 11——预付卡—DDA。

电子现金——无须 CVM。

非接触式 IC 卡支付—fDDA，应用密文版本 17，小额检查。

模板 12——标准 PBOC—借记卡—DDA，联机 PIN，发卡行认证，授权控制。

电子现金——脱机 PIN + 签名。

非接触式 IC 卡支付—fDDA，应用密文版本 01，小额检查。

那么发卡行该如何选用呢？

如果发卡行仅需要标准借记/贷记应用，那么仅需要考虑模板 1 和模板 2；如果发卡行还需要电子现金和 qPBOC 的功能，那么仅需要考虑模板 11 和模板 12。

2. 仅接触式借记卡模板（模板 1 和模板 2）之间的区别。

模板 1 和模板 2 的区别，仅有一点，就是模板 1 仅支持 SDA，而模板 2 支持 SDA 和 DDA。SDA 仅能保证卡片发出以来，芯片中的重要数据（注意，不是全部数据）未被非法修改，其他未用于签名的数据仍然是可以被修改的，而且卡片还可以被复制，SDA 是查不出来复制卡的。DDA 不仅有 SDA 的全部功能，还能保证卡片不被复制。每张借贷记 IC 卡都有一个用于计算动态签名数据的卡片私钥，这个私钥由硬件和软件共同保证它无法被读出，所以复制卡虽然能复制出其他数据，但这个私钥是复制不了的，所以复制卡计算出的动态签名数据无法通过终端的验证，即终端会判 DDA 失败的，这就是 DDA 能防止卡片被复制的原理。

因为模板 2 比模板 1 多出了 DDA 功能，所以模板 2 的 IAC 联机值和 IAC 缺省值比模板 1 的此二值多出了 Byte1 Bit4 DDA Failed = 1，这位置 1 的意思就是说，如果 DDA 失败，那么交易尝试联机完成；如果终端不能联机，那么脱机拒绝交易。

3. 双界面借记卡模板（模板 11 和模板 12）之间的区别。

模板 11 和模板 12 在标准借记/贷记方面是一样的，基本没有区别。在电子现金方面，二者仅在 CVM 列表上有区别。

模板 11 的电子现金 CVM 列表仅有一个入口，为 1F03，其含义是"如果终端支持，那么无须 CVM"。也就是说，如果终端不支持无须 CVM，那么 CVM 将会失败，而电子现金的 IAC 拒绝值中 Byte3 Bit8 持卡人认证失败为 1，也就是说，当该卡片在不支持无须 CVM 的终端上执行电子现金交易时，会被直接脱机拒绝。

模板 12 的电子现金 CVM 列表仅有两个入口，为 0303 和 1F00。我们先来看第一个入口，其含义是"如果终端支持，那么执行脱机明文 PIN 和纸上签名。如果 CVM 脱机明文 PIN 和纸上签名执行失败，那么持卡人认证失败"。持卡人故意不输入 PIN，或者 PIN 被锁定，或者持卡人输 PIN 错误到达重试次数上限，都会被终端视为执行脱机明文 PIN 失败，而电子现金的 IAC 拒绝值中 Byte3 Bit8 持卡人认证失败等于 1，也就是说，上述情况发生时，电子现金交易会被脱机拒绝。我们再来看第二个入口，当终端不支持脱机明文 PIN 或纸上签名的时候，就会进入第二个入口，其含义是"总是执行无须 CVM"，如果终端也不支持无须 CVM，那么持卡人认证失败，交易同样会被脱机拒绝。

模板 11 和模板 12，在 qPBOC 上，有两个主要的区别。其一，是模板 11 支持密文版本 17，模板 12 支持密文版本 01。其二，是它们的卡片附加处理（Tag9F68）不同，模板 11 的卡片附加处理为 81400000，其含义是"支持小额检查"、"返回脱机消费可用额度"、"不允许货币不匹配的交易"。其中"小额检查"简单地说，就是卡片电子现金余额的值，就是卡片脱机消费可用额度的值，而不允许货币不匹配的交易，这在第 5 章中会讲到。

模板 12 的卡片附加处理为 9940F000，它除了支持模板 11 的那三个特性之外，还包括"支持新卡检查"、"支持 PIN 重试次数超过检查"、"匹配货币的交易支持联机 PIN"、"不匹配货币的交易支持联机 PIN"、"对于不匹配货币交易，卡请求 CVM"、"支持签名"。

我们可以看出，模板 12 比模板 11 多出的六个特性中，有四个特性是关于持卡人验证（CVM）的。那么下面我们就来讨论一下这两个模板在持卡人验证上的区别。

我们都知道，每笔交易都会有授权金额，当终端操作员输入完授权金额之后，终端就会判断该金额是否大于等于终端 CVM 限额，如果该金额大于等于终端 CVM 限额，终端就会请求持卡人验证。这时候模板 11 的卡片会发现自己不支持任何持卡人验证，就会在 GPO 响应时返回错误码使得交易终止。而模板 12 既支持联机 PIN，又支持签名。所以卡片会通过卡片交易属性（Tag9F6C）把自己支持的 CVM 方法告诉终端，最终终端选择卡片和终端都支持的 CVM 方法执行，如果卡片和终端均支持联机 PIN 和签名，那么终端会优先选择联机 PIN。

同样的，相对于终端会请求持卡人验证来说，卡片也会请求持卡人验证。那么，什么时候卡片会请求持卡人验证呢？在解释这个问题之前，我们要引入一个货币匹配的概念。终端里存有一个交易货币码（例如人民币，港元，美元），卡片里也存有一个应用货币码（例如人民币，港元，美元），当卡片收到终端通过 GPO 命令传来的交易货币码时，卡片也会判断该交易货币码是否与自身的应用货币码一致。如果一致，我们则称之为货币匹配，否则我们称之为货币不匹配。当货币匹配的时候，如果授权金额大于卡片的 CVM 上限，这时候卡片就会根据终端和卡片自身的支持情况，选择请求联机 PIN 或签名。当货币不匹配的时候，这里暂不讨论卡片是否允许货币不匹配的交易的情况，仅讨论 CVM，那么卡片也会根据终端和卡片自身的支持情况，选择请求联机 PIN 或签名。这就是卡片附加处理中"匹配货币的交易支持联机 PIN"、"不匹配货币的交易支持联机 PIN"、"对于不匹配货币交易，卡请求 CVM"、"支持签名"这几位的作用。

6.4.2　贷记卡模板

1. 贷记卡模板概述。

我们可以看到，《中国银联借记贷记应用个人化模板（Q/CUP 024.1—2011）》里面规定的 12 套模板中，有 6 套是关于贷记卡的，它们分别是：

模板 3——贷记卡—DDA，联机 PIN，发卡行认证，授权控制。

模板 4——贷记卡—DDA，签名，发卡行认证，授权控制。

模板 5——贷记卡—DDA，脱机 PIN + 签名，授权控制。

模板 6——贷记卡—CDA，脱机 PIN + 签名，授权控制。

模板 13——标准 PBOC—贷记卡—DDA，联机 PIN，发卡行认证，授权控制。

电子现金——脱机 PIN + 签名。

非接触式 IC 卡支付——fDDA，应用密文版本 01，小额检查。

模板 12——标准 PBOC—贷记卡—DDA，签名，发卡行认证，授权控制。

电子现金——签名。

非接触式 IC 卡支付——fDDA，应用密文版本 17，小额检查。

那么发卡行该如何选用呢？

如果发卡行仅需要标准借记/贷记应用，那么仅需要考虑模板 3、模板 4、模板 5 和模板 6；如果发卡行还需要电子现金和 qPBOC 的功能，那么仅需要考虑模板 13 和模板 14。

2. 仅接触式贷记卡模板之间的区别。

我们先来看仅接触式的这几个模板的持卡人认证上的区别。

模板 3 的 CVM 列表是 0203 1F00，其含义是"如果终端支持，执行联机 PIN。否则总是执行无须 CVM"。

模板 4 的 CVM 列表是 1E03 0203 1F00。比模板 3 多了一个入口"如果终端支持，执行纸上签名"。

模板 5 和模板 6 的 CVM 列表相同，均为 4303 0203 1F00。比模板 3 多了一个入口"如果终端支持，执行脱机 PIN 和纸上签名，如果执行失败，继续执行后续的 CVM 方法"。

这里要注意的是，注意看每个入口的 Byte1 Bit7。如果为零的话，只要该 CVM 方法执行失败了，那么终端就会直接判 CVM 失败。

我们再来看看仅接触式的这几个模板的发卡行行为代码（IAC）上的区别。

首先，Byte3 Bit8 Cardholder verification not successful 这一位，对于模板 3、模板 5、模板 6 来说，均在 IAC 拒绝中置为 1，也就是说，如果持卡人认证失败，终端会直接脱机拒绝交易。对于模板 4 来说，这位在 IAC 拒绝、IAC 联机和 IAC 缺省中均没有置位，也就是说，如果持卡人认证失败，交易还是有可能被脱机批准的。

其次，Byte3 Bit4 PIN entry required，PIN pad present，but PIN was not entered 和 Byte3 Bit5 PIN entry required and PIN pad not present or not working，这两个比特位，在模板 3 中在 IAC 拒绝里置位，在模板 4 中未在任何 IAC 中置位，在模板 5 和模板 6 中在 IAC 联机和 IAC 缺省中置位。这就是说，任何原因导致的 PIN 未输入（包括但不仅限于持卡人故意未输入，或 PIN 输入设备故障两种情况），在不考虑其他所有的设置的情况下（特别是 CVM 列表的设置），模板 3 将会直接脱机拒绝，模板 4 有可能脱机批准，模板 5 和模板 6 将有可能联机完成。

我们然后看看仅接触式的这几个模板的其他细微的区别。

模板 3、模板 4、模板 5 支持 SDA 和 DDA，而模板 6 支持 SDA、DDA 和 CDA。在讨论借记卡的时候，我们说到 DDA 能够防止复制卡。那么 CDA 比 DDA 还要复杂，还要安全，同时也会略微影响交易的速度。模板 6 中的 IAC 拒绝值中的 Byte1 Bit3 CDA Failed 被置位，也就是说如果终端在第一次 GAC 请求了 CDA，但是 CDA 失败的话，交易将会被直接脱机拒绝。

模板 3 和模板 4 的应用缺省行为是 C000，其含义是"如果发卡行认证失败，下次交易联机"和"如果发卡行认证执行但失败，交易拒绝"。

模板 5 和模板 6 的应用缺省行为是 C040，多出的那一位的意思是"如果 PIN 在前次交易中锁定，交易拒绝"。

3. 双界面贷记卡模板之间的区别。

讨论完了仅接触式的四个模板，我们再来看看另外两个模板，它们不仅仅支持接触式借贷记，还支持电子现金和 qPBOC。

标准借记/贷记时：

模板 13 与模板 3 基本相同。模板 14 与模板 4 基本相同。上文已经分析完毕，这里不再赘述。

电子现金时：

模板 13 的电子现金 CVM 列表与模板 12 的电子现金 CVM 列表相同，模板 14 没有定义电子现金的 CVM 列表。

qPBOC 时：

模板 13 用的是密文版本 01。其卡片附加处理值为 9940F000，同模板 12。模板 14 用的是密文版本 17。其卡片附加处理值为 91403000。模板 14 的卡片附加处理，比模板 13 少，注意，这里是少"支持 PIN 重试次数超过检查"、"匹配货币的交易支持联机 PIN"、"不匹配货币的交易支持联机 PIN"。如此设计的目的是为了使模板 14 尽可能不涉及 PIN 的输入，加快交易速度。

6.4.3　准贷记卡模板

《中国银联借记贷记应用个人化模板（Q/CUP 024.1—2011）》里面规定的 12 套模板中，仅有一套是关于准贷记卡的，它是：

模板 7——准贷记卡—DDA，联机 PIN，发卡行认证，授权控制。

准贷记卡是借记卡和贷记卡结合的产物，是适应国内个人信用体系发展初期的需要而衍生出来的一种产品。它拥有借记卡存款有息的优点，同时又具有贷记卡可透支的便利，但其透支不具有免息还款期且额度较小。所以，目前准贷记卡的使用，也越来越少。

模板 7 的数据和模板 3 的数据基本一致。

6.4.4　复合模板

复合模板是在单一模板的基础上，借助双界面 IC 卡非接触接口的特性，扩充了小额支付应用。根据借记/贷记、电子现金、非接触 IC 卡支付的不同组合方式。

《中国银联借记贷记应用个人化模板（Q/CUP 024.1—2011）》里面规定的 12 套模板中，有 5 套模板是复合模板，它们分别是：

模板 11——预付卡—DDA。

电子现金——无须 CVM。

非接触式 IC 卡支付——fDDA，应用密文版本 17，小额检查。

模板 12——标准 PBOC—借记卡—DDA，联机 PIN，发卡行认证，授权控制。

电子现金——脱机 PIN + 签名。

非接触式 IC 卡支付——fDDA，应用密文版本 01，小额检查。

模板 13——标准 PBOC—贷记卡—DDA，联机 PIN，发卡行认证，授权控制。

电子现金—脱机 PIN + 签名。

非接触式 IC 卡支付——fDDA，应用密文版本 01，小额检查。

模板 14——标准 PBOC—贷记卡—DDA，签名，发卡行认证，授权控制。

电子现金——签名。

非接触式 IC 卡支付——fDDA，应用密文版本 17，小额检查。

模板 15——标准 PBOC—准贷记卡—DDA，联机 PIN，发卡行认证，授权控制。

电子现金——签名。

非接触式 IC 卡支付——fDDA，应用密文版本 17，小额检查。

6.5　个人化模板选择标准

发卡行可根据卡片类型、业务类型、安全控制以及风险控制等多种因素，选择个人化模板使用。

图 6 -1　个人化模板的选择流程图

如某银行准备发行双界面的金融 IC 卡，选择模板的过程如图 6 - 2 所示。

首先，确定其卡片类型为双界面卡，则从模板 11 ~ 15 中选择。

其次，确定发行卡片的类型，是借记卡还是贷记卡；如是贷记卡则从模板

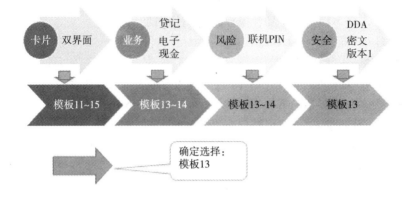

图6-2 个人化模板选择过程示例

13~14中选择。

再次，确定发行卡片所支持的持卡人认证方式；如支持联机PIN则从模板13~14中选择。

最后，确定发行卡片所支持的密文版本。如是密文版本1，则确定使用模板13。

6.6 个人化模板注意事项

6.6.1 CVM列表

在借记/贷记应用的个人化模板中，推荐的CVM列表的值已覆盖大部分借记卡和贷记卡的基本业务规则以及持卡人的使用习惯。但由于各发卡行的风险策略和卡片的面向群体不尽相同，因此发卡行在发卡时，可根据实际情况对CVM列表进行调整，以满足特定的需要。

6.6.2 静态签名数据

如卡片支持非接触快速支付应用（qPBOC），则在qPBOC的签名的静态应用数据中不应该包括应用主账号序列号（5F34）。

原因：如果5F34被包括在签名的静态应用数据中，则该数据可能会在交易中被终端重复读取，导致交易异常。

6.6.3 qPBOC的AFL

如卡片支持非接触快速支付应用（qPBOC），则推荐将电子现金授权码（9F74）作为qPBOC应用AFL列表中的最后一条记录，且最后一条记录仅包含该数据元。

原因：在某些情况下，卡片在送出所有记录后，终端仍有可能由于未完整接收最后一条记录而使脱机数据认证失败。将一条短记录作为AFL列表的最后一条记录，可降低终端在读取最后一条记录时因数据过长而未完整读取的概率。

6.6.4　卡片有效期

卡背面磁条信息中的失效日期、芯片内首要借记/贷记应用的应用失效日期和二磁道等效数据中的失效日期应保持一致。

同时，如果卡片正面印制了有效期，则卡片正面的有效期也应与芯片内首要借记/贷记应用的应用失效日期保持一致。

发卡机构应保证认证中心公钥的有效期长于印制在卡片表面的有效期。

6.7　模板关键预设值推荐

发卡行在使用这些模板发卡的时候，这些值是必须和模板规定的值一样的，或者是强烈建议使用模板预设值的。如果发卡行确实有需求需要自定义这些值也未尝不可，但这就失去了使用模板的意义，同时如果这些值设置不当，也可能造成卡片的功能与业务需求不符合，或者造成一定的金融风险。所以，我们强烈建议您将这些值设置成模板的预设值。

1. 应用标识符——AID。

借记卡的 AID 是 A0 00 00 03 33 01 01 01

贷记卡的 AID 是 A0 00 00 03 33 01 01 02

准贷记卡的 AID 是 A0 00 00 03 33 01 01 03

纯电子现金卡的 AID 是 A0 00 00 03 33 01 01 06

其中前面五个字节确定 PBOC 注册应用提供商（所有的 PBOC 卡片都一样），后三个字节表明具体的应用。符合 PBOC2.0 标准的借贷记终端内会根据每个 AID 设置一套风险管理的参数，控制了交易的脱机批准，联机完成或脱机拒绝。如果发卡行将贷记卡的 AID 的设置为 A0 00 00 03 33 01 01 01，那么终端将按照借记卡的风险管理参数来对待这张卡的交易，这将失去了贷记卡实际的意义。如果发卡行将 AID 设置成了这四个值之外的其他值，那么终端很有可能不识别这个 AID，判断出自身与卡片无共同支持的应用，而终止交易。所以，AID 是不可以自定义的，必须按照规定设置。

2. 发卡行行为码——IAC。

发卡行行为码规定了什么样的交易应该如何完成。例如：如果当前日期晚于应用失效日期，那么交易脱机拒绝；如果连续脱机交易次数超过下限，那么交易联机完成；如果要求输入 PIN 但持卡人未输入 PIN，那么交易脱机拒绝等。

如果发卡行行为码设置不当，很有可能造成交易上的风险。例如：如果 DDA 失败位既未在 IAC 拒绝中被设置，也未在 IAC 联机、IAC 缺省中被设置，那么 DDA 失败的卡片，还是有可能会被终端脱机批准交易的，也就是说基于该卡片制造的伪卡的交易有可能会被终端脱机批准。

所以，如果没有特别强烈的意愿，我们强烈推荐发卡行使用银联模板预设好的发卡行行为码。

3. 应用交互特征——AIP。

应用交互特征规定了卡片支持什么样的脱机数据验证，是 SDA 还是 DDA 还是 CDA，规定了卡片是否支持发卡行认证等。这对于交易的安全也是非常重要的。通常，卡片中的静态数据认证标签列表（Tag9F4A）是存在的，且它的值一定是 82，这表示应用交互特征作为用于脱机数据认证的静态数据。如果不这么做，那么犯罪分子就可以通过修改 AIP，降低脱机数据认证级别，制造伪卡欺骗终端来进行金融诈骗。

所以，如果没有特别强烈的意愿，我们强烈推荐发卡行使用银联模板预设好的应用交互特征。

4. 持卡人认证方法列表——CVM List。

持卡人认证方法规定了卡片在什么情况下需要执行什么样的持卡人认证。例如：如果终端支持，那么要求持卡人输入密码，或者打印纸质凭条供持卡人签名。虽然每个模板都有预设好的持卡人认证方法列表，但毕竟每个发卡行的后台是不一样的，业务需求也不一样，所以持卡人认证方法列表是可以自定义的。

但这里要特别注意的是，持卡人认证失败的判定。例如，某银行发行某种信用卡，该信用卡允许持卡人不输入密码即可消费。于是该银行小心翼翼地将 IAC 拒绝中有关绕过 PIN 输入的位都置为了 0，并将 IAC 联机中的这些位都置为了 1。原以为这样的设置，会使得 PIN 未输入的交易全部联机完成。但该卡片的 CVM List 是这样设置的 0203 1F00，其中 0203 的意思是"如果终端支持联机 PIN，那么要求持卡人输入联机 PIN，如果持卡人未输入联机 PIN，那么持卡人认证失败"而该卡片的 IAC 拒绝中的持卡人认证失败位恰恰被置位。所以由于 CVM List 设置不当，导致终端判定持卡人认证失败，未输入 PIN 的交易还是被脱机拒绝了。

所以，借记/贷记卡参数很多，设置的时候一定要小心谨慎，千万要弄明白每一位的含义再做更改。有时候，几个不小心恰好凑到了一起，造成了未预料到的后果。

5. 卡片附加处理——9F68。

卡片附加处理是在非接触交易时控制卡片行为的一个参数。例如：它可以控制卡片在货币不匹配的交易的时候支持联机 PIN，或者支持新卡检查等。

《中国银联借记贷记应用个人化模板（Q/CUP 024.1—2011）》规定的四套

支持非接触支付的模板（模板11、模板12、模板13和模板14）中，卡片附加处理第2字节第7位均被置位，其含义是qPBOC时卡片不允许货币不匹配的交易。但随着日益增多的境外市场的需求，这个设置显得越来越没有必要，于是中国银联在2010年11月推荐将该位设置为零。这样在进行在qPBOC交易时，如果交易币种不匹配，仍然可以通过联机完成交易，以满足境外市场的需求。

7 金融 IC 卡相关配套规范和指南

7.1 配套规范概述

为了配合中国人民银行 PBOC 规范的实施，中国银联制定了配套的相关 IC 卡规范和指南，对银行卡产业各参与方高效、有序开展 IC 卡业务，促进国内 IC 卡迁移进程起到了重要的作用。

金融 IC 卡规范，即 PBOC2.0 规范的实施与普及是需要其他相关规范相配合的，这样才能形成一个完整的体系，指导各方开展相关业务并最终保证实现联网通用。其中 IC 卡业务规则是相关业务的管理和执行规则，根 CA 管理规则/技术规范则明确了相关证书和安全体系的技术及业务管理等方面，联网联合规范规定了发卡机构、收单机构、转接清算机构等之间进行信息交换的数据格式等，借记/贷记发卡行实施指南则从项目实施的角度描述了商业银行实施 PBOC 迁移需经历的一系列计划任务和活动。

以上这些配套的规则或规范是 PBOC 规范得以顺利实施、相关项目得以顺利开展的基础。脱离以上这些规范，PBOC2.0 规范也很难得以普及或实行，所以说 PBOC2.0 规范及以上所提的配套规范是一个完整的体系，缺一不可，它们共同发挥着重要的作用。

7.2 IC 卡业务规则

为配合中国人民银行引导、促进、规范 IC 卡业务的发展，适应创新业务层出不求且高速发展的趋势，加强各银行 IC 卡跨行业务合作，中国银联分别针对机构根据 PBOC 规范发行的 IC 卡电子钱包产品、标准借记/贷记产品和电子现金产品，先后制定了《银联 IC 卡电子钱包业务规则》、《IC 卡借贷记应用业务规则》、《银联 IC 卡电子现金业务规则》等配套服务规则。从发卡、收单、特约商户管理、业务处理、代（转）授权和代校验、资金清算、手续费和网络服务费、差错处理等方面进行了详细的说明，为 IC 卡业务各参与方提供了统一的执行标准。

7.2.1 IC 卡（借记/贷记应用）业务规则

7.2.1.1　发卡业务规则

（1）芯片与磁条。

➢ 支持借记/贷记应用的卡片应是复合卡。

Ⅴ 背面磁条中主账号、有效期、服务代码信息应体现在芯片中首要借记/贷记应用中的相关数据元中。

注意：服务代码为"2XX"（国际使用）或"6XX"（国内使用）。

（2）芯片卡有效期。

➢ 芯片信息中应设定借记/贷记应用的有效期。

➢ 首要借记/贷记应用的有效期应与磁条信息中的有效期一致。

➢ 如卡面印制了有效期，则首要借记/贷记应用的有效期及磁条信息中的有效期应与卡面有效期一致。

注意：如卡面印制了有效期，发卡机构应保证认证中心公钥的有效期长于卡面有效期。

（3）对芯片中应用的要求。

➢ 芯片卡上可由多个银联支付应用，应将与磁条信息相对应的银联支付应用设置为最高优先级。

➢ 芯片卡上除银联支付应用外，可同时具有非银联应用，但应满足下面条件：

■ 非银联应用不得损害银联支付应用的安全和功能完整性。

■ 银联支付应用的优先级应高于非银联应用。

■ 发卡机构负责赔偿由于非银联应用对银联造成的损失。

7.2.1.2　收单业务规则

（1）降级使用交易。

➢ 定义。

■ 具有借记/贷记应用的复合卡在具有芯片受理能力的终端上交易时，由于芯片或终端芯片受理功能不能正常工作，终端引导持卡人通过刷磁条进行的交易。

■ 得到发卡机构授权。

➢ 相关处理要求。

■ 终端应支持正常的芯片卡交易和降级使用交易。终端应首先尝试进行芯片交易，当芯片或读卡器不能正常工作时方可进行降级使用交易。

■ 须联机处理，否则拒绝。

■ 不允许终端设备主动提示使用磁条而跳过芯片认证控制。

■ 应正确标识芯片卡交易及降级使用交易。

➢ 风险责任的承担。

■ 除确认收单机构或商户有欺诈行为外，发卡机构对受理机构正确标识并且经发卡机构授权的降级使用交易承担责任。

➤ 相关措施。

■ 加强对商户及收银员的培训。

■ 加强对降级交易的监控。

（2）交易确认。

➤ 联机交易：发卡机构给出的应答。

➤ 脱机交易：卡片给出的交易证书（TC）。

收单机构应妥善保管 TC 及参与计算 TC 的数据，因为交易证书（TC）是交易是否被发卡机构认可的凭证，一旦出现差错或争议时，TC 及其计算数据是重要处理依据。

7.2.1.3 业务处理

（1）交易要求。

➤ 应首选尝试读取芯片信息进行交易处理，当芯片或读卡器出现问题时可降级使用磁条进行交易。

➤ 交易凭证还应该包含应用标识、交易证书。

只有芯片最终批准了交易，交易才算成功。对发卡机构批准而芯片最终拒绝的交易，终端应该发起冲正。

（2）吞没卡。

➤ 处理流程与磁条卡相同。

➤ 由于芯片卡成本较高，且芯片卡上通常存在多应用，因此领卡时限从 3 个工作日延长为 20 个工作日。

7.2.1.4 资金清算

银联 IC 卡借记/贷记应用跨行业务资金清算与一般银联卡跨行业务资金清算在清算方式、清算账户及协议要求、清算时间、清算流程、资金划拨等方面基本一致。

7.2.1.5 差错处理

整体差错处理流程与磁条卡现有处理流程一致。

由于芯片卡交易提供了交易证书（TC），因而增加了部分差错原因码。

➤ 确认查询，增加原因码：

■ 6308，用于交易有疑问时索取交易证书（TC）及相关的计算数据。

➤ 贷记调整，联机消费交易中，发卡机构给出授权同意交易但最终被卡片拒绝并且冲正不成功的情况，收单机构应主动发起贷记调整。

➤ 一次退单，增加原因码：

■ 4558：交易证书 TC 验证失败。

■ 4559：不能提供 TC 及相关计算数据。

7.2.2 IC 卡（电子现金）业务规则

7.2.2.1 发卡业务规则

（1）卡号规则。

➢ 可发行使用同一卡号、同时具有借记/贷记应用和电子现金的复合卡。

➢ 如为电子现金和磁条卡的复合卡：

■ 电子现金与磁条卡账户建立关联关系，则卡面印制的卡号应与磁条内的卡号信息一致。

■ 电子现金与磁条卡账户未建立关联关系，则卡面应分别印制磁条内的卡号及电子现金的卡号。

（2）交易支持。

➢ 发卡机构应支持消费交易、退货交易、指定账户圈存交易。

➢ 银联 IC 卡电子现金应支持脱机余额查询、脱机明细查询。

➢ 发卡机构可选择开通非指定账户圈存交易、现金充值交易和自动圈存交易。

➢ 银联 IC 卡电子现金不支持取现交易。

（3）圈存类交易的限制。

➢ 发卡机构应对电子现金账户设定资金最高限额。

➢ 发卡机构系统应拒绝超过资金限额的圈存交易和现金充值交易。

发卡机构判别电子现金余额是否超上限时，应以卡片上送的余额为准。

7.2.2.2 收单业务规则

（一）圈存类交易

➢ 圈存终端应支持：指定账户圈存、非指定账户圈存、自动圈存（脚本处理）、余额查询、明细查询。

➢ 现金充值终端应支持：现金充值、自动圈存（脚本处理）、余额查询、明细查询。

➢ 收单系统应全面支持指定账户圈存、非指定账户圈存、现金充值。

（二）交易确认

➢ 联机交易：送发卡机构完成交易验证和应答，收单机构应将电子现金发卡机构给出的应答作为交易确认的基本信息。

➢ 脱机消费、查询交易、明细查询：以卡片给出的应答作为交易确认的基本信息。

（三）BIN 号黑名单

➢ 对进入黑名单的机构所发行的卡片，收单机构应及时下载 BIN 号黑名单拒绝受理，银联下发黑名单 2 天后将不再对其脱机交易进行清算。

➢ 下发 BIN 号黑名单的当日至下发 2 日内脱机交易由该机构所缴纳的清算风险准备金来承付。

➢ 下发 BIN 号黑名单 2 天后脱机交易由收单机构承担。

➢ 同时是否发行电子现金将纳入商业银行清算风险准备金缴纳标准的评估范围。

7.2.2.3　业务处理

（一）圈存类交易——指定账户圈存

➢ 持卡人将与电子现金绑定的借记卡或信用卡中资金（或额度）划入电子现金的交易。

➢ 须联机进行，并要求提交绑定卡片的个人密码（PIN）。

（二）圈存类交易——非指定账户圈存

➢ 持卡人可将其任意借记卡中的资金（或信用卡额度）划入到电子现金中。

➢ 须联机进行，并要求提交借记卡/贷记卡的个人密码（PIN）。

（三）圈存类交易——现金充值

➢ 持卡人将现金存入电子现金的交易。

➢ 必须联机完成，不需要提供密码（PIN）。

（四）消费

➢ 脱机进行，无须提交密码（PIN）。

■ 交易凭证打印问题：不具备条件的显示余额；具备条件的应打印凭证，且打印的凭证不屏蔽卡号。

■ 无须签名。

（五）终端脱机消费交易流水丢失处理

➢ 有交易凭证：

■ 商户应将交易凭证交至收单机构。收单机构应提供手工补单的机制，通过人工录入交易凭证上的有关信息，形成符合要求的脱机消费交易文件，在自交易日起 20 个自然日内上送到银联信息处理中心。银联信息处理中心按照标准处理流程进行后续处理。

■ 未及时提交补录的脱机消费交易数据而产生的风险损失由收单机构承担。

➢ 无交易凭证：

■ 收单机构和商户协商解决。

（六）退货

➢ 退货类型包括终端方式发起的退货（又分脱机、联机退货两种）和手工退货。

➢ 如终端在脱机流水文件中找到原交易，则执行脱机退货交易，即生成脱机退货交易记录并保存到终端脱机流水文件中。

➢ 如终端未查找到原交易且终端具备联机能力，则发起联机退货请求交易。收单平台收到后在交易流水中查找原交易，如找到且交易检查允许则返回成功。

➢ 关联借记/贷记账户的电子现金：退货金额返还至关联的借记/贷记账户内。

➢ 对于纯电子现金：退货金额返还至该卡的暂挂账户（由发卡机构系统支持），持卡人再办理退货金额的写卡。

（七）余额查询

➢ 可通过金融终端读取电子现金中的余额。

➢ 脱机进行，无须提交密码（PIN）。

（八）明细查询

➢ 脱机进行，无须提交密码（PIN）。

➢ 交易明细记录包括圈存交易记录（必选）和消费交易记录（可选）。记录条数视卡容量或发卡机构的规定而定，但最少不得低于 10 条。

7.2.2.4　资金清算

➢ 以银联信息处理中心的清算数据为依据。

➢ 银联信息处理中心在收到收单机构上送的脱机消费交易数据的次日进行清算，发卡机构如发现 TC 校验失败，可以通过差错处理的方式来解决。

➢ 自动圈存、余额查询和明细查询交易不参加清算，指定账户圈存、非指定账户圈存、现金充值、消费交易、退货交易参加清算。

➢ 收单机构应在自交易日起 20 自然日内批量上送脱机消费交易数据，提交清算。未及时提交而产生的风险损失由收单机构承担。

7.2.2.5　差错处理

（一）确认查询

➢ 适用范围：发卡机构为确认原始交易的需要或消费合法性提出的查询请求。

➢ 原因码 6303。

■ 对圈存类交易有疑问，索取交易凭证。

■ 脱机消费 TC 验证失败，索取交易凭证。

（二）贷记调整

➢ 适用范围：发卡机构（电子现金发卡机构）发现长款。

➢ 原因码：9605。

➢ 处理要求：

■ 电子现金发卡机构对终端写卡不成功且冲正不成功的交易应及时进行贷记调整。

■ 电子现金发卡机构对于现金充值交易确认后，对终端写卡不成功且冲正不成功的交易应及时对收单机构进行贷记调整。

（三）一次退单

➢ 适用范围：

■ 收单机构对确认查询交易超过时限未予查复。

■ 脱机消费 TC 验证失败。

➢ 原因码：

■ 4527：收单机构查复超过时限。

■ 4532：退货（贷记调整）交易未清算。

■ 4566：脱机消费的 TC 校验失败。

7.3 根 CA 管理规则/技术规范

为进一步增强金融 IC 卡交易的安全性，在 PBOC2.0 规范中引入了标准借记/贷记和电子现金应用的非对称密钥管理体系，用于交易流程中的脱机数据认证。PBOC2.0 非对称密钥管理体系的核心是根 CA，根 CA 负责生成和管理 PBOC2.0 借记/贷记和电子现金应用的根 CA 证书、负责签发发卡行 CA 证书等工作。2006 年根 CA 系统建设完成，并由人民银行授权中国银联作为根 CA 公钥认证管理机构，承担规范和管理整个根 CA 认证体系的运行，由中国金融认证中心负责根 CA 系统的具体操作。

为安全、高效地对各家银行提供根 CA 公钥认证服务，中国银联制定了《金融 IC 卡借记记/贷记应用根 CA 公钥认证规范第 1 部分管理规则》和《金融 IC 卡借记贷记应用根 CA 公钥认证规范第 2 部分技术规范》，就商业银行申请根 CA 公钥和发卡行公钥证书从管理流程和安全策略方面进行了规定，并对金融 IC 卡借记/贷记应用根 CA 公钥认证的技术要求和系统接口进行了详细说明。

7.3.1 管理规则

管理规则对金融 IC 卡借记/贷记应用根 CA 公钥认证系统及服务在管理流程及安全策略方面的要求作了规定。

管理规定适用于金融 IC 卡借记/贷记应用根 CA 公钥认证的服务提供机构和服务接受机构，包括认证管理机构、接受认证服务的中国银联成员机构以及中国银联成员机构授权的代理机构。

金融 IC 卡借记/贷记应用公钥认证体系符合《中国金融集成电路（IC）卡

规范》，为所有遵循该标准的金融 IC 卡借记/贷记提供公钥认证服务，也同时为其他金融 IC 卡数据认证提供途径（如商业银行终端提供的对内卡数据认证）。

按照《中国金融集成电路（IC）卡规范》，金融 IC 卡借记/贷记应用公钥认证体系包括根 CA、各发卡机构 CA 及其发行的银联标准金融 IC 卡、收单机构及其 ATM 和/或 POS 机。金融 IC 卡借记/贷记应用公钥认证系统使用公钥密码技术进行金融 IC 卡静态数据、动态数据或复合数据的生成及认证，以提供高度安全的金融 IC 卡交易认证服务。

金融 IC 卡借记/贷记应用公钥认证体系是一个独立的两层树状结构的 PKI 体系，以根 CA 为唯一信任顶点，以发卡机构用于签发银联标准借记/贷记应用的 IC 卡的 CA 作为根 CA 的下级 CA。发卡机构用来签发银联标准借记/贷记应用 IC 卡的 CA 有义务接受根 CA 的公钥认证服务并成为根 CA 的下级 CA。

发卡机构 CA 可以采用不同方式建设和运行，比如自建并管理或服务外包等，但其系统及运行操作的规范性和安全性应遵从本标准的相关规定。

根 CA 是获得人民银行唯一授权，为我国金融机构提供银联标准 IC 卡借记/贷记应用公钥认证服务的系统，由中国银联统一管理并由中国金融认证中心运行，其系统和运营安全性符合国家的有关安全规范。根 CA 严格按照《中国金融集成电路（IC）卡规范》建设和运行。

中国银联向商业银行、第三方服务机构提供 CA 公钥证书认证服务。商业银行、第三方服务机构要接收 CA 公钥证书认证服务必须注册。中国银联可授权银联分公司受理审批本地商业银行或第三方服务机构的收单业务申请和监督管理工作。

7.3.2　技术规范

技术规范对金融 IC 卡借记/贷记应用根 CA 公钥认证及服务在技术及系统接口方面的要求作了规定，包括金融 IC 卡借记/贷记应用公钥认证的脱机 IC 卡数据认证、根 CA 公钥文件、成员机构及第三方服务机构根 CA 公钥证书验证、发卡机构公钥输入文件、发卡机构公钥输入文件的验证、发卡机构公钥输出文件、发卡机构公钥证书验证等方面的内容。

技术规范适用于金融 IC 卡借记/贷记应用根 CA 公钥认证的服务提供机构和服务接受机构，包括认证管理机构、接受认证服务的中国银联成员机构以及中国银联成员机构授权的代理机构。

7.4　联网联合技术规范

为规范银行卡跨行业务操作，实现 PBOC 卡全国联网通用，中国银联制定的《银行卡联网联合技术规范》由五个部分组成，包括交易处理、报文交换、文件数据格式、数据安全传输控制、通信接口，涵盖了关于中国银行卡技术范畴的各个方面，已实现对 PBOC 借记/贷记应用和电子现金应用的完全支持，并对 PBOC 卡的专有业务功能和交易流程进行说明。

《银行卡联网联合技术规范》适用于所有加入中国银联银行卡信息交换网络的入网机构。

7.4.1　交易处理说明

交易处理说明对中国银联跨行交易网络中各种联机交易的处理流程等有关内容作了规定。

7.4.2　报文接口规范

报文接口规范对入网机构与中国银联信息处理中心系统（CUPS）之间进行联机交易时使用的报文接口，包括联机交易报文的结构、格式以及报文域作了规定。

7.4.3　文件接口规范

文件接口规范对中国银联跨行交易网络中入网机构与 CUPS 之间的文件交换关系作了规定。

7.4.4　数据安全传输控制规范

数据安全传输控制规范对中国银联跨行交易网络中安全传输数据信息应达到的要求作了规定，包括数据传输安全要求、密钥管理方法和加密方法。

7.4.5　通信接口

通信接口对中国银联跨行交易网络中联机交易与文件传输的通信接口应满足的要求作了规定，包括通信链路的选择、接入方式选择、接入设备的要求和通信协议的规定。

7.5　借记/贷记发卡行/收单行实施指南

对计划实施 PBOC 标准 IC 卡迁移，开展金融 IC 卡业务的商业银行来说，实施 PBOC 迁移涉及范围很广，会对银行员工、持卡人、产品厂商、业务流程和处理系统均产生不同程度的影响。为协助商业银行启动 PBOC 迁移计划，完成相关系统改造，中国银联制定了《中国集成电路（IC）卡借记/贷记应用发卡行实施指南》和《中国集成电路（IC）卡借记/贷记应用收单行实施指南》，为商业银行实施 PBOC2.0 标准 IC 卡迁移工程提供一个整体引导。指南重点就卡片、终端、应用的选择，主机系统改造，测试认证等方面进行了详细介绍，并从项目实施的角度描述了商业银行实施 PBOC 迁移需经历的一系列计划任务和活动，为商业银行顺利开展迁移工作提供了有力的支持。

7.5.1　发卡行实施指南

《中国集成电路（IC）卡借记/贷记应用发卡行实施指南》目的是为发卡行

实施 PBOC 迁移计划提供一个整体引导。它引述其他规范性文档的专业信息，或提供这些文档的索引信息，帮助发卡行改造其主系统和后台架构，以支持 PBOC 迁移；也包含协助发卡行选择卡片参数、个人化 PBOC 卡等信息。

发卡行的 PBOC 迁移计划涉及范围很广，会影响到银行员工、持卡人、产品厂商、业务流程和处理系统。

《中国集成电路（IC）卡借记/贷记应用发卡行实施指南》从卡片的选型和认证、卡片发行、卡片个人化、数据要求、发卡行主机系统改造、发卡行后台系统改造以及发卡行主机认证等多个方面描述发卡行应该完成的策略、业务、风险管理和技术方面的活动。

7.5.1.1　卡片选型与认证

描述了卡片供应商选择以及卡片遵循规范等方面的建议和要求。

7.5.1.2　卡片发行要求

描述了卡片预个人化、卡片制造、个人化以及后个人化四个阶段的主要工作和要求。

7.5.1.3　卡片数据要求

描述了针对卡片个人化数据的具体要求，包括应用选择、应用初始化、脱机数据认证、处理限制、持卡人验证、终端风险管理、卡片行为分析、联机处理、交易结束以及发卡行脚本处理等几个方面的相关数据内容。

7.5.1.4　发卡行主系统改造

描述了 PBOC 迁移所要求的发卡行主系统改造事项，包括发卡行实现联机卡片认证、联机发卡行认证、CUPS 代校验服务、未来密文支持、数据记录/存档、发卡行脚本处理以及授权决定处理等功能，主系统需要进行的改造。

7.5.1.5　发卡行后台系统改造

描述了 PBOC 迁移所要求的发卡行后台系统改造事项，包括电子现金、对账单、客户服务、卡管理系统、卡片置换、争议处理、清算与对账、报表、内部员工培训以及执行活动等方面的内容。

7.5.1.6　发卡行主机认证

描述了实现 PBOC 迁移所要求的发卡行主机认证，包括认证环境和认证流程两方面的内容。

7.5.2　收单行实施指南

《中国集成电路（IC）卡借记/贷记应用收单行实施指南》目的是为收单行实施 PBOC 迁移计划提供一个整体引导。它引述其他规范性文档的专业信息，或提供这些文档的索引信息，帮助收单行改造其主系统和后台架构，以支持 PBOC 迁移；也包含协助收单行选择终端、支持商户等信息。

　　收单行的 PBOC 迁移计划涉及范围很广，会影响到银行员工、商户、终端供应商、业务流程和处理系统。

　　《中国集成电路（IC）卡借记/贷记应用收单行实施指南》从终端选型与认证、终端、迁移选项、收单行系统改造、收单行后台系统改造、公钥管理以及收单行主机认证等多个方面描述收单行应该完成的策略、业务、风险管理和技术方面的活动。

　　7.5.2.1　终端选型与认证

　　描述了终端供应商选择以及终端遵循规范等方面的建议和要求。

　　7.5.2.2　终端功能要求

　　描述了收单行理解部署 EMV/PBOC 终端的要求，包括在 EMV 和 PBOC 规范中描述的安全性、互操作性和功能性要求，包括应用选择、脱机数据认证、处理闲置、持卡人验证、终端风险管理以及终端行为分析等几个方面的内容。

　　除 EMV/PBOC 的功能配置要求之外，还有一些适用于终端设备的必备或可选的特性可能对市场或业务具有重大的帮助，包括磁条卡终端要求、电子现金功能、非接触式 IC 卡支付要求、专有要求、交易类型要求、其他应用要求以及交易凭证要求等方面的内容。

　　7.5.2.3　收单行系统改造

　　描述了 PBOC 迁移所要求的收单行系统改造事项，包括终端管理系统、终端和收单行接口以及主机系统需要进行的改造。

　　7.5.2.4　公钥管理要求

　　描述了在收单行终端支持脱机数据认证的公钥管理活动。对于不执行这些功能的 PBOC 终端，公钥管理活动不是必需的。

　　7.5.2.5　收单行主机认证

　　描述了实现 PBOC 迁移所要求的收单行主机认证，包括认证环境和认证流程两方面的内容。

　　7.5.2.6　收单行后台系统改造

　　描述了支持 PBOC 迁移计划的后台功能改造，包括交换费率、记账、争议处理、报表、内部员工培训、执行活动等方面的内容。

　　7.5.2.7　商户支持

　　描述了为使商户支持受理芯片卡需要给予支持的相关任务，包括商户协议、商户服务、商户系统改造以及商户培训等方面的内容。

第三篇

金融 IC 卡应用

8 金融 IC 卡应用工程实施要点

2011 年 6 月，为拓展金融 IC 卡在公共服务领域中的应用，人民银行办公厅发布了《关于选择部分城市开展金融 IC 卡在公共服务领域中应用工作的通知》，决定选择部分城市开展金融 IC 卡在公共服务领域中应用的工作，目标是通过推进金融 IC 卡应用，提升区域公共服务水平和信息化发展水平；利用金融 IC 卡载体，提高人民群众对金融服务的满意度，实现便民惠民。

该通知一方面指定了将要进行金融 IC 卡试点的城市，另一方面对目标、任务、组织形式、实施要求等也进行了明确规定。为了贯彻落实该通知的要求，人民银行同时发布了金融发卡机构、收单机构和转接机构实施改造要点，供各个单位参考。

下文将针对各相关机构在项目实施中的要点逐一进行介绍。

8.1 发卡机构实施要点

发卡机构在正式发行 PBOC 金融 IC 卡前，工程实施通常会经历启动准备、业务规划、产品选择、业务流程制定、系统建设、CA 建设、入网检测等几个阶段。各阶段开始的先后顺序可由发卡机构自行确定。

（1）启动准备。

为推动 PBOC 发卡业务尽快开展，发卡机构应首先对相关参与人员开展 PBOC 规范、IC 卡业务规则等相关知识的培训。培训人员范围应包括市场推广人员、客服员工、业务支持员工、后台处理员工、系统开发团队、法律顾问以及风险管理人员。培训主要内容包括国家相关政策、卡片规范（《银行卡卡片规范》）、转接规范（《银行卡联网联合技术规范》）、相关业务规则（如《银联卡业务运作规章第七卷 IC 卡业务规则》）和 PBOC 规范等。

（2）业务规划。

发卡机构应做好金融 IC 卡发展规划，确定实现的业务功能及策略。制定业务策略时应考虑：

PBOC 标准的金融 IC 卡相对于磁条卡而言，在业务处理、交易确认、清算及差错处理等方面都进行了补充。发卡机构应根据自身业务需求制定相应业务策略和市场策略，处理好与转接机构和持卡人之间的关系，如争议处理、客户服务等。

如采用系统外包，应加强外包机构的资质考察，签订安全保密协议，落实应急处置预案及本发卡机构相关管理要求。

（3）产品选择。

根据不同的应用需求，金融 IC 卡的卡片结构、存储容量、参数设置的要求不同。发卡机构在发行金融 IC 卡产品时应考虑：卡片应满足 PBOC 标准的相关要求，应通过人民银行认可的检测机构的检测；卡片应支持 PBOC 标准的应用功能，如授权控制、持卡人验证方法、脱机数据认证、联机卡片认证与发卡机构认证、发卡机构脚本处理；根据业务需要，确定存储器的大小、处理器和协处理器的性能以及接触式或非接触式接口，确保支持所有的金融 IC 卡应用。

（4）业务流程制定。

相对磁条卡，发行金融 IC 卡时应关注以下几方面：申请发卡行证书时，应考虑发卡行证书有效期、签发发卡行证书的私钥对应的公钥模长；确定金融 IC 卡需要签名的静态数据列表，并选择合适的芯片卡风险控制参数，如脱机限额、发卡行行为代码 IAC；多行业应用情况下，应考虑卡片的应用加载流程和卡片发行流程；确定金融 IC 卡降级交易（Fallback）的风险处理规则；确定卡片使用和管理的业务规则，如补卡、续卡、销卡对脱机余额的处理。确定脱机交易明细的查询途径。

（5）系统建设与改造。

金融 IC 发卡系统的建设可以通过自主开发、定制、外包或混合等方式完成。主要包括以下内容：

发卡机构应建立自己的数据准备系统，用于生成持卡人的数据文件，除了原有磁条卡数据以外，还包括 PBOC 卡中的特别数据，例如发卡机构参数、发卡机构行为代码、应用缺省行为、持卡人校验方法等；数据准备系统中的持卡人数据可以由发卡机构生成，IC 卡数据可以由第三方 IC 卡专业化公司代为生成。

发卡机构需建立卡片个人化系统，将数据准备系统准备好的数据以及卡片中的各类密钥和证书以安全的方式写入 IC 卡中，同时完成磁卡的写磁和卡面的凸印工作。卡片个人化系统可以由发卡机构独立完成，也可以外包给第三方专业化公司完成（但要做好双方之间的数据和卡片的安全传递与管理）。

发卡机构需根据《银行卡联网联合规范》对 PBOC 交易处理的要求，对授权系统进行相关改造，主要包括：联机报文需要能支持 IC 卡信息；能够供联机时的卡片和发卡机构的双向认证，主要是 ARQC 的验证和 ARPC 生成；支持发卡行脚本的生成和下发；除了传统的风险管理外，发卡机构还需要根据 ARQC 的验证结果以及终端的验证结果（TVR）和卡片验证结果（CVR）来给出交易的授权结果。

发卡机构的清算系统需进行相关改造，以确保能接受和处理 IC 卡脱机交易（如发卡机构支持小额脱机交易）；能对该交易的 TC 值进行校验。

（6）发卡机构 CA 建设。

为完成 PBOC 相关交易，发卡机构需建立自己的 CA 以完成：生成发卡机构公私钥对，并将公钥提交给根 CA；接受根 CA 签发的发卡机构证书；签发 IC 卡证书。IC 卡证书签发完成后将被放置入用户卡中，并在用户交易过程中进行安全性验证。发卡机构 CA 可以由发卡机构独立建设，也可以外包给人民银行认可的第三方专业化公司。

（7）入网测试。

发卡机构选择的卡片必须通过人民银行指定检测机构的检测。

按照联网通用的要求，发卡机构在完成内部测试之后，应与中国银联进行入网测试。中国银联应协助发卡机构做好入网测试工作，保障金融 IC 卡联网通用及安全接入和运行。

8.2 收单机构实施要点

收单机构在正式开通 PBOC 收单业务前，通常会经历启动准备、终端选型、业务流程制定、系统建设、商户支持、终端公钥管理、联网测试等几个阶段。各阶段开始的先后顺序可由收单机构自行确定。

（1）启动准备。

为推动 PBOC 收单业务尽快开展，收单机构应首先对相关参与人员开展 PBOC 规范、管理办法以及业务规则等相关知识的培训。培训人员范围应包括收单机构市场推广人员、客服员工、法律顾问、风险管理人员以及特约商户管理和收银人员。培训主要内容包括：国家政策文件，卡片、终端规范，转接规范、业务规则等。

（2）终端选型。

拟开展收单业务的机构必须确保终端在满足现有终端规范的基础上，具备相应的 PBOC 交易支持的能力。收单机构应根据业务发展需求，决定自身系统的改造量及终端对 PBOC 业务的支持程度。

收单机构应保证终端兼容 PBOC 标准，并通过人民银行指定的第三方机构的检测。

终端应能支持芯片受理，如果卡片上存在 PBOC 金融芯片，宜优先使用芯片交易；仅在芯片或者芯片读写器不可用时，才允许使用磁条进行交易（降级交易）。

（3）业务流程制定。

相对磁条卡，受理金融 IC 卡时应关注以下几方面：

申请和下载根 CA 公钥，以支持对金融 IC 卡的脱机认证。

确定合适的终端风险控制参数，如终端行为代码 TAC。

确定脱机文件的生成、上传、清算流程。

（4）系统建设。

为达成 PBOC 收单业务的完全实现，从事收单业务的商业银行需对如下系统进行改造：

为了实现 PBOC 和其他芯片卡计划，从事收单业务的收单机构需要对原有的终端管理系统进行升级改造。收单机构终端管理系统应该具备在完成部署后校验终端数据、升级终端数据要素的能力，主要包括：收单机构系统需要实现收单机构 IC 卡业务参数下载的功能。可以专门建立终端管理系统，也可以在前置系统中实现。常见的可下载的终端参数：CA 公钥信息、终端最低限额、终端行为代码等。

PBOC 为终端与收单机构接口导入了新的数据元。终端必须能受理有效的卡片和交易数据，并将数据按照接口数据格式进行转换。要求遵循 PBOC 规范的终端具有传输完全芯片数据的能力。可以根据当地市场情况，确定终端与收单机构接口信息需求。但是收单机构与银联转接系统的接口必须符合《银行卡联网联合技术规范》的要求；由于降级交易存在一定的风险，需要在终端与收单机构接口信息中明确标识降级使用交易。由于这些信息格式是专用的，所以必须结合本地市场的需要确定如何改变。终端与收单机构接口格式需要包含足够的信息，以便在收单机构与银联转接系统的接口信息中能够正确标识降级使用交易。

从事收单业务的收单机构的前置系统和转接系统需要进行同步改造，以满足 PBOC 交易的需要，主要改造内容为：系统需要具备完全转接 IC 卡信息的能力，主要使用联网联合规范中 55 域；与银行卡组织相连的接口，需要通过相关的入网测试，一般先脱机测试（采用仿真器），后联机测试；改造模式：要求从事收单业务的商业银行实现完全迁移：完整地将终端上送的 IC 卡信息转接给收单机构。

收单机构的清算系统需要具备传送 PBOC 卡信息的能力，包括 PBOC 卡的脱机交易数据，IC 卡的 TC 值，以及终端验证结果（TVR）和卡片验证结果（CVR）等。

（5）商户支持。

为保证金融 IC 卡的正常使用和受理，从事收单业务的收单机构需要从以下几方面对商户予以关注：

商户协议——现有的商户协议必须更新以适应迁移到 PBOC 的转变，例如终端成本和安装以及价格体系改变；支持附加的授权和清算信息；提供新增信息报表；费用和竞争因素；商户对转换到受理芯片卡的预期，包括退单责任的评估；卡片受理流程的变化。

终端改造——从事收单业务的机构应该在 PBOC 迁移的过程中考虑芯片数据的应用给商户系统带来的影响，建议按以下内容对商户系统的改造进行评估：终端与商户主机接口，终端与零售工作站接口，内部的终端控制器，商户与收单行主机接口，商户后台系统。

商户培训——收单机构需要对商户进行全面的培训，主要包括：通用芯片受理流程，持卡者应用选择，持卡者身份验证——脱机交易与联机交易，降级使用交易，其他交易，其他应用支持，终端维护。

（6）终端公钥管理。

为支持 PBOC 脱机数据认证服务，收单机构应通过安全方式将有效的 PBOC 根 CA 公钥加载到终端，在传递过程中必须保证公钥信息的数据完整性并进行信息源认证。

（7）联网测试。

按照联网通用的要求，收单机构在完成内部测试之后，应与中国银联进行入网测试。中国银联应协助收单机构做好入网测试工作，保障银行卡联网通用及安全接入和运行。

8.3 转接机构实施要点

转接清算是金融 IC 卡发卡、收单业务顺利实现的重要环节，转接清算机构是银行卡联网通用的重要纽带。转接清算机构 PBOC 迁移工程实施通常会经历启动准备、联机交易处理系统、代校验服务、代授权服务、文件处理系统、报表等几个阶段。

（1）启动准备。

为推动 PBOC 转接业务尽快开展，转接机构应首先对相关参与人员开展政策文件、标准规范以及业务规则等相关知识的培训。培训人员范围应包括系统开发团队、后台处理人员、法律顾问以及风险管理人员等。培训主要内容包括政策文件、标准规范和业务规则等。

（2）联机交易处理系统。

交换中心应支持两种迁移方式：部分迁移和完全迁移。根据接入的机构迁移状态不同交换系统进行转接处理就需要考虑以下情况：

当发卡机构和收单机构都为完全迁移时：对 IC 卡交易交换中心按正常 IC 卡交易转接，发卡机构将收到 IC 卡相关数据，由发卡机构决定是否承兑。

当受理机构为完全迁移而发卡机构为部分迁移时：交换中心转发 PBOC 借记/贷记标准 IC 卡交易报文时，将根据发卡机构的要求删除 55 域信息，并按发卡机构要求处理报文中 IC 卡相关数据，如验证交易密文和生成 ARPC 等。在授权、金融交易、清算和结算时，发卡机构只收到交换中心发来的磁条格式的报文数据。

（3）代校验服务。

对部分迁移的发卡机构，交换中心应提供代校验服务。代校验服务是交换中心代该发卡机构验证 ARQC、代生产 ARPC 的过程。

对部分迁移的发卡机构，交换中心在代校验时剔除 IC 卡数据，向发卡机构发送磁条格式的报文并将代校验结果转给发卡行，供发卡机构决定是否承兑交易。

代校验的内容可以包括验证 ARQC、生成 ARPC、代校验 TVR 与 CVR 等，需要代校验的发卡机构需要将代校验的密钥和算法提供给交换中心。

（4）代授权服务。

当发卡机构系统发生异常而不能处理跨行业务时，交换中心可提供代授权服务，代理发卡机构进行交易的授权。

在对 PBOC 卡交易进行代授权服务时，除了进行和磁条卡代授权服务的相同处理外，由于 IC 卡的特殊安全性，交换中心的代授权系统还需要处理报文中的 IC 卡数据如验证 ARQC、生成 ARPC、代校验 TVR 与 CVR 等。

（5）文件处理系统。

交换中心在收发机构文件时，如果交易的发起是 PBOC 借记/贷记卡，文件中就会出现 IC 卡交易类型及相应的 IC 卡信息。文件处理系统需要做相应的改造以支持 IC 卡信息在文件中的传输。

交易流水和清算文件：PBOC 卡联机交易、降级交易、脱机消费交易需要一起参与清分和清算。PBOC 交易需要并入交易流水和清算文件中，文件的格式中需要增加 PBOC 卡交易的特殊 IC 卡信息。IC 卡的单信息流水文件基本同磁条卡，但需增加卡片序列号、终端读取能力、芯片条件码等信息。

脱机交易相关文件：由于 IC 卡脱机交易在终端就能承兑。若终端不上送该交易信息，那么不论受理机构还是发卡机构都没有交易记录，而该部分交易需要参与清算。为保证账务的平衡，受理机构和发卡机构必须补全该交易明细，因此，受理机构和发卡机构都必须支持该类 IC 卡脱机消费文件的传输。

脱机文件包括入网机构向交换中心提交的 IC 卡脱机消费文件以及交换中心

清算后向入网机构分发的 IC 卡脱机消费文件。入网机构向交换中心提交的 IC 卡脱机消费文件用于交换中心对入网机构进行清算；交换中心清算后向入网机构分发的 IC 卡脱机消费文件用于入网机构对账处理。

脱机交易明细中除了与磁条卡相同的信息要素外，还需要传送交易证书（TC）以及参与 TC 运算的数据，以供发卡机构对交易进行验证。

（6）报表。

提供给机构的报表中需要体现 PBOC 交易类型情况：除了传统交易类型，还需要区分 PBOC 电子钱包圈存交易类型，包括指定账户圈存、非指定账户圈存、现金圈存；还需要区分 PBOC 借记/贷记等脱机交易类型。

提供给机构的报表中同样需要体现 PBOC 卡发起交易的交易介质情况：包括区分 PBOC 借记/贷记卡发起交易、降级使用交易、非接触式 PBOC 交易、电子钱包交易等。

（7）联网测试。

PBOC 借记/贷记卡受理发卡机构的入网测试是为了确保入网机构的卡片能在生产环境里实现联网通用。PBOC 卡入网测试过程和收单发卡机构磁条卡的入网测试过程基本相同。发卡机构的入网测试分为主机入网测试和卡片入网测试，受理机构的入网测试分为主机入网测试和终端入网测试。主机入网测试又分为脱机测试和联机测试两个步骤。

9 金融 IC 卡在公共服务领域的应用

2011 年 6 月，为拓展金融 IC 卡在公共服务领域中的应用，人民银行办公厅发布了《关于选择部分城市开展金融 IC 卡在公共服务领域中应用工作的通知》，要求通过推进金融 IC 卡应用，利用金融 IC 卡载体，提升区域公共服务水平和信息化发展水平，提高人民群众对金融服务的满意度，实现便民惠民主。同时选择了上海、天津、济南、重庆等 47 个试点城市开展金融 IC 卡在公共服务领域中应用工作。

9.1 金融 IC 卡在小额快速支付领域的应用

9.1.1 快速支付背景介绍

9.1.1.1 快速支付定义

快速支付行业主要指单笔交易金额不高，但交易笔数大，集中支付需求明显的行业。如交通：公交车、出租车、高速公路收费站、停车场、咪表、机场大巴、长途大巴、火车等。缴费：水费、电费、煤气费、有线电视费等。通信：手机费、电话费、邮递、快送等。零售：快餐店、便利店、书报亭、自动售货机、批零市场、菜场等。教育：学校行政收费、食堂、图书馆等。医院：挂号、就诊等。旅游娱乐：旅游景点门票、游乐园公园门票、体育场馆门票、展览馆会所门票、娱乐设施、索道、购买纪念品等。这些行业发展越来越迅速和广泛，占社会商品零售额的比率也越来越大。

9.1.1.2 快速支付业务现状

目前，在快速支付行业，基本上还是以现金支付为主，以行业 IC 卡支付为辅的格局。现金支付具有程序复杂、占用人力、存在假币等问题。比如公交高峰时间售票一直是需要突出解决的矛盾，即使部分地区试点了无人售票自动投币的方式，但也不能解决假币和现金整理的成本。相比之下，IC 卡支付能够极大地提高快速支付行业的支付效率，降低人工成本，方便资金结算。然而，大多数行业 IC 卡项目存在标准不统一、系统重复建设、盈利能力差等问题。为了增强生存能力，扩大生存空间，行业支付 IC 卡出现从传统的公共服务领域向银行卡领域的渗透趋势，影响了银行卡的发展。

9.1.1.3 快速支付发展趋势

在内外环境的共同推动下，一部分快速支付行业在技术手段、平台搭建、运营模式等方面开始向标准化、统一化的方向发展，特别是其支付应用出现从传统的公共服务领域向银行卡领域渗透的趋势。目前，交通部已开始推进高速公路 ETC 联网收费的工作，要求高速公路以及其他封闭式的收费公路按照"统一规划、统一管理、分期实施、逐步完善"的原则，实行计算机联网收费，在"十二五"期间实现各省（区、市）内高速公路统一联网收费，并实现京津冀、长三角、珠三角重点地区省级区域内 ETC 联网。在此基础上，大力推进区域 ETC 联网。面对当前 ETC 联网通用的趋势，如果不能及时介入加以引导，会造成系统的重复建设，同时加大金融监管的难度，对银行卡业的发展也带来很多不利因素。

9.1.1.4　快速支付与金融 IC 卡合作基础

目前金融 IC 卡与快速支付合作的基础条件已经具备，主要体现在：

（一）相关行业指导意见为合作提供重要的政策支撑

人民银行 129 号文件和 64 号文件的下发，为各地金融 IC 卡与快速支付合作服务民生提供一个宽松而有利的发展机会。

（二）金融 IC 卡产品的发展创新提供技术保障

在国内启动磁条卡向 IC 卡的迁移后，银行卡产业在产品功能上更加丰富，在技术实现方面已能满足快速支付行业的应用需求。

9.1.2　总体目标和要求

9.1.2.1　总体目标

金融 IC 卡在快速支付领域的整体目标可以概括为：使快速支付行业成为金融 IC 卡的受理领域；用金融 IC 卡取代现有的城市一卡通和行业卡，拓展银行卡的应用领域；提升银行卡在社会商品交易中的支付比率。

金融 IC 卡已经具备了完善的小额、脱机、非接快速支付功能，不仅能满足各快速支付行业的安全、快速、低成本、卫生的受理需要，而且具备跨行业、跨地区、联网通用、多领域使用、资金监管的功能，能真正方便市民的生活，实现"一卡在手，支付无忧"，也能满足政府便民惠民的公共服务宗旨。

9.1.2.2　总体合作内容

在推动快速支付项目建设过程中，金融 IC 卡与行业的合作，主要包含以下几方面：

对未发行和受理行业 IC 卡的快速支付行业，通过布放符合 PBOC 标准的 IC 卡受理终端，实现银行 IC 卡的受理，逐渐取代现金支付方式，并结合行业的信息化发展要求，提供有力的金融服务，全面推动相关行业的发展。

对已经发行和受理行业 IC 卡的快速支付行业，需要同行业卡机构以互惠互利、平等发展、双边共赢为原则，推动其开放对金融 IC 卡的受理。

对于当地已经发展较大的一卡通公司的合作，可以参考一些试点城市的成熟经验：如宁波"政府引导、市场运作"模式，通过当地政府主管机构牵头建立组织协调机制，各行业单位共同出资成立市民卡公司进行多元化实体运营，在分润模式上增加了清算服务方、机具服务方和市民卡公司等参与多方分润。

9.1.2.3　总体要求

标准规范统一遵守：金融 IC 卡与快速支付行业所涉及的卡片、终端必须按照相关的统一标准进行开发、改造与检测认证。

9.1.3　主要行业分析

9.1.3.1　公交

（一）需求分析

公交的收费最早以现金为主，从 20 世纪 90 年代开始逐步过渡到公交卡的模式，采用非接触式的存储卡或 IC 卡代替现金，不需要票据，无须密码，避免使用现金涉及的支付、找零和提供票据时间。部分城市已经使用城市一卡通替代公交卡。用户一般需要缴付押金以获得公交卡或城市一卡通。使用金融 IC 卡可以得到和公交卡一样的便利，同时也可以免去用户押金这部分费用。

（二）主要工作

在尚无公交卡或城市一卡通的地区，需要在公交车上增加电子现金受理终端。在公交已经受理公交卡或城市一卡通的地区，由于中国绝大部分城市车载受理机具硬件上支持受理电子现金卡，所以只需要对车载机具的软件作支持非接电子现金的升级并通过银行卡检测中心的检测即可。

9.1.3.2　出租车

（一）场景需求

用户乘坐出租车一般采用到目的地计价、使用现金付费的方式。在部分地市的出租车已经支持使用非接的城市一卡通支付，避免使用现金和找零的麻烦。

使用电子现金和使用城市一卡通的场景一样，用户到目的地计价，刷卡打票。

（二）主要工作

在尚无城市一卡通的城市，需要改造出租车计价器软硬件，增加非接触式的通信模块，升级出租车计价收费软件以支持电子现金应用。

在出租车已经受理城市一卡通的地区，由于中国绝大部分城市出租车非接通信模块硬件上支持受理电子现金卡，所以只需要对计价收费软件作支持电子现金的升级并通过银行卡检测中心的检测即可。

（三）注意事项

资金清算是否及时将影响卡片的受理，建议根据当地实际情况设计丰富多样的数据上送方式，如司机每日回公司或到数据采集点通过存储卡汇总数据。

出租车为 24 小时工作的行业，选择合适的时间进行升级改造是项目实施时需要考虑的问题。特别对于需要改造出租车硬件的地区，出租车公司是否能够全力配合进行改造是决定项目成果的关键。

9.1.3.3　地铁

（一）场景需求

地铁收费一般采用一次性地铁票或地铁卡分段付费的方式，部分城市的城市一卡通也可以用于地铁。用户可以通过售票窗口或自助设备购买一次性地铁票，但在上下班高峰期间售票窗口经常排长队，并且地铁自助设备的损坏率很高。同时，使用地铁卡或城市一卡通用户通常需要缴付押金。因此，用金融 IC 卡替代一次性地铁票及地铁卡，对用户既方便又实惠。

（二）主要工作

改造地铁闸机，以支持 PBOC 应用是实施中的主要工作。根据闸机的不同，改造可能只包括软件或软硬件均包括，改造工作量和成本也不一样。

其他工作包括发行带行业应用的金融 IC 卡对发卡行及行业发卡系统的改造，行业密钥的密钥管理系统建设，行业系统的交易数据处理、数据上送、清算等部分的升级。

9.1.3.4　高速 ETC

（一）场景需求

ETC 指高速公路不停车收费模式。缴费车辆无须在高速公路收费站停车缴费，只须低速通过收费站即可依靠电子设备自动完成缴费。用户的缴费介质为高速公路收费卡，该卡插在 ETC 不停车收费的专用车载设备（OBU）上，通过 OBU 和高速公路 ETC 收费设备的通信实现缴费功能。

使用金融 IC 卡代替高速公路收费卡在用户的使用场景上并没有不同。

（二）主要工作

改造 OBU，以支持相关功能是实施中的主要工作。

其他工作包括发行带行业应用的金融 IC 卡对发卡行及行业发卡系统的改造，行业密钥的密钥管理系统建设，行业系统的交易数据处理，数据上送，清算等部分的升级。

（三）注意事项

ETC 收费在车辆行驶过程中进行，对于交易完成的时间有较高的要求，而不停车收费通道的距离、允许车速、机具的速度、卡片的速度均会对交易完成时间产生影响。因此，在不改变交通部现有的 ETC 相关技术标准规范的前提下，电子现金账户用于 ETC 车道需要对系统的各方进行周密的考量并经过实际测试检测后方能实施。

9.1.3.5 高速 MTC

（一）场景需求

MTC 是指高速公路的人工停车收费。传统的方式是驾驶员在高速收费口领取高速入站记录卡或单据，然后在高速出口将单据交给收费人员，收费人员计算通行费用金额后向驾驶员收取。

现金缴费时间长，需要找零，还涉及资金管理。如果使用电子现金卡支付，支付过程中不打印签购单，无须持卡人输入密码，使用非接触式标准 IC 在 1 秒左右就可完成支付，大大优于现金支持，也优化了高速收费的现金管理。

（二）主要工作

此种情况的合作，只需要在高速收费站出口处布放 PBOC 电子现金受理终端，驾驶员使用电子现金卡缴纳停车费。此种合作无须卡片改造，任何 PBOC 电子现金卡都可以使用。

为进一步优化交易速度，建议将电子现金终端连接到高速收费系统，通行费计算出后直接传到金融 POS 终端上，需要高速收费系统的接入改造。

（三）交易流程

收费站工作人员使用驾车人的接触式标准 IC 卡刷卡支付，或驾车人使用非接触式标准 IC 卡自助刷卡支付。

金融 POS 终端直接从标准 IC 卡的电子现金账户中扣除应缴过路费成功后，则收费站允许待通过车辆通行，相关交易记录存储在金融 POS 终端内。

金融 POS 终端在每日规定时间或特定时间将所存储的交易记录发送到转接清算系统。

转接清算系统向发生交易的标准 IC 卡所属发卡银行发起交易请求。

发卡银行向转接清算系统返回交易结果。

次日，转接清算机构将资金清算到收费中心指定收单银行的结算账户中。

收费中心将资金清算到高速公路业主的银行结算账户中。

（四）注意事项

建议采用专用的电子现金终端，成本较低。但如出现电子现金余额不足的情况，持卡人只能支付现金，不能采用 IC 卡联机借记、贷记消费。

9.1.3.6 停车场

（一）场景需求

传统的停车场方式是驾驶员在停车场入口领取停车入场记录卡或单据，然后在停车场出口将单据交给收费人员。收费人员计算停车费用金额后向驾驶员收取。

现金缴费时间长，需要找零。如果使用电子现金卡完成支付，可以大幅度缩短收费时间，减少停车拥堵，提高停车场使用效率。

（二）主要工作

此种情况的合作，只需要在停车场出口处布放电子现金受理终端，驾驶员使用电子现金卡缴纳停车费。此种合作无须卡片改造，任何电子现金卡都可以使用。

为进一步优化交易速度，建议将金融 POS 终端连接到停车场收费系统，停车费计算出后直接传到金融 POS 终端上，需要收费系统的接入改造。

（三）交易流程

停车场工作人员使用驾车人的接触式标准 IC 卡刷卡支付，或驾车人使用非接触式标准 IC 卡自助刷卡支付。

金融 POS 终端直接从标准 IC 卡的电子现金账户中扣除应缴停车费成功后，则停车场允许待通过车辆通行，相关交易记录存储在金融 POS 机终端内。

金融 POS 终端在每日规定时间或特定时间将所存储的交易记录发送到转接清算系统。

转接清算系统向发生交易的标准 IC 卡所属发卡银行发起交易请求。

发卡银行向转接清算系统返回交易结果。

次日，转接清算机构将资金清算到收费中心指定收单银行的结算账户中。

收费中心将资金清算到停车场业主的银行结算账户中。

（四）注意事项

建议采用专用的电子现金受理终端，成本较低，如出现电子现金余额不足的情况，持卡人只能支付现金，不能采用 IC 卡联机借记、贷记消费。

9.2　金融 IC 卡在城市一卡通领域的应用

9.2.1　城市一卡通背景介绍

9.2.1.1　城市一卡通定义

虽然当前各地区对城市一卡通的应用范围和定义均有区别，但主要可分为着重解决区域性交通应用的城市公交一卡通，以及满足综合性应用的市民一卡通两类业务场景。而市民一卡通在某些特定区域可能包含城市公交一卡通的相关合作领域，也有可能完全与城市公交一卡通合作领域无关，仅用于持卡人社会性事务的统一办理。

9.2.1.2　城市一卡通业务现状

城市一卡通历经十余年的发展，从单一的公交应用发展到目前跨行业的多元应用，涉及公交、地铁、出租、轮渡、旅游、餐饮等数十个领域。截至 2010

年底，全国应用一卡通的城市达380多个，全国累计发卡超过了2亿张，行业在用的终端数量逾60万台，日均交易量达到了1亿笔。同时，随着城市信息化的发展，部分城市政府开始把城市一卡通与市民应用相结合，实现政务电子化和公共信息管理的建设，将城市一卡通逐渐打造成为市民手中最常用的信息管理和小额支付工具。

在各地城市一卡通建设快速推进的同时，部分问题也逐渐显现，并影响到城市一卡通的进一步发展。其主要表现在：一是标准不统一、密钥不通用、网络和结算体系独立，造成重复建设，增大了整个社会运转成本。二是城市一卡通项目盈利能力欠缺，收支平衡难以实现。由于各地城市一卡通系统独立建设，单个项目投入成本高，交易量及收益受各地城市和人口规模的限制，突破空间有限。大部分城市的一卡通运营机构均需要政府财政投入补贴方能维持正常的运营，为此部分地方政府也开始考虑通过引入新的投资机构参与项目建设，提高运营效率，降低政府补贴投入。三是城市一卡通公司通常投资主体较多，利益关系复杂，在向新的行业领域扩展或引入新的合作对象时，通常受到各方利益制约，难以顺利开展。

9.2.1.3　城市一卡通发展趋势

在内外环境的共同推动下，城市一卡通在技术手段、平台搭建、运营模式等方面开始向标准化、统一化的方向发展，特别是其支付应用出现从传统的公共服务领域向银行卡领域的渗透趋势。目前，住建部已开始规划城市一卡通互联互通的试点工作，计划在2011年底完成15个城市的互联互通，在"十二五"期间实现60个城市的互联互通。这造成了系统的重复建设和社会投资的浪费，使金融监管的难度加大，对银行卡业的发展也带来诸多不利因素。

9.2.1.4　城市一卡通与金融IC卡合作基础

随着银行卡产业由磁条卡向芯片卡迁移的推进，金融IC卡与城市一卡通合作的基础条件已经具备，主要体现在：

（一）相关行业指导意见为合作提供重要的政策支撑

人民银行129号文件和64号文件的下发，为各地金融IC卡与城市一卡通合作提供一个宽松而有利的发展机会。

（二）金融IC卡产品的发展创新提供技术保障

在国内启动磁条卡向IC卡的迁移后，银行卡产业在产品类型上更加丰富，在技术实现方面已能满足城市一卡通行业的应用需求。

9.2.2　总体目标和要求

9.2.2.1　总体目标

借助人民银行推动金融IC卡在公共服务领域的应用契机，以城市一卡通项目建设为抓手，一方面，扩大 PBOC 标准卡的发卡量，并通过对行业合作受理终端的改造，将 PBOC 卡支付范围拓展到更广泛的行业应用领域；另一方面，通过城市一卡通合作平台，集成互联网、终端、电话和手机等金融支付技术，打通各种水、电、气等便民支付通道，实现金融 IC 卡与持卡人日常支付的深度绑定。

9.2.2.2　合作内容

在推动城市一卡通项目建设过程中，金融 IC 卡与一卡通行业应用的结合，主要包含以下几方面内容：

（一）行业合作发卡，扩大标准卡发行

推动金融 IC 卡与行业应用相结合，在金融 IC 卡上实现行业应用与金融应用并存，从而扩大 PBOC 金融 IC 卡在特定行业人群中的使用。

（二）同步改造行业受理环境、扩大受理范围

为实现一卡通用的目标，促进金融 IC 卡在行业支付领域的应用，在城市一卡通开展过程中，需要同步推进行业受理终端的改造，使得符合 PBOC 标准的卡片的使用范围拓展到更广泛的行业领域。

9.2.2.3　总体要求

标准规范统一遵守：涉及金融方面的卡片、终端必须按照相关的统一标准进行开发、改造与检测。涉及行业方面的内容可通过区域性技术指导方案的方式进行统一，避免出现两义性。

行业范围全面覆盖：利用城市一卡通项目，尽可能覆盖便民支付的各个支付环节，通过统一的接入平台，实现跨地域、跨银行之间的支付处理。

行业信息统一接入：在需要建设一卡通行业信息平台、一卡通行业信息前置时，尽量确保联网通用。实现统一集中的行业信息管理、统一改造应用接口、统一的技术标准、统一的安全防护机制。

9.2.2.4　主要金融 IC 卡产品

在城市一卡通应用领域中，金融 IC 卡的多种产品均能够满足行业要求。

（一）借记/贷记产品

可以实现现有磁条借记/贷记卡的全部功能，能完全取代磁条卡。可根据应用需要选择接触式接口、非接触式接口或双界面接口。同时利用 IC 卡支持一卡多应用的特点，可以满足各种行业应用合作的特殊要求。

适用范围：适用范围广泛，既能应用于传统商业领域，如商场、酒店、宾馆、餐饮和超市等联机环境理想领域；又能与社保、医疗、身份认证、市民卡、医保等行业应用相结合，丰富卡片的功能。

（二）电子现金产品

金融 IC 卡电子现金产品是适用于脱机、小额、快速支付领域的银行卡产品。

适用范围：在公交车、轨道交通、高速公路、出租车、轮渡、医疗、停车场、加油、公园景点、快餐、小额购物等需要快捷扣款的领域均能够使用电子现金产品完成支付。

（三）借贷记+电子现金产品

在一张 IC 卡上也能够同时实现借记/贷记与电子现金功能，在大额交易时可与标准借记/贷记应用相结合，使用联机授权功能完成支付（即采用银行卡的借记功能或者贷记功能），在脱机、小额、快速支付领域可以使用电子现金功能，是一种功能齐全的金融产品，可覆盖的行业范围更为广泛。

9.2.3　城市公交一卡通

城市公交一卡通是指利用一张 IC 卡完成在地铁、公交、出租、航空、路桥、高速等公共交通领域的支付处理。由于在公共交通领域支付目前多采用 IC 卡完成，在银行卡未升级到 IC 卡前，暂时无法满足行业非接触或脱机交易的需求。而在银行卡向 IC 卡迁移后，金融 IC 卡具备进行行业支付的必要条件。

（一）业务结合点分析

金融 IC 卡与城市公交一卡通的结合主要体现在如下方面：

利用金融 IC 卡支持小额快速支付的特点，通过改造相关的行业受理终端，在支付环节上实现用金融 IC 卡逐步替代现有的行业卡完成支付。该类支付以脱机交易为主。

（二）卡片发行模式

在推动金融 IC 卡与城市公交一卡通项目建设时，卡片的发行可以选择如下的几种模式开展：

（1）银行独立发卡、卡片上仅有标准的金融应用和金融相关密钥。对城市公交一卡通的领域采用类似传统特约商户发展方式进行拓展。

（2）银行与当地一卡通企业合作发卡，卡片上有公交一卡通相关的信息和行业密钥，卡面上有一卡通图标或其他信息。当地一卡通公司，可能会作为统一的行业接入方，负责卡片上行业信息的管理和行业密钥的控制。

以上无论何种发卡模式，必须坚持金融支付应用采用 PBOC 标准。

（三）终端及渠道支持

（1）传统金融终端必须进行金融 IC 卡受理改造，支持金融 IC 卡交易。

（2）行业终端需要按照金融标准进行应用的符合性改造，使其能够支持标准的金融 IC 卡消费使用和参数下载。

（3）根据行业合作实际要求，通过对 ATM/CDM 等终端进行改造，支持电子现金的圈存交易。

（四）基本业务流程

在金融 IC 卡参与城市公交一卡通项目建设时，金融交易按照传统的申请、发卡、消费、清算流程进行处理。如果涉及行业信息的管理和开通，可参考如下流程：

（1）持卡人到发卡行申请金融 IC 卡。

（2）如果在卡上需要存放城市公交一卡通的相关信息（包括行业密钥），可根据当地行业应用需要，让持卡人在银行或行业合作机构端加载相关信息。银行或合作行业应在业务正式推广前完成相关的系统建设。

（3）持卡人持卡到支持金融 IC 卡的行业受理终端上进行使用。

（4）如果是金融交易按银行卡标准流程进行处理，如果是行业信息的处理，则需要通过与行业方约定的方式对卡内信息进行处理。

（5）行业受理终端可通过收单机构各自独立上送，或按照行业信息集中后统一上送的方式，将脱机交易记录上送处理。跨行脱机交易应在交易完成的 20 个自然日内，由收单机构上送转接清算机构进行处理。

（五）主要交易流程

（1）电子现金联机消费流程（见图 9 – 1）。

（2）电子现金脱机消费流程（见图 9 – 2）。

（六）资金清算

（1）对当地无一卡通公司的城市，当地公交、出租等行业商户可视为标准的银行卡受理商户，可按现有的发卡、转接、收单的模式进行清算。资金通过转接清算机构清算到收单银行，再到具体的行业商户。

（2）对当地有一卡通公司的城市，由于部分一卡通公司会作为行业统一的接入方，因此在当地项目建设过程中，行业资金清算到收单银行后，可能会先清算到当地一卡通公司，再由一卡通公司清算到具体的商户。

9.2.4　城市市民一卡通

城市市民一卡通是指除能完成在公共交通领域的支付处理外，还能用于开展办理个人社会事务和享受公共服务的一卡通产品。部分城市的市民一卡通也有可能不含公共交通方面的应用。

（一）业务结合点分析

金融 IC 卡与城市市民一卡通的结合，除与城市公交一卡通类似，通过改造相关的行业受理终端，在支付环节上实现用金融 IC 卡逐步替代现有的行业卡完成支付外，还能够基于统一城市市民一卡通平台、转接机构相关平台等行业接入平台，将水费、电费、煤气费、有线电视、网络费、数字电视、小区物业等

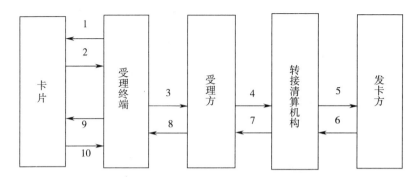

注：1. 受理终端向卡片发起请求联机交易报文。

2. 卡片响应受理终端交易请求并返回 AROC。

3. 受理终端将 AROC 打包在联机交易请求报文中并上送到受理方系统。

4. 受理方将终端上送的联机交易请求报文发送至转接清算机构。

5. 转接清算机构将联机交易请求报文转发至发卡银行。

6. 发卡银行处理联机交易请求并向转接清算机构返回结果。

7. 转接清算机构将联机交易响应报文转发至受理方。

8. 受理方将联机交易响应报文下发至受理终端。

9. 终端根据联机交易响应报文结果与卡片完成本次联机交易。

10. 卡片返回联机交易处理结果。

图 9 - 1　电子现金联机消费流程

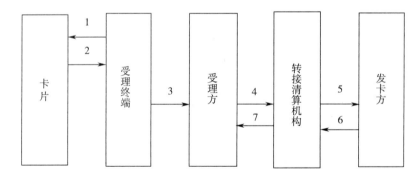

注：1. 受理终端发起电子现金脱机交易。

2. 卡片响应受理终端发起的电子现金脱机交易。

3. 受理终端批量上送脱机交易记录。

4. 受理方将终端上送的脱机交易记录发送至转接清算机构。

5. 转接清算机构向交易 IC 卡所属发卡银行发起交易请求。

6. 发卡银行响应交易并向转接清算机构返回结果。

7. 转接清算机构将交易资金清算到商户在受理方的结算账户中。

图 9 - 2　电子现金脱机消费流程

缴纳和个人社会事务的办理进行集中处理。为保证报文一致性和可扩展性，建议优先使用统一的平台进行接入。

（二）卡片发行模式

在推动金融 IC 卡与城市公交一卡通项目建设时，卡片的发行可以选择如下的几种模式：

（1）银行独立发卡、卡片上仅有标准的金融应用和金融相关密钥。对城市公交一卡通的领域采用类似传统特约商户发展方式进行拓展。

（2）银行与当地一卡通企业合作发卡、卡片上有公交一卡通相关的信息和行业密钥，卡面上有一卡通图标或其他信息。当地一卡通公司，可能会作为统一的行业接入方，负责卡片上行业信息的管理和行业密钥的控制。

以上无论何种发卡模式，必须坚持金融支付应用采用 PBOC 标准。

（三）终端及渠道支持

（1）改造金融终端或行业终端使其能支持金融 IC 卡的消费或圈存。

（2）为保障交易过程中与行业信息的正确交互，行业合作方的系统，应优先按照银行卡通用的规范完成改造。

（3）在特定区域，为了完成水、电、气等公共事业费用的缴纳和个人社会事务的统一接入。在城市市民一卡通项目建设时，通常还需要建设一个公共服务信息接入平台前置，实现对行业信息报文的转换，以便于相应的终端上能通过该平台完成公共信息的处理。

（4）对当地需要建设公共服务信息接入前置时，应尽量采用统一的平台进行接入。

（四）基本业务流程

（1）当地有市民卡管理机构，且负责卡片统一发放。

• 银行与市民卡管理机构共同完成卡片基础信息制作，持卡人到市民卡管理机构申请城市市民一卡通。

• 持卡人在市民卡管理机构完成初始数据（密码）等设置工作，完成领卡。

• 如果仅拓展市民卡受理范围，则持卡人只需到市民卡相关受理领域进行使用。如果需在市民卡上开通新的行业应用，持卡人可以选择到市民卡中心或银行、行业网点和终端上实现新的应用加入。

• 销卡、补卡、挂失卡需要根据当地市民卡机构与银行、行业各方的确定的业务流程进行办理。

• 持卡人在支持市民卡的相关终端上进行交易时，金融支付部分交易通过银行卡联网通用网络进行。涉及行业信息销账处理，可通过统一的信息处理平台完成。

- 涉及脱机交易记录文件的处理可通过市民卡管理机构统一汇总后，再上送给收单行，转给转接清算机构处理。

（2）对无市民卡管理机构，或市民卡管理机构不负责卡片发送。

- 持卡人到发卡机构申请金融 IC 卡。如果在卡上需要存放城市一卡通的相关信息（包括行业密钥），可根据当地行业应用需要，让持卡人在银行或行业合作机构端开通。

- 持卡人持卡到支持金融 IC 卡的行业受理终端上进行使用。

- 跨行的联机交易按现有业务进行转接、清算或处理。跨行脱机交易在交易完成的 20 个自然日内，由收单机构上送转接清算机构进行处理。行业部分的应用，由受理行业自己完成处理。

（五）主要交易流程

在市民一卡通项目中，除可能包括公交一卡通相关交易流程外，还存在与行业信息联机交互处理的流程。

典型的与行业信息进行交互的流程如缴纳水、电、气，在该交易中，终端需先向行业合作方系统查询需要从金融账户上扣取的交易金额，然后再从金融 IC 卡上扣款，完成交易。

（六）资金清算

对当地无市民卡管理公司的城市，联机交易，按现有的发卡、转接、收单的模式进行清算。资金通过转接清算机构清算到收单银行，再到具体的行业商户。对当地有市民卡管理公司的城市，资金清算到收单银行后，会根据当地业务协商情况，先清算到当地市民卡公司，再由市民卡公司清算到具体的商户。

9.3 金融 IC 卡的跨行业应用

金融 IC 卡除可以实现金融支付功能以外，还可以实现多种行业的跨行业应用，这一方面方便了持卡人，另一方面也给行业管理者和金融机构等带来了很多收益和机会，如塑造品牌、开发新的商业合作模式、提升管理能力、降低成本等。下面以加载金融应用的社保卡为例，对金融 IC 卡的跨行业应用作简要介绍。

9.3.1 背景介绍

9.3.1.1 政策背景

根据《关于社会保障卡加载金融功能的通知》（人社部发［2011］83 号，以下简称 83 号文）精神，各地不仅要加快发行具有金融功能的社会保障卡，而且要力争用 5 年左右的时间基本实现社会保障卡普遍具有金融功能的目标，努力构建适合具有金融功能社会保障卡的管理机制。

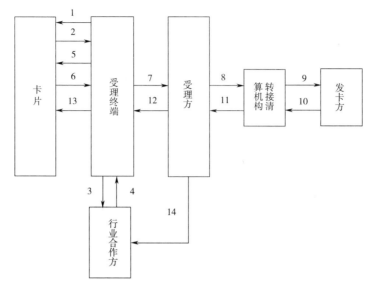

注：1. 受理终端向卡片查询支持行业应用相关信息。

2. 卡片响应受理终端查询请求。

3. 受理终端向行业合作方机构发起行业应用交易请求。

4. 行业合作方返回交易应答，并返回终端。

5. 受理终端向卡片发起联机交易请求。

6. 卡片响应联机交易请求并返回 AROC。

7. 受理终端将 AROC 打包在联机交易请求报文中并上送到受理方系统。

8. 受理方将终端上送的联机交易请求报文发送至转接清算机构。

9. 转接清算机构将联机交易请求报文转发至发卡银行。

10. 发卡银行处理联机交易请求并向转接清算机构返回结果。

11. 转接清算机构将联机交易响应报文转发至受理方。

12. 受理方将联机交易响应报文下发至受理终端。

13. 终端根据联机交易响应报文结果与卡片完成本次联机交易。

14. 受理方系统将行业应用交易结果发送至行业合作方。

图 9 - 3　行业信息交互流程

9.3.1.2　定义及定位

加载金融功能的社会保障卡（简称金融社保卡）是经人力资源和社会保障部（以下简称人社部）与中国人民银行（以下简称人民银行）批准，由各地人力资源和社会保障部门联合商业银行向社会公众发行的集成电路（IC）卡，具有金融功能的社会保障卡卡片介质为接触式芯片卡，可以用芯片加隐蔽磁条复合卡的形式暂时过渡。

加载金融功能后的社会保障卡，作为持卡人享有社会保障和公共就业服务权益的电子凭证，具有信息记录、信息查询、业务办理等社会保障卡基本功能的同时，可作为银行卡使用，具有现金存取、转账、消费等金融功能。其中金融应用为人民币借记应用，暂不支持贷记功能，其使用范围限定在中华人民共和国境内。

9.3.1.3 金融社保卡现状

近几年，人力资源和社会保障部对社会保障卡加载金融支付功能的需求越发明显，相继出台了包括 83 号文在内的各项指导方针及规范，各地政府、银行、银联等相关机构也纷纷响应，积极制定社保卡加载金融功能的实施方案，大力推进相关工作的有效开展，出现了大量社保 IC 卡和金融 IC 卡合作的应用案例。其中福建采用 PBOC1.0 金融功能结合社保应用进行了大批量的发卡，其他部分地区（如江苏、山东等地）采用了社保芯片 + 磁条的方式。芯片部分支持社保应用，金融应用仍依赖磁条实现。而重庆、天津、贵州等地已经率先实现了符合 PBOC2.0 标准的社保卡的发行。

根据 83 号文的推广安排，加载金融功能的社会保障卡项目的实施从 2011 年至 2012 年为试点阶段。目前《社会保障卡加载金融功能总体方案》（以下简称《方案》）已经发布，力争在"十二五"期间达到《方案》中的采用单一芯片卡模式的最终目标，其他地区的商业银行及社保机构也已开始着手处理 2012 年的发卡计划。2013 年起开始全面推广，所有地区新发卡均采用单一芯片卡。单一芯片卡全面推广后，对于已处于使用中的复合卡，采用自然淘汰的方式进行更换。

9.3.1.4 总体目标

按照推进社会保障一卡通建设的指示精神，通过在社保领域引入并发行具有金融功能的社保卡，达到缓解、改善目前市民看病就医支付时的排队问题，方便市民支付、提高支付效率。

同时借助人力资源与社会保障部推动社保卡加载金融功能的契机，扩大银行卡在支付领域的应用，增加其使用范围，并尝试通过宣传、费率优惠等方式强化商户及持卡人用卡意识，扩大 IC 卡的使用领域，实现双方回报社会的增值服务与合作共赢。

9.3.1.5 项目参与方、参与方主体及主要职责（见表 9 – 1）

表 9 – 1 　　　　　　　　　　项目参与方、参与方主体及主要职责

项目参与方	参与方主体	主要职责
社保部门	社保部门	落实《社会保障卡加载金融功能总体方案》，联合发卡银行制定发卡流程、完成加载金融功能的社保卡社保部分的个人化，进行系统改造适应新的业务要求，满足持卡人社保方面的功能需求。
发卡机构	发卡银行	联合社保部门制定发卡流程，发行加载金融功能的社保卡，完成金融部分的个人化工作，进行系统改造处理社保账户及金融账户的资金划拨。

项目参与方	参与方主体	主要职责
收单机构	收单银行	进行终端升级，完善受理环境，配合相关单位完成医院及药店的资金入账。
商户	医院和药店	进行 HIS 系统的改造，受理各种类型终端的交易处理。
清算转接机构	中国银联	完成联网联合交易的处理，处理银行卡跨行交易的处理，提供社保及银行相关清算文件，供其完成账务的清分清算。
监管机构	人民银行	协调各项目参与方，制定相关的规章制度，监督项目的开展及实施状态。

9.3.2　业务方案

9.3.2.1　主要功能和特性

根据交易类型的不同，具有金融功能的社保卡业务可分为社保业务、金融业务以及社保金融结合业务。

金融业务指不依赖于社保即能进行开展的业务，比如传统消费、取款等。

社保业务指不依赖于金融业务即能进行开展的业务，比如参保登记、待遇查询、医保个人账户的费用结算等。

社保金融结合业务指从业务层面，交易类型既和金融交易相关也涉及社保信息的处理，比如养老金的领取、参保缴费、医保自付费用等。

具有金融功能的社保卡在实现方式及技术架构上思路是统一的，即社保应用和金融应用自成一体，不应因为一方的改变而影响另一方的使用，所以在应用系统设计上也尽量保持延续这种思路。首先，尽量不进行大规模的系统改造，以免影响目前的交易进行。其次，尽量降低双方的耦合性，减少复杂交易带来的风险。

9.3.2.2　终端及渠道

适用于加载金融应用的社保卡各类业务的终端渠道涉及 ATM、柜面、社保业务功能终端、金融业务功能终端及全业务功能终端。其中社保业务功能终端不涉及金融支付流程，因此不在本文范围内。

表 9 - 2　　　　　　　　　　业务与渠道的关系

业务类型	交易类型	终端渠道	交互方式
社会保险费缴纳	存款、代收（扣）	ATM、柜面	刷卡、委托
社会保障待遇的领取	取现、代付	ATM、柜面	刷卡、委托
医保自付费用结算	消费	社保业务功能终端/金融业务功能终端/全业务功能终端	刷卡
药店支付	消费	社保业务功能终端/金融业务功能终端/全业务功能终端	刷卡

9.3.2.3　业务处理流程

一、社会保险费缴纳

（一）定义

社会保险费缴纳，指的是包括灵活就业人员、城镇参保居民、农村参保人员社会保险费的缴纳和银行代扣等。

（二）关联要求

持卡人通过金融社保卡缴纳社保费用，持卡人、社保部门以及合作银行之间需签订关联及合作协议。

1. 持卡人和社会保障部门签订扣款协议，并将金融社保卡上的社保账户和金融账户进行关联。

2. 社会保障部门和转接清算机构签订代扣协议（转接清算机构代扣模式），或者和合作银行签订代扣协议（银行代扣模式）。

3. 合作银行根据社会保障部门提供的扣款数据，在指定日期自动将持卡人金融账户的资金划转到社保缴费账户。

（三）业务流程

社会保险费缴纳业务中，持卡人需通过柜面或 ATM 或转账等方式将需缴纳金额存入金融社保卡的金融账户中，再由发卡银行根据所签订协议定期从持卡人金融账户中扣除应缴纳金额，划入持卡人社保账户中。

适用卡种：加载金融支付功能的社会保障卡，目前为借记卡。

交易要求：持卡人在 ATM 上刷卡，或经柜面由工作人员刷卡，并输入借记账户的联机密码完成存款交易。银行或转接清算机构须与持卡人签订委托协议，并定期从持卡人金融账户将金额划入社保账户。

1. 持卡人将应缴纳金额存入金融社保卡金融账户。

2. 划款。

（1）转接清算机构代扣模式（见图 9－4）。

（2）银行代扣模式（见图 9－5）。

3. 社会保障部门核对确认缴费信息，在持卡人金融社保卡社保账户记录缴费信息。

二、社会保障待遇的发放与领取

（一）定义

社会保障待遇的发放与领取业务，指的是社会保障机构定期将待遇发放金额通过银行存入到持卡人社会保障卡的金融账户中，持卡人通过银行柜面或 ATM 领取。

（二）关联要求

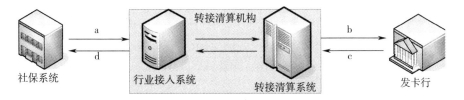

注：a. 社保系统定期向转接清算机构发送扣款通知信息。

　　b. 转接清算机构根据关联信息向各发卡行发送扣款信息。

　　c. 发卡行根据关联信息从持卡人金融社保卡的金融账户中划出应缴纳金额，并将结果返回转接清算机构机构。

　　d. 转接清算机构机构将扣款结果信息转发给社保系统。

图 9 - 4　转接清算机构代扣模式

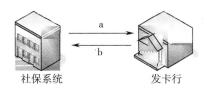

注：a. 社保系统定期向银行发送扣款通知信息。

　　b. 发卡行根据关联信息从持卡人金融社保卡的金融账户中划出应缴纳金额，并将结果返回给社保系统。

图 9 - 5　银行代扣模式

1. 社会保障部门将持卡人金融社保卡上的社保应用账户和金融应用账户进行关联。

2. 社会保障部门将社会保障待遇发送数据提交到合作银行或转接清算机构。

3. 合作银行通过本行系统或转接清算系统将资金发送到持卡人金融社保卡上的金融应用账户。

（三）业务流程

社会保障待遇的发放与领取业务，首先需社保部门定期向转接清算机构或银行发送发放入款通知，并将金额划入相应银行，转接清算机构或银行根据关联信息，将应发放待遇金额划入持卡人金融社保卡的金融账户部分。之后持卡人可过柜面或 ATM 等领取待遇发放金。适用卡种：加载金融支付功能的社会保障卡，目前为借记卡。

交易要求：持卡人在 ATM 上刷卡或经柜面由工作人员刷卡，并输入借记账户的联机密码完成交易。社保部门与银行须签订委托代付协议。

1. 社保部门根据社会保障待遇信息，定期将待遇领取人应发放的金额信息（入账通知）发送转接清算机构或合作银行。

（1）转接清算机构代付模式：

a. 转接清算系统根据关联信息向各发卡行发送入账请求信息。

b. 发卡行根据关联信息将持卡人的发放金额入账到持卡人金融社保卡的金融账户中，并将入账结果信息返回给转接清算系统。

c. 转接清算系统将入账结果信息转发给社保系统。

（2）银行代付模式：

发卡行根据关联信息将持卡人应发放金额入账到持卡人金融社保卡的金融账户中，并将入账结果返回给社保系统。

2. 社会保障部门核对确认信息，并在持卡人金融社保卡社保账户登记发放记录。

3. 持卡人可通过银行柜面及 ATM 实现社保待遇的领取。

三、医保自付费用结算

（一）定义

医保自付费用结算是根据《社会保障卡加载金融功能总体方案》，各地可在实现社会保险费用的缴纳以及社保待遇的发放基础上，借助社会保障卡加载的金融功能，探索开展的便民业务的体现，指的是持卡人在医院支付检查费、治疗费、医药费时，通过金融社保卡的金融账户来支付扣除医保账户之外的费用部分。

（二）业务模式

根据各地情况不同，此方案推荐两种医保自付费用结算模式，分别为医保系统接入模式以及医院 HIS 接入模式。

1. 医保系统接入模式。

此模式的特点是医保系统与转接清算系统对接，各医保定点医院的 MIS 系统（HIS 系统）都与当地医保系统相连。持卡人使用金融社保卡在医院刷卡进行支付，医院 HIS 将交易信息发送到当地医保系统，由医保系统计算出应由持卡人自付部分费用，并由医保系统将支付这部分费用的银行卡交易发给转接清算系统进行支付。

2. HIS 系统接入模式。

此模式的特点是各医保定点医院的 HIS 系统直接与转接清算系统相连。持卡人使用金融社保卡在医院刷卡进行支付，医院 HIS 将交易信息发送到医保系统，由医保系统计算出应由持卡人自付部分费用并返回给医院 HIS，而后由医院 HIS 与转接清算系统直接交互完成支付。

（三）业务流程

1. 医保系统接入模式：

如图 9 – 6 所示，借记账户支付流程如下：

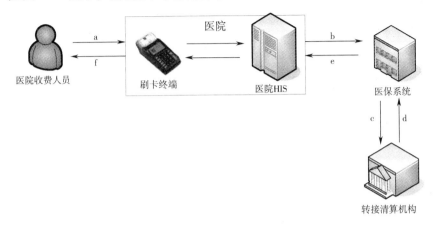

注：a. 医院收费人员使用持卡人的金融社保卡在刷卡终端上发起消费交易。
　　b. 刷卡终端将交易信息经由医院 HIS 发送到医保系统，由医保系统扣除医保账户应承担部分的金额，并计算出应由持卡人自付部分的金额。
　　c. 由医保系统向转接清算机构发送支付持卡人自付部分费用的借记消费交易信息。
　　d. 转接清算机构向医保系统返回交易结果。
　　e. 医保系统将交易结果通过医院 HIS 转发给刷卡终端。
　　f. 若交易成功，则医院收费人员告知持卡人支付成功，若交易失败，则要求持卡人使用现金进行支付。

图 9 – 6　医保系统借记账户支付流程图

2. 医院 HIS 接入模式。

借记账户支付流程如图 9 – 7 所示。

以上两种模式的刷卡终端分为两类情况：

1. 医院布放全业务终端：医院需要对现有终端进行改造，只需一次刷卡即可完成两个不同账户（社保账户及金融账户）的支付交易。

2. 医院在已有社保业务功能终端（PC + READER）上增加一台金融业务功能终端（POS 机）：医院对现有终端无须改造，只需布放 POS 机即可；但需两次刷卡才可完成两个不同账户（社保账户及金融账户）的支付交易。

四、药店支付

（一）定义

药店费用支付是根据《社会保障卡加载金融功能总体方案》，各地可在实现社会保险费用的缴纳以及社保待遇的发放基础上，借助社会保障卡加载的金融

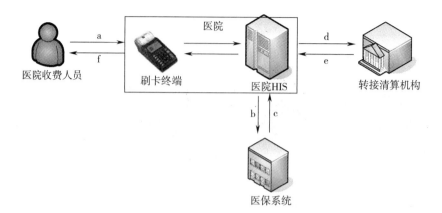

注：a. 医院收费人员使用持卡人的金融社保卡在刷卡终端上发起消费交易。

b. 刷卡终端将交易信息经由医院 HIS 发送到医保系统，由医保系统扣除医保账户应承担部分金额，并计算出应由持卡人自付部分的金额。

c. 医保系统将持卡人自付部分金额通过医院 HIS 返回给刷卡终端。

d. 刷卡终端向转接清算机构发起支付持卡人自付部分费用的借记消费交易。

e. 转接清算机构将交易结果返回给刷卡终端。

f. 若交易成功，则医院收费人员告知持卡人支付成功。若交易不成功，则要求持卡人使用现金进行支付。

图 9-7 医院 HIS 借记账户支付流程图

功能，探索开展的便民业务的体现。根据各地医保规定，药品在购买时按类别需要持卡人自付部分费用。本方案中药品支付指的是持卡人在药店买药时，通过金融社保卡的金融账户来支付扣除医保账户之外的费用部分。

（二）业务要求

医保定点药店 POS 机或药店系统不仅与医保系统相连，还需与转接清算系统相连。

（三）业务流程

药店收费人员将药品信息录入（手工或扫描条形码）到药店系统中，由此系统自动判断要支付的药品类别（甲类、乙类，或非医保范围药品），并根据药品类别计算出医保应付部分金额和持卡人自付部分现金金额（若购买多种药品，则累加）。若上述两部分金额中任一部分为零，则只发起一笔支付不为零部分金额的交易；反之则同时发起两笔交易。

如图 9-8 所示，借记账户支付流程如下：

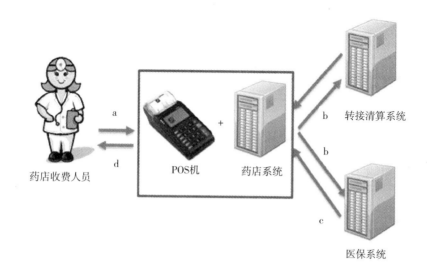

注：a. 药店收费人员使用持卡人的 IC 社保卡在 POS 机上进行支付。

　　b. 若医保应付部分金额和持卡人现金自付部分金额中任一部分为零，则只发起一笔支付不为零部分金额的交易；反之则同时向转接清算系统和医保系统发起两笔交易。

　　c. 医保系统和转接清算系统分别将交易结果返回给 POS 机。

　　d. 若两部分交易均成功，则药店收费人员告知持卡人支付成功；若其中某部分交易不成功，或两部分交易均不成功，则要求持卡人使用现金进行支付。

图 9 – 8　借记账户支付流程图

10 金融 IC 卡成功案例介绍

10.1 中国工商银行金融 IC 卡（标准金融 IC 卡）

中国工商银行（以下简称工商银行）于 2007 年发行了国内首张 PBOC2.0 银行 IC 贷记卡——牡丹交通卡。工商银行在推进发卡的过程中，着重发掘 IC 卡的行业应用功能。牡丹交通卡就实现了交通管理的行业应用，利用金融 IC 卡的安全存储功能，将驾驶员的信息和违章记分记录放在 IC 卡片中，不仅方便了持卡人，也方便了交警对驾驶员的身份核查、违章处理，提升了行业管理水平。这一产品在北京广泛发行后，逐步在上海等其他地区推广，目前已覆盖到江苏、浙江、陕西、海南、宁波等广大地区，已形成全国发展的局面。

工商银行还将广东和深圳作为 IC 卡的重点发展地区，陆续推出了有行业合作特色的产品。

国民旅游休闲卡：该卡具有旅游服务、金融服务、信息服务、会员管理等功能。凡持该卡的游客在广东"国民旅游休闲示范单位"、中国银联以及发卡银行的特惠商户刷卡消费，可享受各种折扣优惠和优质服务。

长隆牡丹信用卡：具有非接触式快速支付的功能。凡持该卡的游客到著名的综合性旅游景点——广州长隆旅游度假区时，无须提前排队购票，凭卡在景区入口闸机感应读卡支付即可进入景区，既方便又快捷。该卡还可在景点的宾馆、餐饮、超市等使用。

广深铁路牡丹 IC 卡：该卡是国内铁路系统的首张银行 IC 卡，除具备更为安全的金融支付功能外，更可实现通过非接触式刷卡方式乘坐广深线"和谐号"动车组，比传统窗口购票更方便快捷。持卡人在乘坐广深线"和谐号"时，无须购票，直接刷卡进闸乘车。需席位的可在配有席位机的车站进行确认。在出站时直接刷卡出闸，铁路通过银行扣取旅客所乘区间票款。

乐洋洋亚运芯片信用卡：该卡片将使持卡人享受"卡不离手，轻松一挥"即可完成，并且不需要持卡人输入密码快速支付，有效地满足了亚运会的支付需要。

双币种电子现金卡：这是工商银行在澳门发行的全球首张具备闪付功能的银联双币种信用卡。该卡采用 IC 卡的非接触式技术在卡片上加载两个币种（澳门元和人民币）的电子现金，同时对 POS 机和读卡器等终端进行升级或更新，实现发卡和收单的同步完成。该产品的最大特点有两个方面，一是非接触式小额快速支付，其读卡时间仅为 0.3 秒至 0.5 秒，每笔支付的所有时间也仅为数秒，可以满足快速支付的需求，同时也大大提升了网点的销售额。二是在此之前，全球并没有将双币种电子现金集中一同一张银联信用卡的产品，该产品的投产满足了广大澳门居民在两地小额快速支付的需求。同时该卡片为 PBOC2.0 标准的金融 IC 卡，具有很高的安全性。

10.2　宁波市民卡（一卡通）

宁波市民卡项目是全国第一个 PBOC2.0 小额支付试点项目。

宁波市民卡项目是宁波市政府为方便市民工作生活、减少重复投资、促进智能卡产业发展、优化电子商务环境、推进城市信息化而启动的一项重大工程。该项目的主要工作是广泛应用 PBOC 金融 IC 卡的安全和多应用的功能为市民提供便利。

宁波市民卡是由宁波市相关商业银行与市政府授权的市民卡服务中心合作发行的符合 PBOC 标准的银行联名卡，具有信息存储、身份识别、电子凭证、信息查询和支付等基本功能。

宁波市民卡支付应用可以是小额支付、借记应用或者贷记应用，小额支付应用可以独立存在或者与借记/贷记应用一起存在。带有金融支付应用和政府公共服务应用的市民卡称为市民卡 A 卡，只带有金融支付应用而不带有政府公共服务应用的市民卡称为市民卡 B 卡。B 卡于 2009 年全面发行。

通过行业整合，宁波市民卡成功实现了金融 IC 卡在公交、出租等小额快速支付领域的试点，既满足了行业应用需要，又提升了支付安全性。目前，宁波市民卡正在公交、出租进行全面推广，并着手开展在停车咪表、社保等领域应用 PBOC 金融 IC 卡的工作。宁波市民卡的成功为全国金融 IC 卡应用普及提供了经验和指导。

10.3　新余市民卡（一卡通）

新余是全国 47 个金融 IC 卡在公共服务领域中应用试点的城市之一，也是江西省唯一的试点城市。新余市政府在 2010 年、2011 年连续两年将新余市城市公众一卡通的应用项目写入《新余市政府工作报告》，是新余市"十二五"规划中的十大民生工程之一，项目得到了新余市委、市政府和人民银行南昌中心支行的高度重视和关注。以此为契机，新余市成功实施了城市公众一卡通工程，在行业应用和银企合作上取得了重大突破。2011 年 12 月 9 日，新余市民卡成功首发。

新余市民卡完全采用了 PBOC2.0 的标准，所有的受理终端（包括便民终端和公交车载终端）均是严格按照 PBOC2.0 的受理标准进行的改造和建设，资金清算遵照现有普通银行卡的清算模式。这种模式的最大好处便是通用，全国所有符合 PBOC2.0 标准的金融 IC 卡在新余市均可无障碍的使用（包括缴费及公交刷卡等小额支付场合）。新余市市民卡也可以走出新余，在全国所有遵照 PBOC2.0 标准建设的受理设备上通行无阻。另一方面，以金融机构作为项目建设的主力军，不引入第三方的非金融机构参与转接和清算，使之真正成为一个金融服务民生、普惠百姓的工程。项目以商业银行和中国银联为主体，搭建了一个开放的、规范的金融 IC 卡应用平台。在行业接入平台建设完成后，新余市所有的金融机构都可以参与到新余市金融 IC 卡应用推广工作中来。作为发卡行发行符合 PBOC2.0 标准和新余市民卡规范的金融 IC 卡，作为收单行受理各种行业缴费业务，并按既定规则参与相应的分润，此举实现了社会资源的集约应用，避免了商业银行之间的恶性竞争。

新余市城市公众一卡通工程最显著的特点有两个：一是紧紧围绕着标准。项目建设严格遵从 PBOC2.0 标准，使新余市民卡能发得出来，走得出去；同时，做到能够全面受理其他城市发行的符合 PBOC2.0 标准的金融 IC 卡，保持金融 IC 卡在新余市全方位的联网通用；二是行业接入平台的建设保持充分的开放性，让所有想参与的金融机构、行业和商户都能随时无障碍的接入，共同分享金融 IC 卡推广的成功果实。新余市的市民是这个开放平台的最大受益者，接入的商户越多，参与的金融机构越多，市民获得的方便与快捷就越多。

在公交行业，新余市采用更换车载终端的办法，实现金融 IC 卡在公交领域的无障碍使用。新加装的车载终端同时支持 PBOC2.0 标准（小额支付功能）的金融 IC 卡和原有的公交卡，不影响原公交卡持卡人的使用，只在学生卡、老人卡等公益领域保留原公交卡的使用，通过自然淘汰的方式，完成公交卡的替换。金融 IC 卡电子现金交易数据以无线通信的方式准时传送至银联网络进行处理，减少了中间环节，优化了工作流程。

新余市还将继续拓展金融 IC 卡在出租车、广电等与公众生活密切相关的行业应用，拓展金融 IC 卡在学校、工厂等有特定人群的领域应用，鼓励发卡银行与这些单位进行合作，规模发卡。同时，加快存量受理终端的非接触式改造工作，逐步提高非接触式机具的覆盖率。

10.4 交行世博 IC 卡（快速支付）

为更好地满足境内外游客在参观上海世博会期间的消费支付需求，交通银行于 2009 年底发行了 PBOC2.0 太平洋借记卡产品,并于 2010 年推出首张"芯片版"银联标准预付卡——太平洋世博非接触式芯片预付卡。太平洋借记卡面向全国发行,卡片上具有借记芯片账户,还具有电子现金和非接触功能。太平洋世博非接触式芯片预付卡在上海发行,卡片只具有电子现金和非接触功能。两种卡片都能实现不输密码、不签单的快速支付,不仅可在世博园区内的所有商户、自动售卖机等上面通用,还可在上海世博园区外的上万家商户使用非接触式和快速支付功能。并可在拥有银联非接触式商户圈的广东、深圳、浙江、江苏、宁波、长沙等地区通用。

10.5 成都"蓉城卡"(快速支付)

成都市金融 IC 卡多应用试点工作是以深入贯彻落实科学发展观,坚持政府引导、市场化运作,以保障公共用卡安全、促进社会成本节约、便民惠民为宗旨,把拓展金融 IC 卡多行业应用和"城市一卡通"建设相结合,大力推进银行卡产业升级、支持手段创新和非金融机构支付产业成长,积极支持成都金融业发展和西部金融中心建设。按照 PBOC2.0 标准发展"城市一卡通",并实现银行发行的金融 IC 卡具备"城市一卡通"功能,拓展金融 IC 卡应用范围,逐步扩大在交通、公共事业缴费、餐饮、娱乐、购物等具有快速小额支付需求行业的应用,实时加载医疗卫生、社保、教育、民政、财税等相关政府服务功能,实现多领域、跨行业的一卡多用和信息资源共享,是实现金融 IC 卡地铁领域应用为突破的一项重大民生工程。

试点工作于 2011 年 5 月 30 日正式启动,计划用 2 年到 3 年完成。1 年来,试点工作取得了较好的成效。一是在全国范围内率先实现金融 IC 卡电子现金在地铁应用,首次尝试把《中国金融集成电路(IC)卡规范》应用到地铁领域,较好解决了金融 IC 卡电子现金在分时分段计费上的问题,验证了银行电子现金取代行业电子钱包的可能性,验证了 PBOC2.0 标准与地铁闸机系统相兼容,建立了金融 IC 卡在地铁应用的资金流程,为各地探索实现金融 IC 卡在地铁应用起到示范作用。二是向社会成功发行"蓉城卡",不仅可以提供普通借记卡的服务,同时还能带来乘坐地铁、快速支付的全新体验,让成都市民的生活更加便捷,受到全国性媒体、省内媒体的广泛关注,在广大市民中引起强烈反响。为配合做好这项民生工程,成都加大了受理环境改造。试点银行机构完成金融 IC 卡发卡系统建设,POS 受理金融 IC 卡的改造率达到 100%,ATM 受理金融 IC 卡的改造率约占总量的 79%,投放具有圈存功能的终端超过 4 万台。

下一阶段,金融 IC 卡和"城市一卡通"继续将以资源共享及 PBOC2.0 标准为基础,重点推进金融 IC 卡在政务服务、公用事业、金融服务、旅游娱乐、商业服务等方面的应用。

10.6 重庆金融社保 IC 卡（跨行业应用——社保）

近年来，人民银行总行从国家战略的高度、为人民群众提供优质金融服务的角度、提升金融综合竞争力的深度，积极推动社会保障卡加载金融功能，以此为重点推进金融 IC 卡行业应用，促进金融 IC 卡发展。重庆市社会保障卡加载金融功能试点工作结合了重庆市金融 IC 卡应用的现状和未来的发展，吸收其他城市发展社会保障卡的建设经验，本着"方便群众、提升服务、部门合作"的原则，实现金融信息化和行业信息化有效结合的创新工程。

2007 年，国务院批准重庆为全国统筹城乡综合配套改革试验区，加快城镇化、工业化、城乡一体化进程，促进城乡资源要素的有序流动，实现城乡经济社会协调发展。2010 年召开的重庆市委三届七次全委会决定，用两年半时间，投入 3000 亿元，在解决全市群众最关心的十大民生问题上取得重大突破，实现"民生十条"。社会保障的全市覆盖是其中的重要内容之一。为此，重庆市政府正积极探索统筹城乡社会和社会保障制度相关内容，计划建设覆盖全市的社会保障卡系统，面向全市城乡居民发放具有金融功能的社保卡，实现重庆社会保障"一卡通"和社会保障精确管理，促进政府职能向服务型转变，加快城乡衔接和便民利民。2010 年初，重庆市人力资源和社会保障局就社会保障卡加载金融功能与人民银行重庆营管部、部分金融机构进行了解沟通，提出在重庆市直接发行社会保障与金融应用"芯片级"融合的 IC 卡方案，由此成为全国具有金融功能社会保障卡试点城市，并在人民银行的直接指导和各家金融机构、中国银联的帮助下，开展具体实施工作。

重庆市具有金融功能的社会保障卡项目建设目标是在全市范围内发行融合社会保障功能和金融功能的 IC 卡，实现各项社会保险费用缴纳、各项保障与保险待遇领取、医疗费用个人自费部分结算等多项业务集成到社会保障卡加载的银行账户之中办理，实现"社会保障一卡通"。

自 2011 年 4 月 21 日，人民银行总行同意重庆市开展具有金融功能的社会保障卡项目试点以来，各项工作进展顺利，目前即将开始正式发行具有金融功能社会保障卡。目前，重庆已有工商银行重庆市分行、中国银行重庆市分行、建设银行重庆市分行和交通银行重庆市分行获得人民银行总行批复，即将面向 14 个市级统筹区正式发行具有金融功能社会保障卡。农业银行、邮政储蓄银行、重庆三峡银行发卡申请已通过人民银行重庆营业管理部初审，正报人民银行总行审批。重庆农村商业银行也已提出希望参与该项目，目前正抓紧开展系统建设工作。

重庆受理市场改造工作也进展顺利，可以满足金融社保卡的发行要求。其中工商银行重庆市分行、中国银行重庆市分行、交通银行重庆市分行和中国邮政储蓄银行重庆市分行已完成了柜面、ATM、单行 POS 机、自助终端芯片卡受理改造，其余几家银行的改造工作计划在年底前完成。银联重庆分公司积极推进 POS 终端受理 IC 卡改造工作，目前重庆辖内所有直联 POS 机已经完成受理接触式 IC 卡改造工作，已有超过 90% 的直联 POS 机通过接触式 IC 卡交易验证，基本涵盖了大部分的百货商场和超市等场所。人民银行重庆营业管理部结合人民银行总行在 10 月组织开展的联网通用检查工作，对金融社保卡受理情况进行了实地检测，交易成功率超过 90%。

10.7 金融 IC 卡在移动支付中的应用

随着移动通信和信息安全技术的迅速发展、智能终端的不断普及、金融 IC 卡推广应用，金融支付系统正在从有线扩展到无线，电子支付正在迎来一个崭新的发展机遇。移动支付系统融合了移动电话、手持 POS 机、金融 IC 卡等的功能特点，使支付系统彻底摆脱了电话线的制约，开辟了移动支付的新天地，也是金融 IC 卡介质创新的一种体现。

目前，国内移动支付业务尚无统一的移动支付技术标准，处于多种技术解决方案和商业模式并存的局面。移动支付技术方案主要有以下几类：①SMS/IVR/WAP 模式，是比较早期的技术模式，主要支持远程支付，其应用领域相对狭窄。②NFC 模式，同时支持近场模式和远程模式，但需要用户更换带有 NFC 功能的新手机或在现有手机上加装芯片，成本相对较高。③智能 SD 卡模式，是中国银联提出的移动支付解决方案，近场支付通过外挂异型卡（贴片、挂坠等）解决。④SIMPASS 模式，将移动支付应用和 SIM 卡应用整合到一张 SIM 卡中，在 SIM 卡上引出天线，需要用户更换新的 SIM 卡。⑤ISIM 模式，一种在 SIM 卡上外贴一张贴片卡的解决方案，无须更换 SIM 卡。⑥RFID－SIM 模式，中国移动目前主推的技术解决方案。该模式将移动支付芯片和 SIM 卡应用合二为一，采用 2.4GHz 频段工作，需要用户更换新的 SIM 卡。

国内移动支付业务主要应用于近场支付和远程支付两个方面，其覆盖领域相当广泛，主要包括刷手机乘公共交通、现场购物消费、网上购物支付、公共支付缴费、手机固化账单缴费、手机订购机票等领域。

2009 年 10 月，宁波地区开展了基于 SIMPASS 模式的商用试点，目前主要支持近场支付功能，是国内金融 IC 卡账户在移动支付领域上的首次尝试。

2010 年，基于 SD 卡业务的试点正式启动，目前试点地区还将进一步扩大。

其短信支付模式已在北京、上海、深圳、广东等 21 个省市推广。SD 智能卡业务试点已扩展至上海、山东、宁波、湖南、四川等 9 个省市。

2011 年，建设银行、重庆农村商业银行等推出了采用 SD 卡的手机支付业务，中国银行、华夏银行正在进行试点。

附　　　录

常见问题解答

1. 什么是 IC 卡？

IC 卡即集成电路卡，是将一个集成电路芯片镶嵌于塑料基片中，封装成卡的形式，其外形与覆盖磁条的磁卡相似。一般的，卡片内部包含中央处理器 CPU、电擦除可编程只读存储器 EEPROM、随机存储器 RAM 以及只读存储器 ROM。

2. IC 卡的安全性如何？

IC 卡的安全性是其赖以生存和迅速发展的重要原因。其安全性可以体现在以下几个方面：

- 机密性（Confidentiality）：防止未经授权的信息获取，如未经授权无法理解信息本身的真正含义（加密信息）等。

- 完整性（Integrity）：防止未经授权的信息更改（修改、删除、增加），如未经授权无法对信息进行任何形式的更改。一般用于防止对信息的主动、恶意的篡改。

- 可获取性（Accessibility）：防止未经授权的信息截流（在信息传输过程中的非法截取）。

- 真实性（Authenticity）：就是通过一系列的技术手段验证信息的真实性。

- 持久性（Durability）：指长时间信息保存的可靠性、准确性等。

3. PBOC1.0 和 PBOC2.0 的差异？

人民银行于 1997 年颁布《中国金融集成电路（IC）卡规范》（1.0 版）（即 PBOC1.0 规范），定义了电子钱包 EP（Electronic Purse）和电子存折 ED（Electronic Deposit）两种应用。

在 2003 年，人民银行牵头组织中国银联和有关商业银行对《中国金融集成电路（IC）卡规范》（1.0 版）进行了修订，补充完善了电子钱包/电子存折的应用功能并增加了电子钱包扩展应用指南、借记/贷记卡应用功能、个人化应用指南和非接触式 IC 卡通信接口标准，于 2005 年 3 月正式颁布实施（PBOC2.0 规范）。

PBOC1.0 开银行 IC 卡应用之先河，并成为业界的标杆和旗帜，切实促进了我国行业支付卡的兴起和芯片化进程。但 PBOC1.0 采用了单一的对称式加密体系，需要在 POS 机中通过 PSAM 卡保存相关的密钥。一旦该 PSAM 卡被破解，将产生较大的安全隐患。

随着技术的发展，目前已在国内开始大范围推广更安全的 PBOC2.0 规范体系，该体系安全性高，也更适应各种应用的需求。故此，今后金融 IC 卡项目均应符合 PBOC2.0 标准，PBOC1.0 版标准将被废弃，也不提倡各方面采用 PBOC1.0 的标准。

4. PBOC2.0 的 2005 版和 2010 版有什么差异？

PBOC2.0 规范 2005 版于 2005 年 3 月正式颁布实施，其主要包含电子钱包/电子存折以及借记/贷记应用两部分应用内容。

2007 年，为了满足小额、快速支付市场的迫切需求，人民银行再次组织针对《中国金融集成电路（IC）卡规范》进行增补，主要增加基于借记/贷记标准的小额支付（电子现金）和非接触式执行规范等方面内容。新增补的内容，完善和丰富了 PBOC2.0 产品，涵盖了国际上主流金融 IC 应用，为发卡银行提供更为全面的银行卡业务品种，使银行卡的受理范围能拓展到公交、出租、地铁、高速、超市、加油站、报刊亭、便利店、电影院等快速支付领域。该部分增补规范于 2010 年 4 月正式颁布，称为 PBOC2.0 规范 2010 版。

5. 银行发行 IC 卡的个人化参数如何设定？

可参考银联发布的《中国金融集成电路（IC）卡借记/贷记应用个人化模板》，模板类型包括借记、贷记、准贷记、预付、电子现金、非接触式等。

6. 银行发行 IC 卡能否有个性化的应用？

IC 卡的支付交易基本域必须规范一致，以实现通用。在遵守规范的前提下，各发卡机构可结合自身需要，充分利用可选域开展个性化应用。

7. 如何进行根 CA 认证？

银行发行 IC 卡前，需要到银联完成根 CA 注册、申请公钥或签发发卡行证书。金融 IC 卡借记/贷记应用根 CA 是由人民银行授权建立的、由中国银联统一管理的服务于金融行业 IC 卡安全应用的根认证中心，实现该根认证中心功能的应用系统是"金融 IC 卡借记/贷记应用根 CA 系统"。中国银联指定两个安全审核员作为银联与成员机构的接口联系人，负责接受成员机构的咨询、完成成员机构的公钥认证服务注册、接受发卡机构公钥证书申请、传递发卡机构公钥证书、传递根 CA 公钥信息、传递根 CA 公钥认证服务的重要通知等。成员机构可通过银联网站获得银联审核员的信息。具体程序和要求可参考《金融 IC 卡借记/贷记应用根 CA 公钥认证规范》。

8. 非接触式终端有没有限额设定？

为了控制交易风险，受理机构应对非接触式交易的单币交易金额上限进行控制。目前广泛布放的非接触式终端上，非接触式限额一般设为 1000 元。

9. 电子现金有没有限额的设定？

电子现金的可用金额上限为 1000 元。电子现金的脱机交易流水在终端数据上传前要妥善保存，脱机交易上送时间一般不超过 20 个自然日。

10. 金融 IC 卡使用的 CPU 卡，与存储卡（Memory 卡）、逻辑加密卡有哪些差别？在安全性上有何差异？为什么 CPU 卡的安全强度最高？

根据所嵌入的芯片类型不同，IC 卡可分为三个类型，其中 CPU 卡的安全强度最高，金融 IC 卡选用的也是该类型的卡片。

• 存储卡：卡内的集成电路是电擦除的可编程只读存储器 EEPROM，只有数据存储功能，没有数据处理能力。该卡本身不提供硬件加密功能，只能存储通过系统加密的数据，很容易被破解。

• 逻辑加密卡：卡内的集成电路包括加密逻辑电路和可编程只读存储器 EEPROM，加密逻辑电路在一定程度上保护卡及卡中数据的安全，但只是低层次的保护，无法防止恶意攻击。

• CPU 卡：CPU 卡也称智能卡，卡内的集成电路包括中央处理器 CPU、可编程只读存储器 EEPROM、随机存储器 RAM、固化的卡内操作系统 COS（Chip Operating System）和只读存储器 ROM。该卡相当于一台没有显示器和键盘的微型计算机，卡中数据分为外部读取和内部处理两部分，以确保卡中数据的安全、可靠。因具有安全性高、可以离线操作、可以运算编程等突出优点，金融 IC 卡选用的都是 CPU 卡。

11. 银行发行的 IC 卡，在介质形式上有哪几种类型？各有什么特点？

根据介质的不同，金融 IC 卡可分为：

• 接触式 IC 卡：通过读写设备的触点与 IC 卡的触点接触后进行数据的读写。国际标准 ISO7816 对此类卡的机械、电器特性等进行了规定。

• 非接触式 IC 卡：与 IC 卡设备无电路接触，而是通过非接触式的 RFID 读写技术进行读写。国际标准 ISO10536 和 ISO14443 系列阐述了对非接触式 IC 卡的规定，其中规定了工作频率是 13.56M，读卡器和 IC 卡之间最大的读取距离为 10cm。

• 双界面卡：将接触式 IC 卡与非接触式 IC 卡组合到一张卡片中，操作独立，但可以共用 CPU 和存储空间。

12. 是否可以发行不带磁条的纯芯片卡？

从技术角度考量，发行不带磁条的纯芯片卡也是可行的。该卡只能以芯片方式受理，避免了磁条被盗录后使用磁条伪卡作案的风险。但是，由于现阶段还存在一定量的终端未进行 IC 卡受理的改造升级，因而在这些终端上会出现受理障碍。另外，部分 ATM 终端的入卡模块会进行磁道检查（防止恶意插入异物），在这些终端的受理也会出现障碍。

13. 借记/贷记规范的金融 IC 卡有哪几种数据认证方式？在技术实现上有何特点？

PBOC2.0 规范定义的借记/贷记应用，提供了脱机数据认证和联机数据认证双重安全机制。其中脱机数据认证通过非对称密码算法实现，终端只需下载根 CA 的公钥即可实现对卡片的认证，实现方便；联机数据认证通过对称密码算法实现，完成卡片和发卡行的双向认证，确保联机交易的安全。双重的保护机制可有效防止伪卡欺诈的发生，并有效解决了密钥传输、更新的困难，以及终端 PSAM 卡存在的安全管理隐患等缺陷。

14. 与电子钱包相比，基于电子现金业务的优越性体现在哪几个方面？

与电子钱包脱机交易相比，电子现金有以下两大优势：

• 电子钱包/电子存折采用对称密钥算法，对称密钥都为保密密钥，这导致对称密钥的传递过程十分复杂，同时也增加了密钥更新的难度。存放在商户终端的 PSAM 卡安全模块更是该产品的一大安全隐患。一旦存储在 PSAM 卡中的全国消费主密钥泄露，整个密钥体系被攻破，必将造成巨大损失。电子现金的脱机数据认证部分在借记/贷记应用基础之上，以非对称密钥算法替代对称密钥算法。由于非对称密钥算法的特点，在线路上传送的都是公钥，因此密钥传输和更新比对称密钥算法更方便；私钥是保密密钥，产生后不会在发卡行之外的线路上传递，十分安全。另外，电子现金不再使用 PSAM 卡，终端中存放的是公钥，可以通过远程下载方式更新，安全方便，降低了对终端安全模块的要求，解决了电子钱包/电子存折的安全隐患。

• 电子现金是基于 PBOC2.0 规范借记/贷记应用的一种脱机支付方式，支付可以由其所依附的主账户圈存到卡片后完成，也可以采取预付费方式，进行纯粹的脱机卡片使用。由于电子现金产品可以精确地控制持卡人账户透支额度或余额，并将该金额记录在卡片中，这样信用卡、借记卡在脱机环境下均可以进行无风险的交易。

正是由于上述两大优点，电子现金将是小额支付业务的主要发展方向。

15. 在境内投放 POS 机终端上需要支持 MSD 应用吗？

MSD，即磁条数据模式（Magnetic Stripe Data），指采用二磁道等价数据进行的非接触式支付。

对于非接触式终端而言，MSD 功能是可选支持的。考虑到国内绝大部分非接触式卡片均采用 qPBOC 方式进行支付，因而在境内投放的终端可以不支持该功能（即 MSD 是可选功能）。

16. IC 卡芯片中是否需要记录客户资料？

芯片中可以记录的客户资料主要有客户姓名、证件号码等。其中，对于预制的借记卡以及不记名的电子现金卡，可以不记录这些信息；同时，对于 CVM List 中不支持"身份证件验证"的卡片，也可以不记录证件号码。

17. 非接触式应用支持哪些应用？

非接触式应用包括：

（1）非接触式借记/贷记应用。

（2）快速借记贷记（qPBOC）应用。

（3）磁条数据模式应用（MSD）。

18. 非接触式借记/贷记与快速借记/贷记。

快速借记/贷记应用（qPBOC）在交易流程、交易指令上进行了调整和优化，交易要求在 500 毫秒之内完成，适合于快速交易的场合（如公交车、快餐店）。快速借记/贷记应用的联机交易不能带脚本，无法执行电子现金自动圈存等操作。

非接触式借记/贷记应用在交易流程上与接触式标准的借记/贷记应用完全一致，只是交易接口变为非接触式，交易时要求使卡片在整个非接触式借记/贷记交易过程中一直处于感应区内，联机交易可以带脚本。非接触式借记/贷记应用适用于非接触式单界面电子现金（如手机支付）的圈存交易。

19. 非接触式应用与小额支付是什么关系？

非接触式应用中的 qPBOC 能实现借记/贷记应用和小额支付应用；小额支付检查作为 qPBOC 流程的一部分，如果满足小额脱机支付条件则进行脱机交易，不满足则进行借记/贷记交易。

当然小额支付也可以通过接触式方式完成。

20. 小额支付与借记/贷记应用是什么关系？

小额支付基于借记贷记应用，在交易流程上与借记/贷记应用保持一致，终端和卡片优先检查是否满足小额支付的条件。如果满足则进行小额脱机（电子现金），如果不满足则转借记/贷记交易。

21. 什么是电子现金的自动圈存交易？

发卡行和持卡人可以预先设定一个值（称为自动圈存重置阈值），只要卡片中的余额低于该值时，在具有联机能力的终端上发起联机交易，发卡行通过脚本对卡片进行圈存。自动圈存对于收单行、银联是透明的，而且不需要额外支付任何费用。

建议自动圈存重置阈值不要设定的过高，避免出现由于余额足够频繁发起联机交易的现象。

22. SDA、DDA 的含义是什么？哪个更加安全？

静态数据认证（Static Data Authentication，SDA）验证卡片在个人化以后重要的应用数据是否被非法修改。终端使用卡片上的发卡行公钥验证卡片静态数据，同时卡片上还包括发卡行公钥证书以及数字签名，数字签名中包括一个用发卡行私钥加密重要应用数据得到的哈希值。如果用实际数据产生的哈希值与从卡片中恢复出的哈希值相匹配，则证实了卡片数据并未被修改。

动态数据认证（Dynamic Data Authentication，DDA）主要是用于防止伪卡。动态数据认证有标准动态数据认证（DDA）和复合动态数据认证（DDA/AC－CDA）两种。终端要求卡片提供由 IC 卡私钥加密动态交易数据生成的密文，动态交易数据是由终端和卡片为当前交易产生的唯一数据。终端用从卡片数据中获取的 IC 卡公钥来解密动态签名。还原的数据与原始数据匹配来验证卡片的真伪。复合动态数据认证/应用密文生成把动态签名生成与卡片的应用密文生成相结合，确保卡片行为分析时返回的应用密文来自于有效卡。

SDA 只能确保卡片中的重要数据没有被非法篡改，但不能防止伪卡。而 DDA 能有效防止伪卡，因此在推广 IC 卡时发卡行应选择安全级别高的 DDA 卡片。特别是小额支付交易采用脱机交易的方式，就必须采用 DDA 的方式发行卡片。

23. IC 卡的数据准备处理、个人化处理的含义是什么？

IC 卡的发行制作包括准备 IC 卡个人化所需要的各种数据和密钥以及将这些数据按照 IC 卡的个人化流程及命令接口写入卡片中两个步骤。前者被称为 IC 卡的数据准备处理，后者称为 IC 卡的个人化处理。

24. 以 qPBOC 形式进行的电子现金交易，其防拔卡机制是如何实现的？

由于卡片在持卡人手中，交易时可能存在交易没有完成，但是卡片移出感应磁场从而导致数据不一致的情况。因而，对于非接触式发生的 qPBOC 交易，需要进行防拔卡处理。

正常的 qPBOC 交易流程为 GPO（扣款）→读取应用数据→卡片可以移出感应区，终端继续进行脱机数据认证。如果支持小额支付的话，扣款动作在 GPO 指令中完成。如果在卡片读取应用数据时突然移出感应区，卡片的防拔位没有恢复，在下次上电时应当恢复上一次扣款金额，确保交易的一致性。

25. 什么是发卡行公钥证书？

根据 PBOC2.0 借记/贷记应用 IC 卡的有关规范，每个发卡银行都需要有自己的密钥管理系统，负责生成和存储发卡行公私钥对、生成每张卡的卡片公私钥对以及进行各种签名运算。

26. 一个发卡行需要多少发卡行的公钥证书？

对于 PBOC 标准的金融 IC 卡，其根 CA 就是 CFCA。各发卡银行需要按照卡

BIN 号，向 CFCA 申请发卡行公钥证书。一般一个卡 BIN 对应一个发卡行公钥证书，也就是说同一卡种（例如银联卡）下，会根据卡 BIN，有多个证书。

27. 如何申请发卡行公钥证书？

发卡行公钥证书的申请流程如下：

- 首先，CFCA 需要生成一组不同长度的公私钥对，例如有 1152 位长的、有 1408 位长的、有 1980 位长的。

- 当发卡行需要发行某一卡 BIN 号的 IC 卡时，需要先确定一个适当的密钥长度（例如选定 1152 位长），之后生成一个该长度的公私钥对。

- 将公钥以证书请求文件的形式提供给 CFCA，由 CFCA 用对应长度的 CFCA 私钥对其进行签名，生成该 BIN 号的发卡行公钥证书，交由发卡行保存。

发卡过程中发卡行需要进行如下密钥相关的操作：

- 为每一张 IC 卡随机生成一对公私钥，并将卡片公钥用发卡行私钥进行签名（即申请发卡行证书时按 BIN 号生成的私钥），形成卡片公钥证书。

- 将发卡行公钥证书、卡片公钥证书、卡片私钥写入 IC 卡中。

28. IC 卡受理终端上，如何使用 CFCA 的公钥对卡片进行认证？

受理终端预先下载好 CFCA 的公钥，在进行终端与卡片的脱机数据认证时按照如下流程进行操作：

- 读取 IC 卡中存储的发卡行公钥证书，通过终端中存储的 CFCA 公钥，推算出发卡行公钥。

- 读取 IC 卡中存储的卡片公钥证书，使用发卡行公钥，推算出卡片公钥。

- 使用卡片公钥，与 IC 卡进行动态数据认证或静态数据认证。

29. 为什么一个终端上可以对不同银行发行的 PBOC2.0 规范的借记/贷记 IC 卡进行脱机认证？

CFCA 的根密钥只是按照长度分为若干组，并未按照地域、或者发卡行进行划分。所有受理银联 IC 卡的终端，都会装载 CFCA 不同长度的公钥。

只要终端装载了对应密钥长度的公钥，就能受理依照该密钥长度所发行的 IC 卡，不存在跨地区不能使用的问题。也就是说，只要卡片的根 CA 用的是 CFCA 的，就能实现联网通用。

30. 借记/贷记应用的 IC 卡，是否必须设置有效期？最长有效期如何确定？

由于卡片需要装载发卡行公钥证书，而证书是有有效期的。为了保证卡片的正常使用，卡片的有效期不应超过证书的有效期。

出于安全原因，根 CA 公钥的有效期一般不超过 10 年，因此符合 PBOC 借记/贷记应用的卡片必须设置有效期（无论是借记卡还是贷记卡）。

人民银行每年年底会对公钥的有效期进行评估，确定下一年公钥的有效期方案。

31. 借记/贷记应用的 IC 卡进行交易时，一般有几个处理步骤？

借记/贷记应用的 IC 卡，其工作流程可分为以下几个步骤：

- 应用选择。
- 应用初始化。
- 读取应用数据。
- 脱机数据认证（可选）。
- 处理限制（终端对卡的各种信息进行检查）。
- 持卡人认证（可选）。
- 终端风险管理。
- 终端行为分析。
- 卡片行为分析。
- 联机处理（发卡行联机数据认证，可选）。
- 发卡行脚本处理（可选）。
- 交易结束处理。

32. 金融 IC 卡业务中使用到了哪些密钥？涉及哪些机构？

金融 IC 卡业务中使用的密钥包括对称密钥和非对称密钥两大类。

其中非对称密钥包括认证中心根密钥对、发卡机构公私钥对、IC 卡公私钥对。涉及的机构包括管理根密钥的认证中心、管理发卡机构公私钥对及 IC 卡公私钥对的发卡机构、使用认证中心公钥证书的收单机构。

对称密钥包括发卡机构对金融 IC 卡业务相关的对称密钥，其涉及的机构为发卡机构及卡组织。

33. 在密钥管理方面有哪些基本的要求？

在密钥管理方面的要求，主要包括密钥生命周期管理要求、密钥泄露的应急处理要求、物理环境要求、人员管理要求、安全审计要求、文档配备要求等，具体可见《中国金融集成电路（IC）卡密钥体系管理规范》。

34. 金融 IC 卡的卡片选型有哪些要点？

根据不同的应用需求，对金融 IC 卡的卡片结构、存储容量、参数设置的要求不同。在进行卡片选型时应考虑：卡片应满足 PBOC 标准的相关要求，应通过人民银行认可的检测机构的检测；卡片应支持 PBOC 标准的应用功能，如授权控制、持卡人验证方法、脱机数据认证、联机卡片认证与发卡机构认证、发卡机构脚本处理；根据业务需要，确定存储器的大小、处理器和协处理器的性能以及接触式或非接触式接口，确保支持所有的金融 IC 卡应用。

卡片选型往往是 IC 卡项目实施的关键，如果卡片选择的不合适则往往会导致项目的失败，在进行卡片选型时还应该考虑以下几个要点：

（1）卡片产品应符合业务场景的需求。

业务场景不同，需求的卡片产品也不同。比如，对于需要进行快速支付的业务场景，如停车场、菜市场等，显然选择非接触式的电子现金卡片产品更加合适，而对于社保项目，则应该选用加载金融应用的社保卡。所以说，在卡片选型时需要注意卡片产品应该与业务场景相匹配，这是卡片选型的首要原则。

（2）注意不同应用场景对卡片产品速度的要求。

应用场景不同，对卡片产品的计算和读写速度的要求往往也具有一定的差异。一般来讲，对于接触式应用，对速度的要求往往不是很高，卡片的计算和读写速度即使比较慢，用户一般也可以接受；但对于非接触式的应用场景，特别是诸如地铁、公交等需要快速通过的情况，对卡片的速度要求则往往较高。

在目前的情况下，由于实现方式不同，Java 卡产品往往比 Native 产品要慢一些，所以如果对于非接触应用场景且应用本身又比较复杂的话，要对卡片的速度予以特别的注意。

（3）卡片选型要有一定前瞻性。

在项目的前期，往往很难能把所有今后可能用到的应用考虑全面。但我们在项目设计时应该尽量做到具有一定的前瞻性，这样会对项目的顺利实施起到事半功倍的效果。

比如，某项目所需的卡片其应用的范围相对来讲比较有限，可能需要拓展应用的情况并不多，即使今后需要扩展应用，但我们仍可以预测应用场景的很多细节。那么我们在卡片选型时就可以对未来可能加载的应用进行设计，在项目实施之前就要求卡片提供商将相关的应用加载进去，这样可以为今后拓展应用打下基础，同时节省很多成本。

（4）根据项目情况确定选用 Java 卡或 Native 卡。

Native 卡相对 Java 卡来讲成本更低廉、速度更快，但由于往往要将 COS 固化在芯片中，也就是要进行掩模，而这一生产周期往往不少于 2~3 个月，所以产品上市周期往往较长，应用也不够灵活。

如果仅仅从功能上来看，Java 卡的各种功能也都可以在 Native 卡上实现，不过 Native 卡实现上述功能的方法在不同厂商之间会存在很大的差别，增加了用户在个人化、应用开发等方面的困难。

与 Native 卡相比，Java 卡最主要的优势是开发方便、使用灵活，可以动态地下载、添加、删除、修改应用等，并且有时由于不需要进行掩模而使得产品的上市周期比较短。

在前面我们已经对 Java 卡和 Native 卡的优劣作了一个简要的介绍，在项目实施时可以根据项目的具体情况确定是选用 Java 卡还是选用 Native 卡。

一般来讲，如果项目对应用的添加、删除、管理等方面的灵活性要求较高，建议选择 Java 卡；如果项目对成本比较关注并且不需要拓展太多应用，可以考虑 Native 卡。

（5）选择合适的卡片容量。

我们常说的智能卡的容量，往往指的是用户空间的容量。对于金融智能卡，目前比较常见的是 16K、32K、80K 等规格。由于各芯片供应商和智能卡供应商的产品差异，其容量大小往往会在上面提到的规格方面上下浮动。

在确定好上面提到的几个要点后，就要对卡片容量进行选择了。对于需要拓展应用或用户数据所占空间比较大的情况，建议选用容量比较大的卡片；而如果今后拓展应用的可能性较小且用户数据所占空间不大，出于成本考虑，可以选用容量较小的卡片。

由于各卡片供应商自身情况不同，各种应用的复杂情况也不同，所以对于不同的应用，各卡片供应商所需要的用户空间是不同的，但应该都在一个大致相似的标准上，这在选择卡片容量时应该予以注意。

另外，在选择 Java 卡时，要特别注意卡片供应商宣称的容量是否是用户可以真正使用的空间的容量。举例来说，某 Java 卡片宣称其用户空间是 32K 的，但其 PBOC 的 Applet 没有掩模在 ROM 中，而 PBOC 的 Applet 本身就要占据一定的空间，比如 10 多 K 到 20 多 K，此时 PBOC Applet 已经占据了相当的空间，实际今后在拓展应用时可用的空间则十分有限了。

35. 金融 IC 卡的产品有哪些？

金融 IC 卡产品是指商业银行或金融发卡机构向社会发行符合《中国金融集成电路（IC）卡规范》的具有消费信用、转账结算、存取现金等全部或部分功能的支付工具，包括借记卡、贷记卡、准贷记卡、电子现金和电子钱包等功能产品以及多种功能组合使用的衍生产品。

根据 PBOC 规范所支持的 IC 卡产品功能、特点及应用场景，发卡机构可以发行只具备金融支付功能的 IC 卡产品，也可以发行与商业银行金融增值功能和行业客户行业增值功能相结合的组合类 IC 卡产品，种类划分如下：

（1）借记/贷记类。

①产品属性。

➢ 符合 PBOC 借记/贷记应用规范。

➢ 可选择接触式接口、非接触式接口或双界面接口，具备非接触式通信功能的，必须符合 PBOC 非接触式支付规范。

➢ 在借记/贷记应用的基础上可选择小额支付功能，具备小额支付功能时，必须符合 PBOC 规范的第 13 部分——基于借记/贷记应用的小额支付规范。

②衍生产品。

➢ 借记卡。

➢ 贷记卡。

➢ 准贷记卡。

➢ 带电子现金功能借记卡。

➢ 带电子现金功能贷记卡。

➢ 带电子现金功能准贷记卡。

（2）电子现金类。

①产品属性。

➢ 符合 PBOC 规范的第 13 部分——基于借记/贷记应用的小额支付规范。

➢ 可选择接触式接口、非接触式接口或双界面接口，具备非接触式通信功能的，必须符合 PBOC 非接触式支付规范。

②产品特点。

➢ 无须签名密码和小额脱机授权，保证交易效率。

➢ 限定电子现金最高余额，降低遗失损失。

➢ 不记名、不挂失和不计息。

➢ 只消费，不具备取现和转账等基本金融功能。

➢ 生效期和有效期组合使用，个性化设计卡片生命周期。

➢ 可设计专属功能或联名功能，限定应用场景、商户或商品种类。

➢ 卡片和终端公钥密钥体系认证，避免对称密钥保存在 PSAM 卡的体系性风险。

（3）电子钱包类。

①产品属性。

➢ 符合 PBOC 电子钱包/电子存折应用规范。

➢ 可选择接触式接口、非接触式接口或双界面接口，具备非接触式通信功能，必须符合 PBOC 第 8 部分与应用无关的非接触式规范部分。

➢ 具有复合消费功能和灰锁消费时，符合 PBOC 第 9 部分《电子钱包扩展应用指南部分》。

②产品特点。

➢ 无须签名密码和小额脱机授权，保证交易效率。

➢ 限定电子现金最高余额，降低遗失损失。

➢ 不记名、不挂失和不计息。

➢ 只消费，不具备取现和转账等基本金融功能。

中国人民银行关于推进金融
IC 卡应用工作的意见

（银发〔2011〕64 号）

为促进金融服务民生，保障银行卡应用安全，推动银行卡产业升级和可持续发展，人民银行决定在"十二五"期间全面推进金融IC卡应用，有关工作意见如下：

一、充分认识推进金融IC卡应用的重要意义

"十一五"期间，我国银行卡实现了跨越式发展，联网通用工作不断深化，应用环境得到根本改善，银行卡成为社会大众使用最广泛的非现金支付工具。军人保障卡、金融社保卡、公务卡和农民工银行卡特色服务的大规模推广，使银行卡有效承载了社会功能。

银行卡产业的高速发展，对银行卡的应用安全、社会功能拓展、与国际支付体系融合提出了更高的要求。全面推进金融IC卡应用，有利于提高我国银行卡的整体风险防控能力，降低风险损失，维护金融稳定和社会稳定；有利于增强银行卡在公共服务领域的拓展能力，实现"一卡多用"，便民惠民；有利于促进城市信息化与金融信息化的结合，提升各类交易与管理的信息化和智能化；有利于带动银行卡产业升级。

各单位要树立全局观，增强紧迫感，切实从国家战略高度认识推进金融IC卡应用的重要性，积极主动做好相关工作。

二、认真完成推进金融IC卡应用的各项任务

（一）总体目标

在"十二五"期间，加快银行卡芯片化进程，形成增量发行的银行卡以金融IC卡为主的应用局面。推动金融IC卡与公共服务应用的结合，促进金融IC卡应用与国际支付体系的融合，实现金融IC卡应用与互联网支付、移动支付等创新型应用的整合。

（二）基本原则

坚持"政府引导、市场运作、统一标准、鼓励创新"的原则。"政府引导"

是在人民银行和相关政府部门引导下，对金融 IC 卡全面推广进行政策指导和协调。"市场运作"是金融 IC 卡迁移各实施主体根据自身经营状况，按市场原则进行运作。"统一标准"是要严格执行银行卡国家标准与金融行业标准，推动跨行业支付应用的 IC 卡使用金融 IC 卡标准。"鼓励创新"是要鼓励金融 IC 卡应用的创新发展，不断探索满足产业新业态、应用新模式带来的发展需要。

（三）主要任务

1. 优先改造受理环境。

自 2013 年 1 月 1 日起，实现境内所有受理银行卡的联网通用终端都能够受理金融 IC 卡。其中，2011 年 6 月底前，直联销售点终端（POS 机）能够受理金融 IC 卡；2011 年年底前，全国性商业银行布放的间联 POS 机能够受理金融 IC 卡；2012 年 12 月底，全国性商业银行布放的自动柜员机（ATM）能够受理金融 IC 卡。

在小额快速支付环境中布放的联网通用终端应同时具备受理接触式、非接触式金融 IC 卡的能力。

银行卡境外受理终端应参照境内终端改造时间安排、结合所在地银行卡风险状况进行迁移。

2. 积极推进卡片发行。

自 2015 年 1 月 1 日起，在经济发达地区和重点合作行业领域，商业银行发行的、以人民币为结算账户的银行卡应为金融 IC 卡。

自 2013 年 1 月 1 日起，全国性商业银行应开始发行金融 IC 卡。其中，2011 年 6 月底前，中国工商银行、中国农业银行、中国银行、中国建设银行、交通银行、招商银行和中国邮政储蓄银行开始发行金融 IC 卡。

地方性商业银行以及外资银行应根据实际情况发行金融 IC 卡。

3. 切实保障联网通用。

金融 IC 卡跨行转接与清算系统应根据金融 IC 卡发展情况，及时补充完善相关规则，扩充系统承载能力，保障转接与清算及时、安全和高效。

4. 大力拓展行业合作。

金融 IC 卡发卡与受理应注重技术创新和业务创新，重点加强在公共服务领域开展多应用，力争在"十二五"期间实现与公共服务领域 2～3 个行业的合作。

三、积极采取相应措施，落实各项要求

（一）组织方式

人民银行牵头成立金融 IC 卡推进工作领导小组，领导小组办公室设在人民

银行科技司。

人民银行各分支机构、全国性商业银行、中国银联成立金融 IC 卡工作管理机构，负责管理和协调本地区、本单位金融 IC 卡推进工作，落实领导小组下达的各项任务。

（二）职责分工

人民银行负责组织制定推动和保障金融 IC 卡推广工作的相关政策，组织开展监督检查，协调国家有关部门，促进公共服务领域多应用的开展。人民银行各分支机构负责组织推动本辖区各参与单位工作的顺利开展，落实各项任务。

各商业银行和中国银联负责按时保质完成本单位金融 IC 卡的发行与受理，积极扩展金融 IC 卡在公共服务领域的应用。

中国银联负责保障金融 IC 卡跨行转接与清算，开展境外银联卡受理环境金融 IC 卡迁移，推进成员机构金融 IC 卡迁移进度。

各单位要按照金融 IC 卡推进工作领导小组的部署和要求，结合本辖区、本单位的战略目标、业务创新及技术发展情况，制定实施计划，将金融 IC 卡工作进展情况纳入绩效考核体系。

（三）整合资源

各单位要合理利用现有人员、网络、系统和终端资源，妥善处理好金融 IC 卡与磁条卡的兼容受理，保障持卡人权益。

（四）密钥管理

各商业银行和中国银联要加强安全管控措施，建立金融 IC 卡的密钥管理制度，严格按照密钥安全要求做好密钥申请、生产、发放、使用、保管及收回等各个环节的管理，做到金融密钥不外泄，确保发卡过程的安全。

（五）外包安全

采用外包方式建设金融 IC 卡系统的单位要全面承担安全管理责任，加强对开发、维护、运营等环节的管理，明确与外包单位的合作与分工关系，通过管理手段和技术手段有效防止安全信息泄露。

请人民银行副省级城市中心支行以上分支机构将本意见转发至辖区内地方性商业银行及外资银行，并协调做好贯彻落实工作。

中国人民银行

二〇一一年三月十一日

中国人民银行办公厅关于选择部分城市开展金融 IC 卡在公共服务领域中应用工作的通知

（银办发〔2011〕129 号）

为贯彻落实《中国人民银行关于推进金融 IC 卡应用工作的意见》（银发〔2011〕64 号），突出体现金融服务民生，发挥金融 IC 卡在公共服务领域的拓展能力，促进金融信息化与城市信息化结合，人民银行决定选择部分城市开展金融 IC 卡在公共服务领域中应用工作。现就有关事项通知如下：

一、城市范围

上海、天津、济南、广州、成都、重庆、大连、厦门、深圳、哈尔滨、长沙、海口、贵阳、昆明、乌鲁木齐、阜新、铁岭、苏州、南通、镇江、烟台、潍坊、宜昌、梅州、清远、茂名、湛江、自贡、宝鸡、榆林、秦皇岛、邢台、晋中、包头、辽源、台州、泉州、亳州、铜陵、芜湖、商丘、常德、湘潭、株洲、新余、曲靖、天水。

二、目标任务

（一）工作目标

各单位应通过推进金融 IC 卡应用，提升区域公共服务水平和信息化发展水平；利用金融 IC 卡载体，提高人民群众对金融服务的满意度，实现便民惠民。应用工作应于 2012 年年底前完成。

（二）工作任务

相关城市应整体加快金融 IC 卡推进步伐。2012 年新发行金融 IC 卡应在当年新发行银行卡中占比较以前明显提高；到 2012 年年底，金融 IC 卡受理 POS 机具（销售点）终端与 ATM（自动柜员机）改造基本完成。

相关城市应结合当地城市信息化建设，至少完成金融 IC 卡在 1 个以上公共服务领域的拓展。

三、组织领导

人民银行上海总部、各分行、营业管理部、省会（首府）城市中心支行、副省级城市中心支行应组织做好辖区内金融 IC 卡在公共服务领域中应用的具体落实工作，并承担主要责任。

相关城市所在地人民银行副省级城市中心支行以上分支机构应牵头成立工作领导小组，组织协调好政府机构、商业银行、转接机构、专业化服务公司以及其他金融 IC 卡应用参与单位，建立协商、协调和决策机制，充分调动各方的参与积极性，并组织制定具体措施，确保应用工作顺利推进。

四、实施要求

（一）切实做好规划，建立工作督办机制

人民银行副省级城市中心支行以上分支机构负责组织辖区内相关单位编制应用工作总体规划，并于 2011 年 6 月 30 日前报人民银行总行。各单位应建立工作督办机制，确保各项工作如期完成。人民银行总行将对相关工作进行检查，并对实施情况进行通报。

（二）严格执行有关标准和规范，加强系统和产品检测

请各商业银行参照《金融 IC 卡发卡机构实施要点》和《金融 IC 卡收单机构实施要点》开展工作。请中国银联参照《金融 IC 卡转接机构实施要点》开展工作。

各商业银行发卡系统、收单系统以及中国银联的转接系统须通过相关技术标准符合性和系统安全性技术审核。不符合规定和要求的产品、服务和系统，中国银联不得接入银行卡信息交换网络和系统。各商业银行实施金融 IC 卡应用过程中使用的卡片和受理终端等产品应通过检测，确保产品和服务符合联网通用和交易安全的要求。

各单位要制定稳妥的实施上线方案和应急预案，并对关键节点和重要环节要进行论证、演练，避免影响银行卡业务的连续性。

（三）加强金融 IC 卡应用宣传

各单位应利用各种媒体和渠道，通过培训、资料宣传、有奖征文等多种方式，做好宣传工作和持卡人教育工作，为公众营造金融 IC 卡应用和发展的良好环境。

（四）落实可持续发展要求

在实施过程中，各单位应对市场环境进行深入调研，处理好社会效益与经济效益的关系、标准统一与地方特色的关系、短期利益与长远利益的关系，解决好制约金融 IC 卡发展的突出问题，形成推进金融 IC 卡发展的长效机制。

各单位应结合政府城市信息化规划，依据有关政策法规，保护好各参与方的合法权益，利用市场激励机制充分调动参与方的积极性，摸索合作多赢的发

展道路，为金融 IC 卡应用的可持续发展提供保障。

（五）认真做好情况反馈及经验总结

在实施过程中，各单位应做好问题分析及经验积累工作。相关城市所在地人民银行副省级城市中心支行以上分支机构负责汇总并按季度向人民银行总行报告工作进展情况，报告的内容应包括当前进展情况、下一步工作计划、工作中遇到的问题及对策、经验教训总结和相关意见、建议等。重大事项应及时向人民银行总行专题汇报。

应用实施工作完成后，各单位应对取得的成果和经验进行总结。相关城市所在地人民银行副省级城市中心支行以上分支机构负责牵头组织各参与单位编写总结报告报人民银行总行。

请人民银行上海总部、各分行、营业管理部、省会（首府）城市中心支行、副省级城市中心支行将本通知转发至辖区内地方性金融机构，并组织落实相关要求。

二〇一一年五月三十日

关于促进电子商务健康快速发展
有关工作的通知

（发改办高技〔2012〕226号）

北京市、天津市、上海市、重庆市、吉林省人民政府办公厅，青岛市、宁波市、厦门市、深圳市、哈尔滨市、武汉市、广州市、成都市、南京市、杭州市、福州市、郑州市、昆明市、银川市、南宁市、苏州市、汕头市人民政府办公厅：

为了贯彻落实《国民经济和社会发展"十二五"规划纲要》关于积极发展电子商务的任务，深入开展国家电子商务示范城市创建工作，国家发展改革委、财政部、商务部、人民银行、海关总署、税务总局、工商总局、质检总局研究决定，近期重点推动以下工作：

一、为了做好国家电子商务示范城市创建工作的咨询指导，八部委联合成立国家电子商务示范城市创建工作专家咨询委员会（以下简称专家委，名单见附件）。专家委的主要职责是：配合有关部门开展电子商务发展重大问题研究，为八部委研究制定相关政策提供决策支持，为示范城市完善创建工作方案、实施相关工程提供咨询指导。专家委秘书处设在中国信息协会信息化促进工作委员会。

二、促进国家电子商务示范城市各项创建工作任务落实。国家发展改革委要按照《国民经济和社会发展"十二五"规划纲要》要求，做好电子商务发展与现代服务业、战略性新兴产业等领域"十二五"规划的衔接。协调推进相关部门和地区的电子商务规制建设，对示范城市开展的电子商务应用基础设施、公共服务平台、支撑体系建设等领域的试点工程给予支持。

三、推动商贸流通领域电子商务应用的健康快速发展。商务部负责组织各示范城市研究推动网络零售规制和电子商务统计制度建设，推进内外贸流通领域的电子商务应用，组织实施电子商务示范基地和电子商务示范企业创建活动，并在相关示范城市组织开展试点工作。

四、规范电子支付，推广金融IC卡应用。人民银行要加强电子支付服务市场的制度建设，强化对电子支付机构的监督管理，制定在线支付、移动支付技术标准和安全规范，组织示范城市开展在线支付、移动支付等基础平台试点工作，推动电子支付互联互通与安全保障体系、金融 IC 卡检测认证服务体系建设，促进电子支付、金融 IC 卡的应用与推广。

五、建立电子商务信用服务体系。人民银行会同国家发展改革委、商务部、税务总局、工商总局、质检总局等有关部门，研究建立涉信执法信息开放共享和规范信用信息服务的机制、体制，组织示范城市率先开展电子商务信用体系、信用服务标准和信用服务监管等方面的研究，适时启动面向电子商务服务企业的在线信用信息服务平台试点工程建设。

六、开展网络（电子）发票应用试点。税务总局、财政部负责组织相关部门及各示范城市，研究完善电子商务税收征管制度，制定网络（电子）发票管理暂行办法及标准规范，研究安全网络（电子）发票系统及网络（电子）发票管理与服务平台的建设思路，形成试点工程方案，并在相关示范城市组织开展试点，推动基于电子商务交易、在线支付、物流信息的网络（电子）发票应用。规范电子商务纳税管理，促进网络（电子）发票与电子商务税收管理的衔接。

七、加强网络商品交易监管，构建诚信交易环境。国家工商总局负责加快推进网络商品交易及有关服务行为监管的法制建设，在各示范城市开展网络经营者电子标识和网络交易商品、交易行为的标准规范与服务试点工作，促进电子商务市场主体、客体及交易过程的规范管理，维护网络交易秩序，改善公共服务。研究建立网络经营者统计制度，并在相关示范城市组织开展试点。

八、研究跨境贸易电子商务便利化措施，提高通关管理和服务水平。海关总署牵头，组织利用各示范城市的地方电子口岸平台资源，推动地方电子口岸开展跨境贸易电子商务服务，并在相关示范城市组织开展试点。

九、积极推进电子商务标准化建设。质检总局负责研究建立涵盖电子商务全过程的标准体系以及电子商务急需的关键技术标准，开展电子商务标准化综合试点示范。

请各示范城市结合各自创建方案和工作进展，落实八部委近期推动的重点工作，根据八部委工作要求，在可信交易保障环境建设、网络（电子）发票应用、跨境电子商务等方面，研究提出试点工程项目的资金申请报告，在征求相关主管部门意见后，于今年 2 月底前，由地方发展改革部门按程序报国家发展改革委审理。

附件：国家电子商务示范城市创建工作专家咨询委员会专家名单（略）

国家发展改革委办公厅

财政部办公厅

商务部办公厅

人民银行办公厅

海关总署办公厅

税务总局办公厅

工商总局办公厅

质检总局办公厅

二〇一二年二月六日

参考文献

［1］ JR/T 0025.1－13《中国金融集成电路（IC）卡规范》第1～13部分。

［2］ Q/CUP 018《中国联金融 IC 卡借记/贷记应用根 CA 公钥认证规范》。

［3］ Q/CUP 042.1《中国银联金融集成电路（IC）卡辅助规范》第 1 部分 借记/贷记应用个人化模板。

［4］ Q/CUP 006《中国银联银行卡联网联合技术规范》。

［5］ www. emvco. com。